商标法律问题实务指引

赵国彬 / 著

中国法制出版社
CHINA LEGAL PUBLISHING HOUSE

商标法律问题实务指引

赵国彬 / 著

中国法制出版社
CHINA LEGAL PUBLISHING HOUSE

CONTENTS 目录

第一编 侵权篇

第二编　商标权利篇

第三编　注册、管理、使用篇

1
CHAPTER

第一编

侵权篇

第一章　侵犯商标专用权的认定

第二章　与商标相关不正当竞争的正确认定

第三章　关于商标的犯罪

第一章 ▍侵犯商标专用权的认定

与题目相关的文章读者可能见诸颇多，但都是反映某个方面的问题，没有从整体上对此问题进行论述，实践中一些从业者还是会存在理解片面的情况，诸如究竟什么是商标侵权？商标侵权包括哪些？“混淆”是商标侵权的必备条件吗？本书要从各个方面对相关问题进行全面完整的阐述。

《商标法》* 第五十六条规定：“注册商标的专用权，以核准注册的商标和核定使用的商品为限。”第五十七条规定：“有下列行为之一的，均属侵犯注册商标专用权：（一）未经商标注册人的许可，在同一种商品上使用与其注册商标相同的商标的；（二）未经商标注册人的许可，在同一种商品上使用与其注册商标近似的商标，或者在类似商品上使用与其注册商标相同或者近似的商标，容易导致混淆的；（三）销售侵犯注册商标专用权的商品的；（四）伪造、擅自制造他人注册商标标识或者销售伪造、擅自制造的注册商标标识的；（五）未经商标注册人同意，更换其注册商标并将该更换商标的商品又投入市场的；（六）故意为侵犯他人商标专用权行为提供便利条件，帮助他人实施侵犯商标专用权行为的；（七）给他人的注册商标专用权造成其他损害的。”这些规定是判断商标侵权与否的基本法律依据。

《商标法实施条例》第七十五条规定：“为侵犯他人商标专用权提供仓储、运输、邮寄、印制、隐匿、经营场所、网络商品交易平台等，属于商标法第五十七条第六项规定的提供便利条件。”第七十六条规定：“在同一种商品或者类似商品上将与他人注册商标相同或者近似的标志作为商品名称或者商品装潢使用，误导公众的，属于商标法第五十七条第二项规定的侵犯注册商标专用权的行为。”

《最高人民法院关于审理商标民事纠纷案件适用法律若干问题的解释》

* 全书法律法规均使用简称，下不再注明。

第一条规定："下列行为属于商标法第五十二条第（五）项[①]规定的给他人注册商标专用权造成其他损害的行为：（一）将与他人注册商标相同或者相近似的文字作为企业的字号在相同或者类似商品上突出使用，容易使相关公众产生误认的；（二）复制、摹仿、翻译他人注册的驰名商标或其主要部分在不相同或者不相类似商品上作为商标使用，误导公众，致使该驰名商标注册人的利益可能受到损害的；（三）将与他人注册商标相同或者相近似的文字注册为域名，并且通过该域名进行相关商品交易的电子商务，容易使相关公众产生误认的。"

以上是判断商标侵权的法律依据，当然还有其他多个规定，后面会有详述。商标侵权类别，从侵犯权利本身的性质来划分，商标侵权包括侵犯注册商标专用权和侵犯未注册商标专用权两大类，下面分别予以说明。

第一节　商标相同的准确判断

一、商标相同的含义

《最高人民法院关于审理商标民事纠纷案件适用法律若干问题的解释》第九条第一款规定："商标法第五十二条第（一）项[②]规定的商标相同，是指被控侵权的商标与原告的注册商标相比较，二者在视觉上基本无差别。"

二、商标相同的几种情形

（一）文字商标相同

所谓文字商标相同，是指商标使用文字相同且构成、排列顺序相同，即使因字体、字母大小写或者文字排列方式有细微差别的，也应判定为相同商标，如图 1.1 和图 1.2。

---

① 编者注：对应 2019 年最新修订的《中华人民共和国商标法》第五十七条第（七）项。
② 编者注：对应 2019 年最新修订的《中华人民共和国商标法》第五十七条第（一）项、第（二）项。

图 1.1

图 1.2

（二）图形商标相同

所谓图形商标相同，是指商标图形看上去基本无差别，判定为相同商标，如图 1.3 和图 1.4。

图 1.3

图 1.4

（三）组合商标相同

所谓组合商标相同，是指商标的文字构成、图形外观及其排列组合方式相同，使商标整体上看基本无差别，判定为相同商标，如图 1.5 和图 1.6。

图 1.5

图 1.6

第二节　商标近似的准确判断

一、商标近似的含义

商标近似是指商标文字的字形、读音、含义近似，商标图形的构图、着色、外观近似，或者文字和图形组合的整体排列组合方式和外观近似，立体商标的三维标志的形状和外观近似，颜色商标的颜色或者颜色组合近似，使用在同一种或者类似商品或者服务上易使相关公众对商品或者服务的来源产生误认。

判断商标是否相同和近似是国家商标确权机关在商标注册申请审查、商标案件审理及商标行政执法机关进行商标侵权查处、法院审理商标侵权案件及检察院办理商标刑事案件过程中必须要考虑的问题。

与商标近似认定相关的法规有：1.《最高人民法院关于审理商标民事纠纷案件适用法律若干问题的解释》（法释〔2002〕32号）第十条；2.《最高人民法院、最高人民检察院、公安部关于办理侵犯知识产权刑事案件适用法律若干问题的意见》（法释〔2011〕3号）第六条第一款和第二款；3.国家工商总局商标局的《商标审查及审理标准》“商标相同和近似的判定，首先应认定指定使用的商品或者服务是否属于同一种或者类似商品或者服务；其次应从商标本身的形、音、义和整体表现形式等方面，以相关公众的一般注意力为标准，并采取整体观察与比对主要部分的方法，判断商标标志本身是否相同或者近似。同时考虑商标本身显著性，在先商标知名度及使用在同一种或者类似商品（服务）上易使相关公众对商品（服务）来源产生混淆误认等因素”。

《最高人民法院关于审理商标民事纠纷案件适用法律若干问题的解释》第十条规定：“人民法院依据商标法第五十二条第（一）项的规定，认定商标相同或者近似按照以下原则进行：（一）以相关公众的一般注意力为标准；（二）既要进行对商标的整体比对，又要进行对商标主要部分的比对，比对应当在比对对象隔离的状态下分别进行；（三）判断商标是否近似，应当考虑请求保护注册商标的显著性和知名度。”

这里的三个原则是有“轻”有“重”的，在实际判断时，如果根据前两个原则可以得出被诉侵权商标和权利商标相同或者近似的结论，则无须再考虑第三个原则；如果根据前两个原则，不能得出对比的两个商标相同或者近似的结论，此时再考虑第三个原则“商标的显著性和知名度”，权利商标显著性强的和知名度高的可能容易认定为其与侵权商标相同或近似。

也就是说，显著性强与知名度高的获得保护的商标标志程度也相应提高，因为这类商标容易被相关公众识别进而引起相关公众的注意，也容易被侵权仿冒。

实际上，除了这三个原则之外，还有一个因素需要考虑，就是使用者的主观意图，如果主观上具有故意使用跟他人注册的商标近似的标志的，更容易被认定两者构成近似。《最高人民法院关于充分发挥知识产权审判职能作用推动社会主义文化大发展大繁荣和促进经济自主协调发展若干问题的意见》中"认定商标近似还应根据两者的实际使用状况、使用历史、相关公众的认知状态、使用者的主观状态等因素综合判定"的规定对这一点进行了印证。

以上是判断商标近似的法律依据。

二、相关公众的含义

之所以定义"相关公众"，目的是使商标注册审查人员、法官、律师等人员在进行商标近似及商品类似的判断时，有一个共同的参照标准和尺度，就如同计量单位，一斤物品的衡量尺度是相同的，否则不同的参照标准，会引起认定的严重混乱。

对于"相关公众"，《商标法》及其《商标法实施条例》都没有作出明确规定，只有《最高人民法院关于审理商标民事纠纷案件适用法律若干问题的解释》第八条规定："商标法所称相关公众，是指与商标所标识的某类商品或者服务有关的消费者和与前述商品或者服务的营销有密切关系的其他经营者。"这个解释总体来说是一个广泛的概念。

《北京市高级人民法院关于审理商标民事纠纷案件若干问题的解答》中规定："在判断商标近似时应当以对相关商品具有一般性的知识、经验的相关公众在选购商品时所施加的普通注意程度为标准。"足以造成相关公众的混淆、误认是构成商标近似的必要条件。仅商标文字、图案近似，但不足以造成相关公众混淆、误认的，不构成商标近似，在商标近似判断中应当对是否足以造成相关公众的混淆、误认进行认定。这个解答更进一步说明了"相关公众"的含义。

综合来看，相关公众是指与商标所标识的某类商品或者服务有关的、具有一般知识和经验的，在选购商品时具有普通注意程度的消费者与前述商品或者服务的营销有密切关系的其他经营者。“相关公众”其实是一个严格的法律术语，是一种法律定义的假想人，目的是对于商标行政人员和法官而言，进行商标是否近似判断时以什么身份、眼光和态度进行判断，是法定的一种标准。因为在实际应用时，每个人的主观感受不同，对“相关公众”的定位会有不同，应该尽力准确定位“相关公众”的标准，以便准确进行判定。实践中，会遇到一些人往往忽略了这个规定，反而站在专业人士的角度进行判断，站在专业文字工作者的角度或专业商标人士的角度，导致判断结果错误或者站在真实的使用者或消费者的角度进行判断，都是不准确的，还有的从业人员在办理案件时，会对一些消费者进行问卷调查，把调查结果作为证据使用，都是错误的做法。

“相关公众”还是一个动态的角色，在不同的案件中，其含义会有所差别，就是说对于价值较高的商品，如汽车，相关公众的注意程度会较高；相反，对于价值较低的商品，如订书钉，注意程度相对较低，但是基本身份内涵是相同的。

三、商标整体显著性及具有显著性的部分的确定

（一）显著性的含义

显著性是指商标所具有的标示企业商品或服务出处并使之区别于其他企业之商品或服务的属性。商标显著性的含义实际就是商标标志的独特性、与众不同性、不常见性。越是很少见的独特的标志，显著性就越强。比如有的英文单词的组合，组合后没有任何含义，这个标志当然就属于非常不常见和非常独特的，似乎任何人之前都没有见到过，显著性就很强。法律上，目前还没有具体的对于显著性的定义，《商标法》和《商标法实施条例》也没有作出规定。

1. 商标的固有显著性不仅体现在其符号要素的内容上，还体现在其符号要素的表现形式上。以文字商标为例，其固有显著性不仅体现在字词组合上，还体现在其表现形式上即含有一定设计成分的字体或者组合形式，如特殊字体、手写体（含签名）等。一般而言，商标固有显著性越强，获得特殊保护的可能性越大。

2. 构成商标的符号要素为普通有含义的单词或词组或者有某类商品上常见图形或由自然界动物的常见形态的，则属于弱商标，例如使用在“葡萄酒”上的“长城”商标、使用在“酒”上的“草原”商标。

3. 如果商标由不具备显著性的符号构成则不称其为商标，只是符号。

4. 我国《商标法》没有区分商标显著性的强弱，但在行政法规中曾出现过“商标的独创性”的表述（见已废止的《驰名商标认定和管理暂行规定》第十一条），“独创性”作为法律词汇本是著作权法对作品的要求，即受著作权法保护的作品必须具有独创性。“显著性”则是商标法对一个标记可以用作商标注册的要求，即申请注册的商标应当具有显著特征，便于识别。因此，在商标立法采用“商标的显著性”的表述更为妥当。商标的显著性可以进一步分为两个层次，一是商标标记本身所固有的显著性，即商标文字、图形或者图文组合或者表现形式以及立体商标构造的显著性。二是通过使用而取得的显著性，即因商标知名度的提高使商标显著性获得提升。例如使用在“葡萄酒”上的“长城”商标具有显著性，但不具有独创性，而使用在“冰箱”上的“海尔”商标既具有显著性，也具有独创性。

按照易于获得商标保护的适格程度，传统理论将各种标志分为五种类型：（1）通用名称；（2）描述性词汇；（3）暗示性词汇；（4）随意词汇；（5）臆造词汇。其中，暗示性、随意和臆造词汇均具备固有显著性，而描述性词汇和通用名称则由于与所标示商品之间过强的关联，而不具备固有显著性。所谓具备固有显著性是指商标标志不能被合理地理解为是对其所附着产品的描述或装饰，消费者会自动将这种标志视为产品出处的表征，故可以直接注册为商标，如海尔冰箱、苹果电脑和健力宝饮料就分别属于臆造、随意和暗示商标；而对产品的性质、产地、成分等进行直接描述或者可被合理地视为产品装饰的标志则不具备显著性，不得注册为商标。其中，描述性或装饰性标志经过长期使用如果被消费者认可，产生了标示产品出处的第二含义或者次要含义，则获得了商标法所要求的显著性，传统理论又称获得显著性为“显著性的拟制”，如五粮液白酒、两面针牙膏和青岛啤酒。

事实上，从现代语言学的视角来看，任何含义对于词语而言都不可能是

"固有的"，词语的意义只能是社会交往的产物。商标作为一种商品语言，也不例外。没有天生的商标，即便是具备固有显著性的标志在注册或使用之初，也不可能立即被消费者认同为商标。商标的显著性只有通过商品行销于市或凭借广告宣传等手段才能真正获得。

同时，必须注意到，固有显著性只是从否定或者消极方面描述了标志与其标示对象之间的关系。所谓固有显著性最多只能算是商标获得显著性的有利条件，获得的显著性才是商标显著性强弱的关键。

（二）商标显著性的认定

商标的显著性一般是相对于指定的商品和服务而言的，这一原则不言而喻。判断某一标志是否具备显著性不能抽象判断，而应该考虑其拟附着之商品或服务。标志所具有的观念或含义与标记对象即商品或服务不能有直接的相关性，同时，判断某一标志是否具有显著性的主体并非商标局的审查员或法官，而是相关市场上的相关公众。相关公众在日常购物时将某一标志或某一标志的一个部分认同为商标，该标志或其某个部分就具备显著性，他们拥有合理的相关知识并具备合理的谨慎程度，而且其注意程度将随商品或者服务种类的不同而不同。作为商品经济发展的产物，商标制度完全取决于具体的市场，商标使用的背景决定一切。

在一般情况下，只要某一标识不存在明显的瑕疵，显著性是可以推定的。在实践中，商标显著性的判断一般采用反证法，即排除某些不得作为商标使用、不得作为商标注册的标志。从立法上看，各国商标法有关显著性规定的大部分内容都属于禁止性条款，即直接将那些不合格的标志排除在商标保护之外。就学术研究而言，显著性商标之构成，如果不易由正面予以明确界定，则由反面加以剖析，将更有助于商标是否具备显著性要件之认定。显著性是动态的、可变的，本来不具有显著性的标识可能会因为长久的使用而具备了显著性，反之，一个本来具备显著性的标识也可能会由于使用不当而丧失了显著性。这就涉及获得显著性问题。

总之，某一商标是否具备显著性，应该根据个案具体情形进行判断，并无放之四海而皆准的准则。

1. 商标由文字（外文或中文）和图形组成：

（1）若图形部分显著性较强，一般认定图形为主要（重要）识别部分，特别对第 25 类服装或第 18 类箱包类商品而言。

例：申请商标指定使用商品：第 25 类服装，其显著部分为图形“马和人”，如图 1.7 和图 1.8。

图 1.7　申请商标图

图 1.8　引证商标

两者的图形“马和人”比对，应该构成近似，即使文字部分不近似，两者整体仍构成近似。

（2）当图形部分创意相较不强或仅为背景时，文字为显著识别部分。

例 1：申请商标指定使用商品：茶叶，其显著部分为文字“怡德”，如图 1.9 和图 1.10。

图 1.9　申请商标

图 1.10　引证商标

两者的图形比对，应该构成近似，但显著部分文字不近似，故两者整体不构成近似。

例 2：申请商标指定使用商品：植物种子，其显著部分为文字“亿得利”，如图 1.11 和图 1.12。

图 1.11　申请商标

图 1.12　引证商标

“申江”跟“亿得利”比对，显然不构成近似，即使图形近似，两者整体也不构成近似。

2. 中外文组合商标，有的以中文为显著部分，有的以外文为显著部分。

例1：如图1.13和图1.14。

图1.13　申请商标

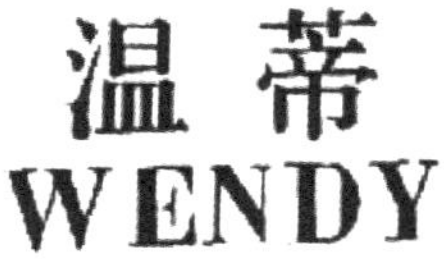

图1.14　引证商标

此引证商标的显著部分是文字“温蒂”，但申请商标的显著部分却是“WENDYS”，显著部分不近似，两者不构成近似。

例2：如图1.15和图1.16。

图1.15　申请商标

图1.16　引证商标

此例申请商标的显著部分是“玉雪娇容”，而引证商标的显著部分是“东方来客”，显著部分不近似，明显两者不构成近似。

四、从商标的构成要素的角度分类进行商标近似判定的方法

如果是组合商标，要先分清楚其中哪个部分属于核心的最显著的部分，如果最显著部分近似，则整体构成近似。此原理适用于本书所述的两种判断方法。

所述第一种方法是从商标的构成要素的角度分类而进行判断的，即以文字商标（含中文和外文）、图形商标、组合商标三种分类来判断。

（一）组合商标近似的判断

1. 组合商标的近似一般首先要整体观察，如果有最显著部分，则要重点观察最显著部分是否近似，如果最显著部分近似，则商标整体近似，如上文

的图 1. 7 和图 1. 8；如果最显著部分不近似，则商标整体不近似，如图 1. 9 和图 1. 10。

2. 组合商标原则上是进行分要素审查，即如组合商标中的汉字、外文、字母、数字、图形部分相同或近似，易使相关公众对商品或者服务的来源产生误认的，判定为近似商标，如图 1. 17 和图 1. 18、图 1. 19 和图 1. 20。

图 1. 17

图 1. 18

图 1. 19

图 1. 20

以上两个组合商标都构成近似。

（二）关于文字商标的近似判定

1. 中文商标的汉字构成相同，仅字体或设计、排列顺序不同，判定为近似商标，如图 1. 21 和图 1. 22。

图 1. 21

图 1. 22

2. 商标由相同外文、字母或数字构成，仅字体或设计不同，判定为近似商标，如图 1. 23 和图 1. 24。

图 1. 23

图 1. 24

3. 商标由两个外文单词构成，仅单词顺序不同，含义无明显区别，判定为近似商标，如图 1.25 和图 1.26，HAWK 译为“鹰”，WOLF 译为“狼”。

HAWKWOLF

图 1.25

WOLFHAWK

图 1.26

4. 中文商标由三个或者三个以上汉字构成，仅个别汉字不同，判定为近似商标，如图 1.27 和图 1.28。

莱 克 斯 顿

图 1.27

莱克斯蔓

图 1.28

5. 外文商标由四个或者四个以上字母构成，仅个别字母不同，判定为近似商标，如图 1.29 和图 1.30。

SOMI

图 1.29

SOMIS

图 1.30

6. 商标文字字形、读音、含义近似，判定为近似商标，如图 1.31 和图 1.32。

花 中 王

图 1.31

花中玉

图 1.32

7. 商标文字含义相同或近似，易使相关公众对商品或者服务的来源产生误认的，判定为近似商标，如图 1.33 和图 1.34。

玫瑰花

图 1.33

玫瑰

图 1.34

8. 商标文字由字、词重叠而成，判定为近似商标，如图 1. 35 和图 1. 36。

哈罗

图 1. 35

哈罗哈罗

图 1. 36

9. 商标是在他人在先商标中加上本商品的通用名称、型号或加上起修饰作用的形容词或者副词判定为近似商标，如图 1. 37 和图 1. 38。

緑　安

图 1. 37

（指定使用商品：工作服）

绿安服饰

图 1. 38

（指定使用商品：衬衫）

（三）关于图形商标近似的判断

1. 商标图形的构图和整体外观近似，判定为近似商标，如图 1. 39 和图 1. 40。

图 1. 39

图 1. 40

2. 商标完整地包含他人在先的图形商标，判定为近似商标，如图 1. 41 和图 1. 42。

图 1. 41

图 1. 42

五、从商标的另一种构成要素的角度分类而进行商标近似判定的方法

第二种方法是从商标的另一种构成要素的角度分类而进行判断的，即分

为中文商标和外文商标及中外文组合商标三种情形来判断。

（一）中文商标（包括显著识别部分为中文的商标）的近似判定

1. 显著部分为汉字均为“美素”，两者构成近似

例：如图 1.43 和图 1.44。

图 1.43

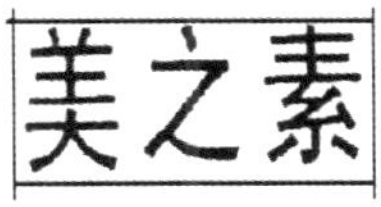

图 1.44

引证商标（第 5 类）

2. 在引证商标基础上增加的汉字与指定使用的商品（服务）关联性强，显著性较弱，一般应判近似，如图 1.45 和图 1.46、图 1.47 和图 1.48。

图 1.45

图 1.46 引证商标

第 32 类啤酒等

此商标在“生态”基础上增加文字“冰”，因为两个商标都用于第 32 类啤酒等商品上，而“冰”跟“啤酒”的关联性很强，会产生混淆、误认的可能性，两者构成近似商标。

例：

图 1.47

图 1.48

第 11 类饮水机等

此商标在“清清”基础上增加文字“水”，因为两个商标都用于第 11 类饮水机等商品上，而“水”跟“饮水机”的关联性很强，会产生混淆、误认的可能性，两者构成近似商标。

3. 商标文字含义有区别，但易使消费者产生联想，或认为是同一企业的

系列商标的，应判为近似商标，如图 1.49 和图 1.50、图 1.51 和图 1.52。

例 1：

图 1.49

图 1.50

第 25 类

“花花公主”和“PLAYGIRL”组合与“花花公子”和“PLAYBOY”组合含义是不同的，但是容易使相关消费者产生联想，看到前者就会想起后者，看到后者就会想起前者，也可能会想到这两个商标是同一单位的系列商标，易引起混淆、误认，导致商标的唯一指向功能大大减弱，因此两者构成近似商标。

例 2：

图 1.51

图 1.52

第 25 类

“苹果男人”跟“苹果”构成近似商标。

（二）中外文商标的近似判定

1. 引证商标外文有明确字典含义的，以其主要含义或常用含义为基础来判断商标是否近似，如图 1.53 和图 1.54。

例：

图 1.53

图 1.54

EVERGREEN 意为：常青的，常绿的；常青树，常绿树。“常绿”为显著部分，含义与“EVERGREEN”是基本相同的，两者构成近似商标。

2. 外文没有明确字典含义，但其由两个常见的英文词汇组合而成，以一般消费者容易理解的含义为判断基础，如图 1.55 和图 1.56、图 1.57 和图 1.58。

例 1：

图 1.55

图 1.56 **引证商标**

“FORESTBIRD” 是由 “FOREST” 和 “BIRD” 两个单词组合，前者含义是“森林，林木，森林的”，后者含义是“鸟”，按照容易理解的含义应该是“森林鸟”，因此两者整体构成近似商标。

例 2：

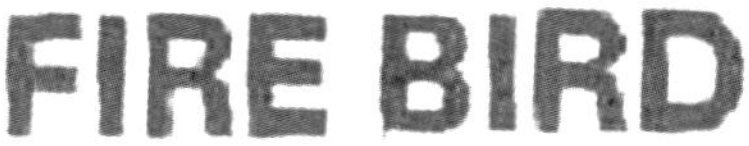

图 1.57

图 1.58 **引证商标**

“FIRE BIRD” 是由 “FIRE” 和 “BIRD” 两个单词组合，前者含义是“火，炉火，闪光；热情，激情”，后者含义是“鸟”，按照容易理解的含义应该是“火鸟”，因此两者整体构成近似商标。

3. 英文翻译成中文采用音译方式的，中文与英文固定的音译或消费者普遍认知的音译相同的，应判定为近似商标，如图 1.59 和图 1.60。

例：

图 1.59

图 1.60

4. 虽然外文的中文含义不为普通中国消费者所知晓，但该单词为普通英文词典所收录，且是该外文的唯一含义或主要含义，其与引证的中文商标所表达的含义相同，二者当属近似商标，如图 1.61 和图 1.62、图 1.63 和图 1.64。

例 1：

图 1.61

图 1.62　引证商标

SEQUOIA 的中文含义是“红杉”（产于美国西部），含义唯一，两者构成近似商标。

例 2：

图 1.63

图 1.64　引证商标

SAPPHIRE 的中文含义是“蓝宝石”，两者构成近似商标。

5. 若外文文字为非常用词汇，且中文含义为外文的非常用表达方式，则可判定为不近似，如图 1.65 和图 1.66。

例：

图 1.65

图 1.66　引证商标

BÉNÉFIQUE 为法文，中文含义为“吉祥的，有益的”。此法文商标虽有中文含义“吉祥的”（占星术用语），但该含义并不为中国的一般消费者所知晓，亦非常用词汇，因此，中国的一般消费者不会将 BÉNÉFIQUE 认读为“吉祥的”，并与引证商标相混淆。因此，两者不构成近似商标。

（三）外文商标的近似判定

一般原则：考虑到我国消费者对外文商标的识别能力和习惯，在判断外文商标近似时，对于相关消费者相对生疏的字词，要首先看外文的形（即字母构成），其次看外文的读音，最后看外文的含义，同时兼顾考虑外文的表现形式和商标的其他组成部分。对于我国消费者比较熟悉的外文字词，其含义则应作为相对重要的审查内容。

1. 两商标均为一个词构成的纯外文商标，字母组合基本相同，仅字体或表现形式略有不同，则一般判为近似。但若一个商标的字母组合已经高度图形化，导致消费者已经不会将二者混淆，则可以判为不近似，如图 1.67 和图 1.68。

例：

图 1.67

图 1.68　**引证商标**

两者不构成近似商标，因为前者已经高度图形化。

2. 申请商标与引证商标为包含关系，被包含的商标在另一商标中相对独立且构成显著部分的，一般应判为近似，如图 1.69 和图 1.70。

例：

图 1.69

图 1.70　**引证商标**

“Jean paul”属于引证商标的一个独立的部分，且属于显著部分，因此，两者构成近似。

六、判断商标近似的总结

商标近似判断个案情况差别较大，很难找到一个普遍适用各类案件的规律。总体来说，判断两个商标是否近似时，应从以下几个方面因素考虑：

1. 应以两个商标指定使用商品是否类似为前提；

2. 以相关公众的一般注意力为标准；

3. 采取整体观察与比对主要部分相结合的方法，比对工作应当在比对对象隔离的状态下分别进行；

4. 除了考虑两商标本身的相似程度以外，还应考量商标的显著性和知名度、相关公众购买时的注意程度以及商标在市场上的实际情况等因素；

5. 以是否会造成相关公众的混淆误认为基本判断标准；

6. 考虑使用标志者的主观意思，是善意还是恶意。

还要注意，商标的近似不仅仅是商标标志本身的近似，还要判断是否引起混淆和误认。如果仅仅是标志本身近似，但不会引起混淆的，则不属于商标近似；如果商标标志本身不近似，但足以引起混淆的，视情况可能属于商标近似。以下介绍两个案件，进一步说明商标近似的判断。

【案例1－1】加多宝请求久多宝商标无效宣告案件[①]

争议商标：

商标详情　　商标流程

久多寶	商品/服务	冰淇淋；茶；茶饮料；调味品；豆浆；方便米饭；蜂蜜；咖啡；面包；糖；玉米花；查看息			
	类似群	3001;3002;3003;3004;3005;3006;3007;3010;3011;3013;3016;			
申请/注册号	11758582	申请日期	2012年11月16日	国际分类	30
申请人名称（中文）	港藥國際集團有限公司				
申请人名称（英文）	HONGKONG MEDICINE INTERNATIONAL GROUP LIMITED				
申请人地址（中文）	香港中環德輔道中48-52號裕昌大廈10樓1005室				
申请人地址（英文）	UNIT 1005，10/F，PROSPEROUS BUILDING，48-52 DES VOEUX ROAD CENTRAL，HONG KONG				
初审公告期号	1394	注册公告期号	1474	是否共有商标	否
初审公告日期	2014年02月06日	注册公告日期	2015年10月07日	商标类型	一般
专用权期限	2014年05月07日 至 2024年05月06日			商标形式	

① 本案参见中国法院网，除特别标注来源的案例外，其他案例均引自中国法院网，后不再特别说明。

申请人：广东加多宝饮料食品有限公司

被申请人：港药国际集团有限公司

申请人于2016年12月9日对第11758582号“久多寳”商标（以下简称争议商标）提出无效宣告请求。

申请人的主要理由：

1. 申请人是一家从长安发展壮大的食品行业龙头企业，荣获了诸多荣誉，在业内取得了良好业绩，获得了较高的知名度。本案申请人与王老吉有限公司同为鸿道（集团）有限公司的下属企业，具有不同的商业职能，但二者具有紧密的商业联系，互为关联。

本案争议商标与王老吉有限公司的第1602860号“加多寳”商标（以下简称引证商标一）、第1691103号“加多寶及图（指定颜色）”商标（以下简称引证商标二）、第1695296号“加多寶及图（指定颜色）”商标（以下简称引证商标三）、第8223284号“多寶”商标（以下简称引证商标四）构成《商标法》第三十条所指的使用在类似商品上的近似商标。

2. 申请人“加多宝”商标已具有极高的知名度，被申请人完全知晓申请人品牌，其恶意提出注册申请，系以合法形式掩盖非法目的，从而达到搭他人知名商标便车的目的，其行为有违《商标法》第七条所指的诚实信用原则。综上，请求对争议商标的注册予以宣告无效。

经审理查明：

1. 争议商标由本案被申请人于2012年11月16日在第30类咖啡、茶、茶饮料等商品上提出注册申请，被初步审定并公告后，被本案申请人提出异议，商标局经审理于2015年8月28日决定争议商标予以核准注册，争议商标于2014年5月7日获得专用权，专用权止于2024年5月6日。

2. 引证商标一、二、三、四在争议商标提出注册申请前在第30类咖啡、第30类茶、第32类茶饮料（水）、第30类冰淇淋等商品上获准注册，现均在专用权期限内，且均为王老吉有限公司所有。

以上事实由相关商标档案在案佐证。

3. 本案申请人经王老吉有限公司授权，具有合同所附附件中商标的使用权，包括本案引证商标一、二、三、四。

以上事实由申请人提交的证据在案佐证。

根据当事人陈述的内容、提交的证据、商标评审委员会查明事实以及《商标法》的具体规定，对该案焦点问题归纳并审理如下：争议商标与引证商标一、二、三、四是否构成《商标法》第三十条所指的使用在类似商品上的近似商标。

对此，商标评审委员会认为：鉴于本案申请人系引证商标一、二、三、四的被许可使用人，故其具有依据《商标法》第三十条对本案争议商标提出无效宣告申请的主体资格。

本案争议商标为纵向排列的纯汉字商标“久多賓”，其与同为纵向排列的三个汉字组成的引证商标一“加多賓”和引证商标二、三的主要识别部分“加多賓”字形以及部分商标的呼叫相近，且争议商标完整包含了引证商标四“多賓”，上述商标整体予以消费者的印象不易区分，已分别构成近似商标；

争议商标核定使用的咖啡、茶、茶饮料、冰淇淋等商品与引证商标一、二、三、四核定使用的咖啡、茶、果汁、冰淇淋等商品在功能用途、销售对象等方面相同或相近，属于同一种或类似商品；

争议商标与引证商标一、二、三、四共同使用在上述同一种或类似商品上，易引起消费者的混淆和误认，已分别构成使用在类似商品上的近似商标。

依照《商标法》第三十条，第四十五条第一款、第二款和第四十六条的规定，商标评审委员会最终裁定：

争议商标予以无效宣告。

【评析】第一，判断争议商标核定使用的商品与引证商标核定使用的商品是否属于相同种类或者类似种类的商品。

争议商标核定使用的商品为咖啡、茶、茶饮料、冰淇淋等商品；引证商标一、二、三、四核定使用的商品为咖啡、茶、果汁、冰淇淋等商品，比较容易判断出这些商品在功能用途、销售对象、摆放位置等方面相同或相近，都是属于日常饮料，咖啡和咖啡、茶和茶、冰淇淋和冰淇淋属于同一种商品；咖啡、茶、茶饮料、冰淇淋属于类似商品，冰淇淋虽然是固态冷饮，但是与茶、咖啡都属于饮品范畴，功能近似，其互相属于类似商品。

第二，本案争议商标为纵向排列的纯汉字商标“久多寶”，其与同为纵向排列的三个汉字组成的引证商标一“加多賓”和引证商标二、三的主要识别部分“加多寶”字形相近，且争议商标完整包含了引证商标四“多寶”，相关公众施以一般注意力看到“久多寶”和“加多寶”，会产生疑惑，会觉得使用这两个商标的商家可能具有某种联系，会使“加多寶”唯一指向王老吉有限公司的功能减弱，有导致相关公众把标有“久多寶”商标的商品误认为是王老吉有限公司或者广东加多宝饮料食品有限公司生产经营的可能性，也存在有导致相关公众把标有“加多寶”商标的商品误认为是港药国际集团有限公司生产经营的可能性，上述商标整体对于相关公众不易区分，存在混淆误认的可能性，已构成使用在类似商品上的近似商标的典型案例。

【案例1－2】金龙鱼稻花香大米与稻花香白酒之商标异议复审行政案

商标详情　　商标流程

金龙鱼稻花香	商品/服务				
	类似群				
申请/注册号	7324273	申请日期	2009年04月14日	国际分类	30
申请人名称（中文）	丰益贸易(中国)私人有限公司				
申请人名称（英文）	WILMAR TRADING(CHINA)PTE.LTD				
申请人地址（中文）	新加坡尼路56号				
申请人地址（英文）	56,NEIL ROAD,SINGAPORE				
初审公告期号	1217	注册公告期号		是否共有商标	否
初审公告日期	2010年05月27日	注册公告日期		商标类型	一般
专用权期限	2010年08月28日 至 2020年08月27日			商标形式	

北京市高级人民法院（2016）京行终2007号行政判决书显示，上诉人（原审原告）湖北稻花香酒业股份有限公司（以下简称稻花香公司），住所地中华人民共和国湖北省宜昌市龙泉镇。被上诉人（原审被告）中华人民共和国国家工商行政管理总局商标评审委员会（以下简称商标评审委员会），住所地中华人民共和国北京市西城区。原审第三人丰益贸易（中国）私人有限公司（以下简称丰益公司），住所地新加坡共和国尼路56号。

上诉人稻花香公司因商标异议复审行政纠纷一案，不服北京市第一中级人民法院（2014）一中知行初字第1234号行政判决，向北京市高级人民法院提起上诉。

法院于2016年3月22日受理本案后依法组成合议庭，并于2017年5月18日公开开庭进行了审理。上诉人稻花香公司的委托代理人到庭参加了诉讼。被上诉人商标评审委员会、原审第三人丰益公司经法院合法传唤，无正当理由未到庭参加诉讼。本案现已审理终结。

北京市第一中级人民法院查明：2009年4月14日，丰益公司向中华人民共和国国家工商行政管理总局商标局（以下简称商标局）提出第7324273号“金龙鱼稻花香”商标（以下简称被异议商标）的注册申请，指定使用商品为第30类谷类制品、面粉等。

第1041188号、第1396938号、第1291723号、第1293949号、第6773964号“稻花香”商标（统称引证商标）均由稻花香公司申请注册，具体情况如下：

第1041188号“稻花香”商标于1997年6月28日被核准注册，核定使用商品为第33类白酒。第1396938号“稻花香”商标于2000年5月14日被核准注册，核定使用商品为第33类白酒、果酒（含酒精）、含酒精饮料（啤酒除外），经续展。第1291723号“稻花香”商标于1999年7月7日被核准注册，核定使用商品为第32类无酒精饮料、矿泉水。第1293949号“稻花香”商标于1999年7月14日被核准注册，核定使用商品为第29类豆制品及第30类酱油、醋、豆制品。第6773964号“稻花香”商标于2011年12月14日被核准注册，核定使用商品为第32类无酒精果汁、无酒精饮料、矿泉水等。

在被异议商标的法定异议期内，稻花香公司提出异议申请。商标局经审理作出（2012）商标异字第19656号《“金龙鱼稻花香”商标异议裁定书》（以下简称第19656号裁定）裁定：异议理由不成立，被异议商标予以核准注册。

稻花香公司于法定期限内向商标评审委员会提出异议复审申请，其主要理由为：（1）被异议商标与“稻花香”商标构成类似商品上的近似商标；（2）引证商标已构成酒类商品上的驰名商标，被异议商标是对驰名商标的复制、摹仿，将会损害稻花香公司的利益。综上，请求不予核准被异议商标注册。稻花香公司向商标评审委员会提交了有关其公司及引证商标知名度情况的证据。

2013年10月28日，商标评审委员会作出商评字（2013）第98777号《关于第7324273号“金龙鱼稻花香”商标异议复审裁定书》（以下简称被诉裁定）。该裁定认为：

1. 被异议商标“金龙鱼稻花香”虽包含了引证商标“稻花香”，但鉴于“稻花香”系我国粳稻的品种名称，以该文字作为商标使用在米、谷类制品等相关商品上显著性较弱，故被异议商标中的显著识别文字为“金龙鱼”，被异议商标与引证商标在文字组成、称呼及含义上均存在区别，加之被异议商标指定使用的商品与引证商标核定使用的商品在生产工艺、功能用途、销售渠道等方面存在较大差异，未构成类似商品，被异议商标与引证商标共存不致引起消费者混淆误认，未构成2001年修改的《商标法》（以下简称2001年《商标法》）第二十八条所指的使用在类似商品上的近似商标。

2. 被异议商标与“稻花香”商标本身存在区别，且被异议商标指定使用的商品与“稻花香”商标赖以知名的白酒商品的行业特征区分明显，故被异议商标未构成对“稻花香”商标的复制、摹仿，被异议商标的申请注册不致误导公众并损害稻花香公司的利益，未构成2001年《商标法》第十三条第二款所指之情形。

综上，依据2001年《商标法》第三十三条、第三十四条的规定，商标评审委员会裁定：被异议商标予以核准注册。

北京市第一中级人民法院经审理认为：虽然被异议商标完整包含了引证商标“稻花香”，但由于被异议商标指定使用的谷类制品、面粉等商品与引证商标核定使用的白酒、无酒精饮料、矿泉水、酱油、醋、豆制品等商品在功能、用途及销售渠道等方面存在明显差异，未构成类似商品，因此，被诉裁定认定被异议商标与引证商标未构成2001年《商标法》第二十八条所指的使用在相同或类似商品上的近似商标并无不当。稻花香公司提交的证据尚不足以证明“稻花香”商标在被异议商标申请日之前已达到驰名的程度，且被异议商标指定使用的谷类制品、面粉等商品与“稻花香”商标赖以知名的白酒商品在功能、用途、生产部门、销售渠道、消费群体上存在较大差异，即便“稻花香”商标在被异议商标申请日之前已构成驰名商标，被异议商标的申请注册也不会误导公众并进而损害稻花香公司的利益，被诉裁定认定被异议商标未违反2001年《商标法》第十三条第二款并无不当。

综上，北京市第一中级人民法院依照《行政诉讼法》第六十九条之规定，判决驳回了稻花香公司的诉讼请求。

稻花香公司不服原审判决，向北京市高级人民法院提起上诉，请求撤销原审判决及被诉裁定。主要理由为：

1. 引证商标和被异议商标指定使用的商品关联程度很高，原审判决对于被异议商标指定使用的第30类商品与引证商标核定使用的第29、30、32、33类商品未构成类似商品的认定系认定事实错误。

2. 引证商标“稻花香”依法应受驰名商标保护，原审判决认为引证商标在被异议商标申请注册日前未构成驰名商标，甚至认为即便构成驰名商标，被异议商标的申请注册也不会误导公众损害稻花香公司的利益，未违反2001年《商标法》第十三条第二款的规定，这是完全错误的。

北京市高级人民法院经审理查明：原审判决已查明的事实清楚，有被异议商标及引证商标的商标档案、被诉裁定、当事人提交的证据材料及当事人陈述在案佐证，法院予以确认。

二审期间，稻花香公司补充提交了有关其商标驰名的证据。

法院认为：2013 年 8 月 30 日修改的《商标法》虽于 2014 年 5 月 1 日起施行，但商标评审委员会于 2013 年 6 月 24 日作出本案被诉裁定，因此，本案应当适用 2001 年《商标法》。

2001 年《商标法》第二十八条规定："申请注册的商标，凡不符合本法有关规定或者同他人在同一种商品或者类似商品上已经注册的或者初步审定的商标相同或者类似的，由商标局驳回申请，不予公告。"

本案中，被异议商标指定使用的第 30 类谷类制品、面粉等商品，与引证商标核定使用的第 33 类白酒商品，第 32 类无酒精饮料、矿泉水商品，第 30 类酱油、醋、豆制品商品，在功能、用途等方面存在明显区别，不属于同一种或者类似商品。因此，无论被异议商标与引证商标是否构成近似商标，被异议商标的申请注册均不违反 2001 年《商标法》第二十八条的规定。原审判决和被诉裁定的相关认定并无不当，法院予以维持。

2001 年《商标法》第十三条第二款规定："就不相同或者不相类似商品申请注册的商标是复制、摹仿或者翻译他人已经在中国注册的驰名商标，误导公众，致使该驰名商标注册人的利益可能受到损害的，不予注册并禁止使用。"

本案中，稻花香公司注册的第 1396938 号"稻花香"商标于 2005 年即被商标局认定为使用在白酒商品上的驰名商标，商标评审委员会第 99643 号决定再次认定该商标已达驰名程度，并对他人于 2008 年 11 月 24 日申请注册商标不予核准注册，即商标评审委员会在该案中已认定稻花香公司的第 1396938 号"稻花香"商标在 2008 年前已达驰名程度。结合本案中稻花香公司在评审阶段和诉讼阶段提交的其他证据，足以认定在本案被异议商标申请注册的 2009 年 4 月 14 日前，稻花香公司的第 1396938 号"稻花香"商标在白酒商品上已达驰名程度。

被异议商标由中文"金龙鱼稻花香"构成，完整地包含了稻花香公司的在先驰名商标，已构成对稻花香公司驰名商标的复制和摹仿。被异议商标指定使用的谷类制品、面粉等商品，虽然与稻花香公司"稻花香"商标据以驰名的白酒商品不属于同一种或者类似商品，但二者在销售渠道、消费对象等方面存在较为密切的关联。被异议商标的注册和使用，容易导致相关公众对商品来源的混淆误认，或者认为使用被异议商标的商品与稻花香公司存在一定关联，削弱稻花香公司驰名商标的显著性，损害稻花香公司的合法权益。

因此，被异议商标的注册违反了2001年《商标法》第十三条第二款的规定，依法不应予以核准注册。原审判决和被诉裁定的相关认定错误，法院予以纠正。稻花香公司的该项上诉理由成立，法院予以支持。

综上，依照《行政诉讼法》第八十九条第一款第（二）项、第三款之规定，北京市高级人民法院作出判决：

1. 撤销北京市第一中级人民法院（2014）一中知行初字第1234号行政判决；

2. 撤销商标评审委员会商评字（2013）第98777号《关于第7324273号“金龙鱼稻花香”商标异议复审裁定书》；

3. 商标评审委员会就湖北稻花香酒业股份有限公司针对第7324273号“金龙鱼稻花香”商标提出的异议复审申请重新作出裁定。

【评析】 商标评审委员会和北京市第一中级人民法院都没有认定“稻花香”商标为驰名商标，北京市第一中级人民法院认为即使构成驰名商标，也不会导致混淆误认。北京市高级人民法院认定“稻花香”商标为驰名商标，虽然被异议商标“金龙鱼稻花香”与稻花香公司的“稻花香”商标据以驰名的白酒商品不属于同一种或者类似商品，但二者在销售渠道、消费对象等方面存在较为密切的关联。被异议商标的注册和使用，容易导致相关公众对商品来源的混淆误认，或者认为使用被异议商标的商品与稻花香公司存在一定关联，削弱稻花香公司驰名商标的显著性，损害稻花香公司的合法权益。笔者认为，北京市高级人民法院主要考虑削弱淡化了稻花香公司驰名商标的显著性，即使核定商品类别不近似、混淆的可能性极小，对于驰名商标也享受跨类别保护。

驰名商标可以跨类获得保护，关键是能够跨多少类别。可以跨哪些类别。从本案可以看出，只要某类商标的核对商品与驰名商标所属的商品类别存在一定关联、存在引起相关公众混淆误认的“可能性”时，该驰名商标就可以获得跨此类的保护，驰名商标的名气越大，其可以跨越的类别就越多，获得法律保护的范围就更宽。即使没有引起混淆误认的可能性，如果能够削弱淡化驰名商标的显著性的，也可能构成近似商标、构成侵犯驰名商标的专用权，体现了法律对驰名商标的特别严格的保护。如“可口可乐”商标几乎可以跨越全部类别获得保护，因为其世界驰名。

第三节　类似商品的准确判断

一、类似商品的判定要素

就同一种商品或者类似商品申请注册的商标与他人在先使用的未注册商标相同或者近似，申请人与该他人具有前款规定以外的合同、业务往来关系或者其他关系而明知该他人商标存在，该他人提出异议的，不予注册。《商标法》里提到了“类似商品”的概念，但也没有作出明确规定，《商标法实施条例》对此也没有规定。

《最高人民法院关于审理商标民事纠纷案件适用法律若干问题的解释》第十一条规定：“商标法第五十二条第（一）项规定的类似商品，是指在功能、用途、生产部门、销售渠道、消费对象等方面相同，或者相关公众一般认为其存在特定联系、容易造成混淆的商品。类似服务，是指在服务的目的、内容、方式、对象等方面相同，或者相关公众一般认为存在特定联系、容易造成混淆的服务。商品与服务类似，是指商品和服务之间存在特定联系，容易使相关公众混淆。”第十二条规定：人民法院依据商标法第五十二条第（一）项的规定，认定商品或者服务是否类似，应当以相关公众对商品或者服务的一般认识综合判断；《商标注册用商品和服务国际分类表》《类似商品和服务区分表》可以作为判断类似商品或者服务的参考。

依据《商标审查及审理标准》的规定，类似商品是指商品在功能、用途、主要原料、生产部门、销售渠道、销售场所、消费对象等方面相同或相近。商标注册用商品和服务国际分类共有 45 个类别，其中商品 34 个类别、服务 11 个类别。指定使用在商品上的商标为商品商标，指定使用在服务上的商标为服务商标。

依据《商标审查及审理标准》的规定，类似服务，是指服务在目的、内容、方式、对象等方面相同或者相近。依据《最高人民法院关于审理商标民事纠纷案件适用法律若干问题的解释》第十一条第二款的规定，类似服务是指在服务的目的、内容、方式对象等方面相同，或者相关公众一般认为存在特定联系、容易造成混淆的服务。依据《类似商品和服务区分表》的说明，类似服务是指在服务的目的、内容、方式、对象等方面具有一定的共同性，如果使用相同、近似的商标，易使相关公众以为存在特定联系、使消费者误以为是同一企业提供的服务。

对于商品与服务类似，《商标审查及审理标准》和《最高人民法院关于审理商标民事纠纷案件适用法律若干问题的解释》规定相同，都是指商品和服务之间存在特定联系，容易使相关公众混淆。

由上所述，我们可以概括出对此问题的两种不同认识方法：主观标准说与客观标准说。主观标准说，强调主观标准，认为类似商品的判定应当考虑商标的使用情况，以防止消费者混淆商品来源为依据。即如果两个商品使用同一商标有可能被顾客认为来自同一个产源，即可认定类似。《最高人民法院关于审理商标民事纠纷案件适用法律若干问题的解释》更倾向于主观标准说。

客观标准说，强调客观标准，即不以防止混淆为依据，只依据与商品或服务本身有关的因素诸如商品或服务的性质、用途、用户、通常效用及一般销售渠道进行认定。《商标审查及审理标准》更倾向于客观标准说。客观标准说的核心在于类似商品的判定不应考虑商标因素，只根据商品本身属性判定商品是否类似。

1. 商品的功能、用途

如果两种商品的功能、用途相同或者相近，能够满足消费者相同需求的，则被判定为类似商品的可能性较大。如自行车打气筒与手动打气筒类似。

如果两种商品在功能、用途上具有互补性或者需要一并使用才能满足消费者的需求，则被判定为类似商品的可能性较大。如墨水与钢笔类似。

2. 商品的原材料、成分

商品的原材料或者成分，是决定商品功能、用途的重要因素。一般情况下，两种商品的原材料或者成分相同或者相近，被判定为类似商品的可能性较大。

但随着商品的更新换代，商品的原材料或者成分即使不同，而其原材料或者成分具有可替代性，且不影响商品的功能、用途的，仍存在被判定为类似商品的可能性。如金属制门窗与塑钢门窗类似。

3. 商品的销售渠道、销售场所

如果两种商品的销售渠道、销售场所相同或者相近，消费者同时接触的机会较大，容易使消费者将两者联系起来，则被判定为类似商品的可能性较大。如婴儿奶粉与奶粉、蛋白质牛奶类似。

4. 商品与零部件

许多商品是由各个零部件组成的，但不能当然地就认为该商品与各零部件或者各零部件之间都属于类似商品，仍应当根据消费者对两者之间联系的密切程度的通常认知进行判断。

如果特定零部件的用途是为了配合特定商品的使用功能，而该商品欠缺该特定零部件，就无法实现其功能或者严重减损其经济上的使用目的，则被判定为类似商品的可能性较大。如手表与手表带类似。

5. 商品的生产者、消费者

两种商品由相同行业或者领域的生产者生产、制造、加工的可能性越大，则被判定为类似商品的可能性越大。

如果两种商品以从事同一行业的人为消费群体，或者其消费群体具有共同的特点，被判定为类似商品的可能性较大。

6. 消费习惯

类似商品的判定，还应当考虑我国消费者在特定的社会文化背景下所形成的消费习惯，即应当考虑相关公众的认知水平和市场交易的状况。如果消费者在习惯上可将两种商品相互替代，则该两种商品被判定为类似商品的可能性较大。

7. 其他影响类似商品判定的相关因素

如竞争关系、互补关系，所谓相关商品的竞争关系，在经济学中被称为“替代品”。比如在牛肉和鸡肉商品中，当牛肉价格提高时将会提升消费者对鸡肉的需求。同时，牛肉价格上升还可能减低与牛肉一起食用商品的需求，这种替代关系存在于不同企业的类似商品之间，即竞争关系。

【案例1－3】郭某全第3886051号“建必特”商标诉福州建必特公司侵权纠纷案（案例来源：法律快车网站https：//anli. lawtime. cn/ipshangbiao/20110923163677. html，作者：福建省福州市中级人民法院朱玲）

原告：郭某全

被告：福州建必特新型建筑材料有限公司（以下简称福州建必特公司）

原告郭某全于2004年1月13日在第1类商品上申请注册“建必特”商标。2006年6月14日，经国家工商行政管理总局商标局核准，郭某全取得了“建必特”文字商标专用权，商标注册证号为第3886051号，核定使用商品（第1类）：混凝土凝结剂、混凝土用凝结剂、混凝土充气用化学品（截止）。2006年9月21日，原告郭某全以其依法拥有的商标权涉嫌被侵害为由，向深圳市公证处提出证据保全申请。深圳市公证处根据《公证法》的相关规定和郭某全的请求，于2006年9月21日下午3时15分至25分，对网址为网站页面及点击“产品简介”“作用机理”“技术指标”“主要功能”等链接后的显示页面进行了证据保全。上述资料显示，被告福州建必特公司在其公司的网站上对该公司生产的产品“建必特”纤维进行了宣传，并对该产品的功能、作用机理、主要技术指标等作了较为详细的说明。此外，被告福州建必特公司在其印制的产品宣传画册中，也对该司生产的“建必特”纤维——混凝土/砂浆专用聚丙烯改性纤维进行了介绍。同时，被告福州建必特公司对该司生产和销售上述“建必特”纤维产品的事实亦予以确认。

经查，被告福州建必特公司于2000年1月1日经福州市工商行政管理局核准成立，其全称为“福州建必特新型建筑材料有限公司”。另，以郭某全为法定代表人的深圳市建必特实业发展有限公司成立于1997年7月16日，该公司的产品宣传画册显示，其主要产品为建必特聚丙烯纤维，该产品的主要功能和用途与被告生产的“建必特”纤维的主要功能和用途基本相同。

原告因本案诉讼支出公证费人民币300元，律师费人民币3000元以及工商查询费人民币50元。

原告郭某全诉称：自己已合法取得了国家工商行政管理总局商标局核发的“建必特”《商标注册证》，核定使用商品（第1类）为：混凝土凝结剂、混凝土用凝结剂、混凝土充气用化学品。被告未经许可擅自使用原告的“建必特”商标，并使用于同一类商品上，如“建必特”牌纤维、“建必特”牌钢筋保护层用系列垫件。且被告还公开在自己的公司网站和产品宣传画册上大肆宣传。被告的行为严重侵犯了原告的注册商标专用权，为此，原告郭某全提起本案诉讼，请求判令被告：（1）立即停止侵权，并向原告赔礼道歉；（2）向原告赔偿损失人民币53350元。在举证期限内，原告要求变更原诉状内容，并进一步明确其诉讼主张为：因被告生产的混凝土/砂浆专用聚丙烯改性纤维与原告的“建必特”商标注册证核定使用的商品“混凝土用凝结剂”属于同一种商品，侵犯了原告的注册商标专用权，故而要求被告承担停止侵权、赔礼道歉和赔偿原告5万元经济损失及合理开支3350元的民事责任。同时，原告放弃了对原诉状中所称的被告生产的“建必特”牌钢筋保护层用系列垫件侵犯原告注册商标专用权的指控。

被告福州建必特公司辩称：原告所称被告侵犯其注册号为3886051的“建必特”商标专用权毫无依据。理由如下：（1）原告注册商标“建必特”（注册号3886051）的核定使用商品是第1类的混凝土凝结剂、混凝土用凝结剂和混凝土充气用化学品，其类似群是0104小类。原告经营的产品聚丙烯改性纤维属于非纺织用塑料纤维商品，应划入《类似商品和服务区分表》中的国际分类为第17类的1703组商品。2001年《商标法》第五十一条规定，注册商标的专用权，以核准注册的商标和核定使用的商品为限。由于被告生产的产品与原告注册商标的核定使用商品既不相同也不类似，所以不构成侵权。（2）被告的名称是福州建必特新型材料有限公司，公司使用“建必特”作为字号的时间（2000年1月1日）比原告商标注册的申请日（2004年1月13日）还要早，因此，被告生产经营与原告注册商标不同类似群的商品是合法的。(3)“建必特”商标的专用权不能跨类保护，不同种类的“建必特”注册商标只是在该类别核准使用的商品或类似商品上才享有专用权。如由临城县中天涂料有限公司申请的注册号为 292213 的“建必特”商标就只能在 1908 小类上享有专用权。本案原告的注册商标也只能限制在 0104 小类上享有专用权，而不涉及聚丙烯改性纤维及钢筋保护层垫件等商品。因此，本案原告起诉被告侵犯其注册商标专用权是完全错误的，请求法院依法驳回原告的诉讼请求。

法院经审理认为：本案原告郭某全向国家工商行政管理总局商标局申请注册了“建必特”商标，核定使用的商品为商品国际分类中的第 1 类商品：混凝土凝结剂、混凝土用凝结剂、混凝土充气用化学品，目前在有效期内。被告福州建必特公司在其生产、销售的纤维产品上使用了与原告注册商标相同的“建必特”商标，对该案件事实，被告并无异议。本案双方当事人争议的焦点在于，被告的产品是否与原告注册商标核定使用的商品属于同一种或者类似商品。

从商品名称和分类来看，被控侵权的应用于混凝土的聚丙烯纤维产品，属于非纺织（品）用塑料纤维，应划入商品国际分类的第 17 类商品中，其与原告注册商标核定使用商品的名称并不相同。参考《商标注册用商品和服务国际分类表》以及《类似商品和服务区分表》，被控侵权的应用于混凝土的聚丙烯纤维产品，属于第 17 类 1703 组商品，而原告注册商标核定使用商品属于第 1 类 0104 组商品，该两种商品未被划归为类似商品。

从物理常态上看，混凝土凝结剂或混凝土用凝结剂与被控侵权的聚丙烯纤维产品有明显不同，前者为剂状的化学品，通常呈液态，而后者是固态纤维，呈细条发丝状。

从产品的功能和用途来看，混凝土凝结剂或混凝土用凝结剂系用于加速或者延缓混凝土凝结速度的化学制剂，其作用机理是通过外加剂的化学作用来调节混凝土的凝结、硬化时间，其中速凝剂可加速水泥的水化反应，促使混凝土迅速凝结和硬化，如铝氧熟料、水玻璃溶液及铝酸钠等；缓凝剂可延长混凝土凝结时间，降低水化热，如酒石酸、石膏、酒石钾钠等。而被控侵权的聚丙烯纤维产品是由聚丙烯原料制成的塑料半成品，以丝状纤维乱向分布的形式拌入混凝土中使用，可以增强混凝土的抗裂防渗性能，使其不易开裂渗漏。该产品的化学性质稳定，与混凝土之各种元素及外加剂均能混拌，而无须改变混拌比值，它不对水泥的化学（水化）反应产生影响，不能调节混凝土凝结时间的长短，其本身并不发挥任何化学反应，所起的完全是机械作用，仅在于通过改变混凝土的物理结构而改善混凝土的性能，从而提升混凝土产品的品质，是一种作为次要加强筋而用于混凝土的纤维材料。因此，被控侵权的聚丙烯纤维产品与原告注册商标核定使用商品的功能和用途并不相同。

此外，聚丙烯纤维产品与混凝土凝结剂或混凝土用凝结剂的生产工艺及流程明显不同。两者的生产厂家亦不相同，应用于混凝土的聚丙烯纤维通常由塑料纤维制造企业生产，而混凝土凝结剂或混凝土用凝结剂的生产厂家一般为化学制剂厂。一般情况下，相关公众并不会对两种商品的来源产生误认或混淆。由此，可以判定，被控侵权的聚丙烯纤维产品与原告注册商标核定使用的商品，并不构成类似商品。

综上，虽然被告福州建必特公司在其生产、销售的应用于混凝土的聚丙烯纤维产品上使用了与原告注册商标相同的“建必特”商标，但由于被告的产品与原告注册商标核定使用的商品既非同一种亦不属于类似商品，因此，被告的行为并不构成对原告注册商标专用权的侵犯。原告关于被告侵犯其注册商标专用权并要求被告停止侵权、赔礼道歉和赔偿损失的诉讼主张，无事实和法律依据，故不予支持。被告的答辩理由成立，应予采纳。据此，依照《民事诉讼法》第六十四条第一款，2001 年《商标法》第三十七条、第五十一条、第五十二条第（一）项，《最高人民法院关于审理商标民事纠纷案件适用法律若干问题的解释》第十一条第一款、第十二条之规定，判决驳回了原告郭某全的诉讼请求。案件受理费人民币 2110 元，由原告郭某全负担。一审宣判后，双方当事人均未提起上诉，现判决已发生法律效力。

【评析】本案是一起商标权人因他人使用了与其注册商标完全相同的商标而要求对方承担商标侵权法律责任的知识产权纠纷案件。

注册商标专用权是指商标注册人对其注册商标的专有使用权。自然人、法人或者其他组织对其在我国合法注册取得的商标在法律规定的权利保护期间内享有注册商标专用权。本案中，被告使用了与原告注册商标“建必特”完全相同的文字商标，对此事实，双方均不持异议。那么，我们能否就此判定被告的行为侵犯了原告的注册商标专用权呢？一例看似简单的商标侵权案，实则蕴含了以下几个需要我们厘清的法律问题：

1. 判断是否构成商标侵权

应以被告的商品与原告注册商标核定使用的商品而非原告实际生产的商品进行是否相同或类似的比对。

本案中，以商标权人郭某全为法定代表人的深圳市建必特实业发展有限公司主要生产应用于混凝土的聚丙烯纤维产品，该产品的主要功能和用途与被告被控侵权的聚丙烯纤维产品的主要功能和用途基本相同。对此，原告方一直存在一个理解上的误区，认为既然自己已取得了“建必特”注册商标的专用权，那么，被告在该聚丙烯纤维产品上使用与“建必特”相同的商标就必然构成了对原告的商标侵权。然而，我们知道，2001 年的《商标法》第五十一条规定：“注册商标的专用权，以核准注册的商标和核定使用的商品为限。”虽然原告在提出注册商标申请时，其本意的确是想为其所生产的聚丙烯纤维产品申请“建必特”文字商标，但由于原告对该商品所属类别的错误判断，其实际系在第 1 类商品（混凝土凝结剂、混凝土用凝结剂、混凝土充气用化学品）上申请并获准注册了“建必特”商标，而聚丙烯纤维产品在商品类别划分上实际应属于《商标注册用商品和服务国际分类表》中的第 17 类 1703 组商品。因此，判断被告的行为是否构成商标侵权，应以被告使用该商标的聚丙烯纤维产品与原告注册商标核定使用的商品（即第 1 类商品：混凝土凝结剂、混凝土用凝结剂、混凝土充气用化学品）进行是否相同或者类似的比对。如果相同或者类似，则侵权成立；反之，则不构成侵权。

2. 关于类似商品的判断问题

本案中，被控侵权商品为应用于混凝土的聚丙烯纤维产品，属于非纺织（品）用塑料纤维，应划入商品国际分类的第 17 类 1703 组商品，而原告注册商标核定使用的商品为第 1 类 0104 组商品即混凝土凝结剂、混凝土用凝结剂、混凝土充气用化学品，两者的商品名称与类别并不相同。

那么，被控侵权商品与原告注册商标核定使用的商品是否构成类似商品呢？根据《最高人民法院关于审理商标民事纠纷案件适用法律若干问题的解释》第十一条的相关规定，《商标法》第五十二条第（一）项规定的类似商品，是指在功能、用途、生产部门、销售渠道、消费对象等方面相同，或者相关公众一般认为其存在特定联系、容易造成混淆的商品。认定商品是否类似，应当以相关公众对商品的一般认识综合判断；《商标注册用商品和服务国际分类表》《类似商品和服务区分表》可以作为判断类似商品的参考。

通过查看《类似商品和服务区分表》可知，被控侵权商品与原告注册商标核定使用的商品未被划归为类似商品。从物理常态上看，被控侵权商品是呈细条发丝状的固态纤维，而原告注册商标核定使用的商品通常为呈液态的剂状化学品。从产品的功能和用途来分析，原告注册商标核定使用的商品系用于加速或者延缓混凝土凝结速度的化学制剂，其作用机理是通过外加剂的化学作用来调节混凝土的凝结、硬化时间等；而被控侵权的聚丙烯纤维产品是由聚丙烯原料制成的塑料半成品，其以丝状纤维乱向分布的形式拌入混凝土中，通过改变混凝土的物理结构来增强混凝土的抗裂防渗性能，其本身并不发挥任何化学反应。也就是说，被控侵权的聚丙烯纤维产品与原告注册商标核定使用商品的功能和用途并不相同。再者，被控侵权的聚丙烯纤维产品与原告注册商标核定使用的商品的生产工艺及流程明显不同，两者的生产厂家亦不相同。一般情况下，相关公众并不会对两种商品的来源产生误认或混淆。由此可以判定，被控侵权的聚丙烯纤维产品与原告注册商标核定使用的商品，并不构成类似商品。

综上分析，福州市中级人民法院认定被告的行为并不构成对原告注册商标专用权的侵犯，并据此驳回了原告的诉讼请求，是完全正确的。

【案例 1－4】埃克森美孚公司“美孚”“MOBIL”润滑油诉中恒车业“美孚”火花塞、减震器侵权纠纷案

原告埃克森美孚公司（以下简称美孚公司）与美孚石油有限公司（以下

简称美孚石油公司）是世界500强能源公司。美孚石油公司于1983年3月30日在第4类润滑油等商品注册了“美孚”和“MOBIL”商标，并分别于2002年3月14日、2011年5月27日将上述两商标转让给美孚公司。2010年初，两原告发现浙江省慈溪市中恒车业有限公司、慈溪市正大车业有限公司在火花塞、减震器商品上突出使用“美孚”商标。两原告为此诉至法院，请求法院确认两商标构成驰名商标，判令两被告停止侵权并赔偿损失50万元。

浙江省宁波市中级人民法院经审理认为：尽管被诉侵权商品减震器、火花塞和“美孚”“MOBIL”商标注册核定使用的润滑油类商品分属于不同类别的商品，但从商品自然属性考量，从相关公众的一般认识来看，两者在用途、消费对象、销售渠道上均存在紧密的关联性，属于关联商品，而且两原告在润滑油商品上所用“美孚”“MOBIL”商标具有较高的显著性和极高的知名度，这使得相关公众易混淆误认商品来源，故应认定两者为类似商品。依据驰名商标按需认定的原则，因无须给予两原告商标跨类别的司法保护，故不必认定。两被告未经许可在类似商品上使用与“美孚”注册商标相同、近似商标的涉案行为，已构成商标侵权，故判决两被告停止对“美孚”注册商标的侵权行为，并赔偿两原告损失共50万元。本案一审判决已生效。

【评析】依据司法解释，类似商品是指在功能、用途、生产部门、销售渠道、销售对象等方面相同，或者相关公众一般认为其存在特定联系、容易造成混淆的商品，认定商品或者服务是否类似，应当以相关公众对商品或者服务的一般认识综合判断。这表明类似商品本身是一个动态的范围，类似商品的判断应落脚于两类商品之间的关联程度，并最终取决于相关公众是否一般地认为两类商品为存在特定联系、容易造成混淆的商品。

本案中，被诉侵权商品减震器、火花塞分别属于第12类和第7类商品，而两原告“美孚”“MOBIL”注册商标核定使用为第4类润滑油等商品。比较减震器、火花塞与润滑油商品，两者不属于竞争商品，但两者均属于机动车辆所使用的商品，均为机动车配套使用，用途均与机动车相关，消费对象也均为机动车生产者、经营者或使用者，两者销售渠道亦基本相同，所以从相关公众的一般认识来看，两者属于关联商品。而且“美孚”“MOBIL”商标具有较高的显著性和极高的知名度，这使得相关公众会认为被控侵权的减震器、火花塞商品和两原告品牌的润滑油商品存在特定联系，易造成混淆，故法院认定两者为类似商品，无疑是正确的。

这里要说明的是，仅仅判断两种商品具有关联还不行，还须要原告的商标性显著性很强、知名度很高，但不一定要达到驰名的程度。至于显著性的强度和知名度的程度，须要结合案件其他因素综合认定，没有统一标准。

二、《类似商品和服务区分表》和《商标注册用商品和服务国际分类表》的理解及适用

婴儿奶粉属于0502群组，奶粉属于2907群组，这种表示类似群的表述方法是《商标注册用商品和服务国际分类表》（以下简称《国际分类表》）和《类似商品和服务区分表》（以下简称《区分表》）中的基本概念。

《国际分类表》是依据《商标注册用商品和服务国际分类尼斯协定》（以下简称《尼斯协定》）制定的。20世纪50年代以前，不同国家在商品或者服务分类上是有差异的，这给国际贸易、涉外商标注册与保护带来诸多不便，为了解决这一问题，一些国家于1957年6月在法国的尼斯市缔结了《尼斯协定》，宗旨是建立一个共同的商标注册用商品和服务国际分类体系，并保证其实施，由世界知识产权组织进行管理。根据该协定，世界知识产权组织制定了《国际分类表》，截至2011年1月，这种分类已被世界上149个国家和4个组织采用。我国自1988年11月1日起采用《尼斯协定》所确定的商品和服务分类，1994年8月9日起，我国成为尼斯协定的成员国。

采用《国际分类表》，有利于统一各国在办理商标注册时的商品和服务分类路径，适应国际贸易和商标工作国际交往的需要；对于各国商标主管机关来说，可节约其审查注册申请的时间，减少工作量，易于建立科学的商标档案制度；对于商标注册申请人来说，可简化、便利其申请前的准备工作。

《尼斯分类》最主要的分类标准是：商品按功能、用途进行分类；辅助的分类标准是：按使用原材料或其操作方式进行分类。服务原则上按照行业

进行分类。

《区分表》，即《类似商品和服务区分表》是以《国际分类表》为基础，商标主管部门从商标检索、审查、管理工作需要的角度出发，总结多年来的实践工作经验，并广泛征求各部门的意见，把某些存在特定联系、容易造成误认的商品或服务组合到一起，编辑而成的。

《区分表》不能穷尽所有的类似商品和服务项目。判定商品或服务是否类似，应以相关公众对商品或服务的一般认识综合判断。但《区分表》可以作为商标审查人员、商标代理人和商标注册申请人判断类似商品或者服务的参考，也可以作为行政机关和司法机关在处理商标案件时判断类似商品或者服务的参考。《区分表》是商标审查人员、管理人员、商标代理人、商标申请人以及商标使用人判断商品和服务类似与否的主要依据和参考工具，但不是唯一的法规性文件。对于某些商品和服务是否类似还要结合商品的功能、用途、交易方式和具体的服务行业、服务实施场所、服务的对象等实际情况进行判断。

尼斯分类的第一版于 1963 年出版，1996 年出版第七版，2001 年出版第八版时对 42 类进行修改，创建了 43 类至 45 类，2006 年 6 月出版第九版，2011 年 6 月出版第十版。我国的《区分表》也相应地分别于 1998 年、2002 年、2007 年、2012 年作了修订。目前使用的《区分表》是基于尼斯分类第十版，于 2012 年 1 月 1 日正式使用。

《区分表》共分为商品和服务两大部分，商品是第 1 类至第 34 四类，共 34 个类别；服务是第 35 类至第 45 类，共 11 个类别。《区分表》采用层次代码结构。第一层是商品和服务类别，用中文第 1 类、第 2 类……表示，共 45 个类别；第二层是商品和服务类似群，代码采用四位数字，前两位数字表示商品和服务类别，后面两位数字表示类似群号，如前述举例“0502”即表示第 5 类商品的第 2 类似群。

类似商品或者服务判定的妥当与否，直接关系到当事人商标专用权的取得与行使，关系到经济交易的安全以及公平竞争市场经济秩序的维系。但由于商品和服务项目在不断更新和发展，市场交易的状况也不断变化，类似商品或者服务的判定也不会固定不变，《区分表》也需要随着客观情况发展变化而适时调整。对于《区分表》的修改与完善，商标行政主管机关历来采取非常慎重的态度，要经过充分调研、反复论证，并征求各方面的意见。

以第 30 类“方便粉丝”商品在《区分表》中类似群组的调整为例，第九版《区分表》中没有“方便粉丝”商品这一名称，这是由于《区分表》是以《国际分类表》为基础编订的，因为各国情况千差万别，不可能所有商品都包含在国际分类表中，并且新产品不断开发、市场不断发展，所以比如某些有中国特色的商品或新商品，未列入《国际分类表》，也暂未收入《区分表》，对于这种商品，在商标注册申请、审查中就只能划入相近的类似群组。

由于第九版《区分表》中没有“方便粉丝”商品名称，商标局在受理商标申请时就将“方便粉丝”商品划分在第 30 类第 12 商品群组，即“食用淀粉及其制品”，判定方便粉丝与 3012 的粉丝商品类似。

但在后续的实际商标审查及案件处理过程中，商标局发现第 30 类第 09 商品群组的“方便面”与第 30 类第 12 商品群组的“方便粉丝”商品虽分属不同类似商品群组，但两者的食用方式、消费对象、销售渠道基本相同，根据类似商品的划分原则，“方便面”与“方便粉丝”商品应当确定为类似商品。

经研究决定，商标局 2010 年 7 月发出通知：“（一）此前已经注册和申请受理的商标，其包含核准使用或申请指定的方便粉丝商品由第 30 类第 12 商品群组统一调整到第 30 类第 09 商品群组，与第 30 类第 09 商品群组的商品判为类似商品，与第 30 类第 12 商品群组的商品因食用方式、消费对象、销售渠道不同，不判为类似商品。（二）今后申请注册商标指定的商品中如包含方便粉丝，将归属于第 30 类第 09 商品群组，并将在第十版的《区分表》中加以标注说明。”目前在第十版的《区分表》中第 30 类第 09 商品群组已经增加了“方便粉丝”这项商品。这一调整，行业内部有不同声音，有部分企业从生产工艺、产品的组织结构等角度解释，强调方便粉丝和粉丝更类似。但判定商品类似，固然要考虑商品本身的特性、生产环节等因素，但也要考虑销售环节、消费者的认识习惯和消费习惯等多个侧面，其中消费者的认识可能是更重要的。消费者可能并不太关心诸如生产工艺、产品组织结构之类的差别，而更注重选择商品时最直观的感受，从消费终端来讲，方便粉丝与方便面，在商品的功能用途、食用体验、销售渠道等角度看，都是类似的。

在商标评审的具体案件审理实践中，对待《国际分类表》和《区分表》的基本原则是：

1. 判定商品或者服务是否类似，以《国际分类表》《区分表》作为基本依据，不应随意打破类似群组的划分。

2. 对于申请人明确主张非类似的商品，以科学、严谨、务实的态度认真对待申请人的理由及证据材料。根据具体的案件事实以及社会经济生活的变化情况，结合类似商品或者服务判定的各项考虑因素，经过充分的论证，进行必要的调整，但态度要极为慎重。

3. 以适用区分表为原则，以个案调整为例外。

【案例 1－5】第 1763593 号“稻花香”商标争议案

争议商标

核定使用的商品：第 30 类第 3003—3004；第 3007；第 3009；第 3012 组八宝饭；方便米线；方便面；米粉；面粉制品；食用淀粉产品；糖；糖果。

引证商标 1293949

核定使用的商品：第 30 类第 3011；第 3015 组酱油；醋；豆制品。

关于本案的类似商品判定问题，商标评审委员会认为，争议商标核定使用的八宝饭、方便米线等商品与引证商标核定使用的商品酱油、醋、豆制品在商品的生产、原料、用途等方面差别较大，不属于类似商品。争议商标与引证商标虽然文字构成相同，但两商标使用的商品不属于同一种或类似商品，未构成使用于同一种或类似商品上的近似商标。

在本案后续的行政诉讼中，北京市第一中级人民法院（2009）一中行初字第503号判决认为，争议商标与引证商标核定使用的商品在生产工艺和销售场所上不同，原料和用途差别较大，并且在《区分表》中分属不同类似群组。争议商标与引证商标虽均为纯文字商标且“稻花香”汉字部分构成相同，但两商标核定使用的商品不属于同一种或类似商品，故争议商标与引证商标未构成使用在同一种或类似商品上的近似商标，两商标不易造成消费者的混淆。因此，商标评审委员会在争议裁定中的相关认定理由充分，结论正确。

但二审程序中，北京市高级人民法院（2009）高行终字第1172号判决认为，争议商标与引证商标核定使用的商品在现实生活中的关联程度很高，一般消费者在隔离状态下施以一般注意力，容易对商品来源产生混淆或误认。因此，商标评审委员会在争议裁定中的相关认定事实错误。

争议商标注册人不服二审判决，向北京市高级人民法院提出再审申请，北京市高级人民法院作出（2011）高行监字第688号行政裁定，对该案另行组成合议庭进行再审。经再审，北京市高级人民法院（2011）高行再终字第1号判决认为，争议商标与引证商标核定使用的商品在《区分表》中分属不同类似群组，在商品的功能、用途、生产流程、原料等方面差别较大，二者不属于类似商品。

【评析】 商品之间的关联性往往体现在商品之间的替代关系或竞争关系上，当一种商品的销售状况会影响另一种商品的销售，或在市场上存在一定程度的竞争关系时，可以说明商品之间存在较高的关联性。本案中的方便食品与酱油、醋不具有替代性和竞争关系。

上述案例是由于类似商品的判定不一致而导致商标评审委员会行政诉讼败诉的典型案例。关于类似商品判定问题，2004年至2006年期间，法院基本与商标评审委员会一致，肯定了《区分表》的作用。但从2007年起，法院突破《区分表》判定类似商品和服务的情形逐渐增多，特别是近年来，在类似商品问题上与法院意见相左而导致商标评审委员会败诉的情形更呈不断扩大的趋势。2010年至2012年期间，仅在一审程序中，由于这一原因导致败诉的案件在全部败诉案件中的比例分别为12%、18%、24%，逐年递增。2012年，这一原因更是成为商标评审委员会败诉的首要原因之一。

法院与商标评审委员会在商品类似判定上的分歧主要体现为以下三种情况：一是商标评审委员会依据《区分表》判定不构成类似商品，而法院突破区分表，认为构成类似商品，这是商标评审委员会败诉的最主要原因；二是商标评审委员会综合考虑恶意、商品关联性、引证商标知名度或独创性等要素突破区分表，判定构成类似商品，而法院认为不构成类似商品；三是商标评审委员会依据区分表判定构成类似商品，而法院认为不构成类似商品。

法院与商标评审委员会关于类似商品或者服务的判定不一致，最集中的表现是对两表（《商标注册用商品和服务国际分类表》《类似商品和服务区分表》）的地位和作用怎么认识，表象后的实质问题是关于类似商品或者服务更倾向于采纳客观标准还是主观标准，更深层次的问题则是行政程序和司法程序的制度设计和程序分工问题。

关于对两表的地位和作用怎么认识，法院认为，依据《最高人民法院关于审理商标民事纠纷案件适用法律若干问题的解释》第十二条的规定、《最高人民法院关于审理商标授权确权行政案件若干问题的意见》第十五条的规定，《国际分类表》《区分表》只是判断类似商品或者服务的参考。

商标评审委员会认为，判定类似商品或服务不能以《区分表》作为唯一依据，但《区分表》具有公开性、一致性和稳定性的特点，是商标局、商标评审委员会和商标注册人、申请人判定类似商品和服务的重要依据，更是确定商标权利范围的依据。商标评审委员会也完全认同，过于僵化地依照区分表进行商品类似与否的判断，会造成稳定性有余而灵活性不足，尤其难以制止不正当利用他人尚未驰名的注册商标声誉在关联性较强的商品上进行不正当竞争的行为。但若以“个案判定”为理由对《区分表》进行没有明确标准的突破，无疑会打破《商标法》第二十八条与第十三条之间的适用平衡。

因为从商标保护的制度安排来看，我国商标法通过注册商标专用权制度禁止他人在相同或类似商品上使用相同或近似商标，以保护在先商标权；通过驰名商标制度禁止他人在非相同或者非类似商品上复制、摹仿、翻译驰名商标，以防止误导公众、保护驰名商标所有人的利益。2001 年《商标法》中的注册商标专用权制度与驰名商标保护制度分工明确，如果在适用第二十八条时，随意打破类似商品的客观界限，实际上是为引证商标提供了与驰名商标保护水平相同的跨类保护，超越了 2001 年《商标法》第二十八条的适用范围，将会导致两种制度在适用上出现混乱，降低商标确权程序的可预期性，损害当事人的利益。即使根据案件审理的要求，需要对《区分表》作出突破，这种突破亦应遵循一定的原则和标准。

关于类似商品或者服务更倾向于采纳客观标准还是主观标准，法院在审理商标授权确权行政案件时，更强调主要考虑相关商标共存是否会导致混淆误认，而不是相关商品自然属性的比较，认为商品类似判断不是对商品本身自然属性的比较，并不是要区分相关商品，而是要区分来源；法院更强调相关商标标志的近似程度、相关商标的显著性、知名度和使用情况以及诉争商标注册人的主观状态等要素在类似商品或者服务判定中的作用。并且认为由于在特定案件商品类似关系的认定考虑了案件具体情况，因此结论仅具有个案性。

而商标主管机关联合制定并执行的《商标审查及审理标准》中对于类似商品与服务的判定，更倾向于采纳客观标准，主要是基于以下几方面考虑：

1. 商品本身的属性是客观的，商标依附于商品而存在。无论在商品上使用何种商标都不能改变商品本身的属性。

2. 判断类似商品需要考虑的诸因素，如商品的功能、用途、主要原料、生产部门、销售渠道、销售场所、消费对象等方面均具有客观性，并在一定的时空范围内保持确定性。

3. 划分类似商品的目的在于确定商标权的排他效力的范围。如果将商标因素引入商品类似的判定，将会陷入循环论证，可能会出现两类相同的商品在此案中被认定为类似商品，在彼案中却被认为是非类似商品，从而造成类似商品的划分失去意义，而陷入个案情况千差万别、判定标准莫衷一是的困惑之中。

关于行政程序和司法程序的制度设计和程序分工问题，法院认为，行政程序和司法程序的程序分工不同，行政程序在前期，效率更重要，司法程序在后期，公正更重要。并且类似判断仅具个案性，不会出现导向问题，也不会影响行政程序中的效率和公平。

商标评审委员会认为：《区分表》基本符合商品的客观属性特点和消费者对商品分类的一般认知标准，在商标行政确权程序中参考区分表对商品类似进行判定，既可以大大提高行政工作效率，节约行政成本，在绝大多数情况下也达到了客观公平，保证了执法统一。审查员所面对的商标申请信息具有相对有限性，为了体现效率优先、兼顾公平的原则，保持审查标准的统一性，直接依据《区分表》进行类似商品与服务的判定具有合理性和必要性。如果在所有个案中审查员都去寻求《区分表》以外的因素来重新判断类似商品的划分问题，即便因此而提高了判断的准确性和个案的公正性，商标法律制度的运行也会由于效率低下而陷入停滞。

三、个案中认定类似商品突破《类似商品和服务区分表》的条件（主观标准）

如前所述，判断类似商品的关系也不是一成不变的。随着经济的发展，商品交易方式、消费习惯及消费心理的发展变化，商品类似关系也随着商品交易的客观实际发生变化。《区分表》难以穷尽所有的类似商品，商品类似关系的认定有些部分已经与市场交易的客观现实产生矛盾。

另外还有一个问题，就是前面强调过，商标通常是一个不能脱离具体商品的概念，而《商标法》第十三条、第十五条、第三十一条关于打击恶意抢注行为的禁止性规定，大多数对在先使用商标的保护只能及于在先商标使用的商品或类似的商品范围。而商标领域的恶意抢注行为的表现形式日益复杂化、多样化，比如将他人独创性较强、有一定影响力但尚未达到驰名程度的商标，申请注册在不相类似的商品上，《商标法》中对这种不正当注册行为，似乎就没有特别贴切的具体条款可以适用。2008 年至 2012 年商标评审委员会收到异议复审、争议案件累计申请量是 71692 件，但 2008 年至 2012 年商标评审委员会在裁定中认定驰名商标仅 803 件，即至多只有 1.12% 的案件可以适用驰名商标保护条款予以跨类保护，大量尚未达到驰名程度或证据不足以认定驰名的商标被抢注在不类似商品上难以获得保护。同时，这种在先商标虽然独创性较强，但往往又缺乏享有在先著作权的证据。因此，这类恶意抢注类型，《商标法》第十三条、第十五条、第三十一条均难以遏止。在这种情况下，如果我们还是固守区分表对类似商品和服务的划分，可能就无法制止不正当竞争行为。

为此，商标评审委员会从《商标法》维护诚实信用原则的立法宗旨出发，在法律适用方面，制定了突破《区分表》的审理标准。

突破《区分表》，必须具备以下要件：

（1）在先商标具有较强的显著特征；

（2）在先商标具有一定的知名度；

（3）系争商标与在先商标具有较高的近似度；

（4）系争商标所使用的商品或服务与在先商标核定使用的商品或服务具有较强的关联性；

（5）系争商标所有人主观恶意明显；

（6）系争商标的注册或者使用，容易导致相关公众混淆和误认。

运用这一标准，就是在考虑个案案情的基础上，从制止恶意注册和避免相关公众混淆的目的出发，按有利于防范和制止恶意抢注行为的方向把握，适当突破《区分表》，对商标的保护范围作出更合理的界定，从而解决对在先商标跨类保护的问题，更加有利于案件的公平裁决，实现法律效果和社会效果的统一。

《区分表》的突破在满足上述要件的情况下，还应遵循以下两个原则：一是“一案一议”，即只是个案突破，对其他案件的处理并不具有强制适用性。二是只有其他法律条款无法适用时才可采用。

突破《区分表》的审理标准，适用的案件类型是异议复审和争议。这是因为异议复审和争议与商标注册程序不同，前者作为商标确权程序，处理特定民事权益纠纷，与强调客观性、一致性、易于可操作性的商标审查相比，具有不同的制度功能，公平与效率的天平则更应倾向于公平，以追求法律适用效果的公平为价值取向，根据商品的客观属性和个案具体情况对商品类似与否进行综合判定。

突破适用的法条，不仅包括2001年《商标法》第二十八条对已注册商标的保护，也包括2001年《商标法》第三十一条对未注册商标或其他在先权利在条件下的保护。

鉴于对《区分表》的突破旨在对恶意申请人予以惩戒，避免相关公众产生混淆，上述（4）（5）两项为关键要件。其中要件（4）商品是否具有较强关联性，应结合具体商品在功能、用途、主要原料、生产部门、销售渠道、销售场所、消费对象等方面是否具有较强关联性进行认定。要件（5）判定系争商标所有人是否主观恶意明显，应结合双方当事人之间接触情况、行业、地域，以及商标独创性、知名度等综合认定。上述要件（1）商标标识具有较强独创性和显著性是突破《区分表》的重要参考，具有较强的显著性、独创性的商标标识，体现了商标权人一定的智力劳动成果，如果被抄袭、模仿或者抢注，将严重侵犯权利人的合法权益，保护的力度应当加大。臆造性词汇、独创性图形等，一般认定为具有较强显著性和独创性。上述要件（2）引证商标具有一定知名度，是获得较高保护的重要条件。具有一定知名度的商标，往往凝聚着商标所有人的商誉，具有较高的商业价值和经济价值，一旦被抄袭、模仿更容易导致相关公众产生联想性混淆，具有扩大保护的必要。关于引证商标知名度情况可参考宣传、销售、获奖证明等材料予以认定。上述要件（3）双方商标标识本身高度近似，是突破《区分表》的前提。是指双方商标在商标构成、排列顺序、含义等方面高度相近，高于一般近似标准。

【案例1－6】第4040366号“爱尔”商标异议复审案

被异议商标

爱尔

指定使用的服务：第44类4405组眼镜行。

引证商标一：1631923

aier 爱尔

指定使用的服务：（第七版）第42类4203组（第十版第44类4401组）医疗诊所；保健；医疗辅助；理疗；心理测试；牙科；医院；护理（医务）；医药咨询；医务室。

引证商标二：1622202

aier 爱尔

指定使用的商品：第9类0919、0921组夹鼻眼镜盒；眼镜玻璃；眼镜框；夹鼻眼镜架；眼镜；光学矫正透镜片（光）；隐形眼镜；带盒的隐形眼镜；眼镜盒；太阳镜。

这也是一个体现商标评审委员会适用突破《区分表》审理标准、制止恶意攀附他人商标商誉行为的案例。按照《区分表》，被异议商标指定使用的眼镜行服务与引证商标一指定使用的医院等服务、引证商标二指定使用的眼镜等商品，并不属于类似商品或服务。若严格按照《区分表》的标准，被异议商标的注册申请就可能被予以核准。

但申请人是一家以眼科医疗为主的股份有限公司，在被异议商标申请之前，已在长沙、武汉、成都、沈阳等地拥有多家“爱尔眼科医院”。申请人证据能证明在被异议商标申请之前，申请人上述多家爱尔眼科医院获得多项荣誉。《长沙晚报》《沈阳晚报》《东营晚报》等均对申请人进行的“眼科医疗”慈善公益活动进行报道。《长沙晚报》《三湘都市报》《大众卫生报》《参考消息》《邵阳晚报》《长沙日报》《楚天金报》《华西都市报》《成都晚报》《成都商报》《沈阳晚报》等报刊上均对申请人“爱尔”商标在“眼科医院”服务上进行了报道，且多数报刊对申请人服务中涉及的“验光配镜”服务进行了报道。同时，申请人亦与长沙都市频道、武汉楚天广播电台、辽宁电视台文艺影视频道等就爱尔眼科医院服务签订广告合同。商标评审委员会曾于2010年2月1日在商评字（2010）第03199号裁定书中认定申请人的“爱尔”商标在2005年3月15日之前在医院服务项目上为驰名商标。

根据当事人的理由及证据，商标评审委员会认为，被异议商标与引证商标一、二的主要识别部分均为汉字“爱尔”。被异议商标指定使用的眼镜行服务与引证商标二指定使用的眼镜等商品在功能、用途、消费对象等方面均关联密切，属于类似商品和服务，因此，两商标已构成类似商品和服务上的近似商标。引证商标一指定使用服务项目为医院等，一般而言，医院服务对眼镜行服务不属于类似服务，但由查明事实可知，申请人将“爱尔”商标实际使用在眼科医院这一专业服务上，并具有较高知名度，加之申请人企业字号为“爱尔眼科医院”，因此，被异议商标若注册使用在眼镜行服务上，与引证商标一指定使用的医院等在服务的性质、内容、功能、用途等方面均存在一定共性，易使消费者误认为该商标与申请人存在某种联系，从而造成服务来源的混淆和误认，因此，被异议商标与引证商标一亦构成使用在类似服务上的近似商标。

同时，申请人证据能证明在被异议商标申请之前，“爱尔”商标在“验光配镜”服务上经使用具有一定知名度。被异议商标指定使用的“眼镜行”与申请人在先使用的“验光配镜”服务在服务的内容、性质、功能、用途、服务对象等方面均具有一定共同性，属于类似服务。因此，被异议商标的申请注册已构成《商标法》（2001年）第三十一条“以不正当手段抢先注册他人已经使用并有一定影响的商标”所规定之情形。

依据《商标法》（2001 年）第二十八条、第三十一条、第三十三条、第三十四条的规定，商标评审委员会裁定：被异议商标不予核准注册。

【评析】 申请人企业字号为“爱尔眼科医院”，其商标“Aier爱尔”分别注册于医疗等服务和眼镜等商品，从《区分表》来看，被申请商标注册于“眼镜行”服务类别，其互相之间不属于类似服务，也不属于类似商品，但是申请人的引证商标使用于眼科治疗和眼科医院服务上之前已经具有一定名气，所以，被申请服务和引证商标已经构成类似服务和商品，因此，被异议商标若注册使用在眼镜行服务上，与引证商标一指定使用的医院等服务在服务的性质、内容、功能、用途等方面均存在一定共性，易使消费者误认为该商标与申请人存在某种联系，从而造成服务来源的混淆和误认，进而构成近似商标。商标评审委员会的裁定是正确的。

【案例 1 - 7】江北铭瑞诉宁电南方国际贸易侵犯其第 11561963 号“totes”注册商标专用权纠纷案

裁判要旨

商标侵权纠纷中，审查判断相关商品是否类似，应当考虑商品的功能、用途、生产部门、销售渠道、消费群体是否相同，或具有较大的关联性。同时，可以参考《类似商品和服务区分表》，但不能机械地以区分表为依据，而应当尊重市场实际，根据个案具体情况，以相关公众的一般认识为标准，正确认定商标法意义上的商标类似。严格的知识产权司法保护政策要求人民法院在司法实践中应针对不同的商标权纠纷，从方法论上正确把握商标权的属性和特点及其保护要求，根据维护商业标识声誉和显著性的目的，结合保护范围弹力性的特点，尽可能保护商业标识的区别性，尽最大努力使商业标识之间保持足够的距离，限制不正当模仿搭车的空间。

案号：

一审案号：（2015）甬仑知初字第 75 号

二审案号：（2015）浙甬知终字第 72 号

案由：侵害商标权纠纷

当事人

上诉人（原审原告）：宁波江北铭瑞国际贸易有限公司

被上诉人（原审被告）：宁波宁电南方国际贸易有限公司

裁判日期：2016 年 4 月 26 日

审理经过

上诉人宁波江北铭瑞国际贸易有限公司（以下简称铭瑞公司）为与被上诉人宁波宁电南方国际贸易有限公司（以下简称宁电公司）侵害商标权纠纷一案，不服宁波市北仑区人民法院（2015）甬仑知初字第 75 号民事判决，向本院提起上诉。宁波市中级人民法院于 2015 年 12 月 28 日立案受理后，依法组成合议庭，于 2016 年 2 月 25 日公开开庭进行了审理。上诉人铭瑞公司的委托代理人孔某某，被上诉人宁电公司的委托代理人何某某到庭参加诉讼。在审理过程中，双方经庭外和解未达成和解协议。本案现已审理终结。

一审法院查明

原审判决认定：铭瑞公司成立于 2007 年 6 月 26 日，注册资本 2000 万元。铭瑞公司系注册号第 11561963 号“totes”商标的权利人，核定使用商品为第 28 类，包括室内足球游戏桌；游戏机；游戏用筹码；掷环游戏用铁圈；室内游戏玩具；飞盘（玩具）；智能玩具；玩具望远镜；国际象棋；国际象棋棋盘（截止），注册有效期限自 2014 年 4 月 7 日至 2024 年 4 月 6 日。宁电公司成立于 2002 年 9 月 23 日，注册资本 150 万元，经营范围为一般经营项目：自营和代理商品及技术的进出口，但国家限定经营或禁止进出口的商品及技术除外；橡胶原料及产品、塑料及制品、金属材料、建筑材料、机械设备（除汽车）、电子产品、五金、交电的批发、零售（上述经营范围不含国家法律法规规定禁止、限制和许可经营的项目）。2015 年 8 月 6 日，宁波海关书面通知铭瑞公司，该海关根据铭瑞公司提交的知识产权海关保护申请书，已将宁电公司申报出口的涉嫌侵害铭瑞公司“totes”商标权的电子储钱罐 381 箱 9144 个予以扣留。被诉侵权的电子储钱罐的外包装盒的五个面上均标示了“totes”标识，并在四个面上同时标明“AUTOMOTIVE（汽车的）”字样；包装盒正面右下方有一张放在汽车杯架上的电子储钱罐投币的图片，上方还用英文注明“tapered base fits most vehicle cup holders（逐渐缩小的底部适合大部分车辆的杯架）”；包装盒底部警告标志中注明“NOT A TOY（非玩具）”字样。

一审原告诉称

铭瑞公司于2015年8月19日向原审法院提起诉讼，请求判令宁电公司：一、立即停止侵害铭瑞公司第11561963号“totes”注册商标专用权的行为，即停止销售（出口）并销毁被海关查扣的标有“totes”标识的电子储钱罐商品；二、赔偿铭瑞公司损失（包括因调查及追究被告的侵权行为所发生的律师服务费及其他损失）50万元。

一审被告辩称

被诉侵权产品与铭瑞公司商标核定使用商品不构成相同或者类似，不构成侵权。

一审法院裁判观点

原审法院审理认为：根据《商标法》第五十七条的规定，未经商标注册人的许可，在同一种商品上使用与其注册商标近似的商标，或者在类似商品上使用与其注册商标相同或者近似的商标，容易导致混淆的，以及销售侵害注册商标专用权的商品的，均属侵害注册商标专用权的行为。类似商品，是指在功能、用途、生产部门、销售渠道、消费对象等方面相同，或者相关公众一般认为其存在特定联系、容易造成混淆的商品；认定商品或者服务是否类似，应当以相关公众对商品或者服务的一般认识综合判断；《商标注册用商品和服务国际分类表》《类似商品和服务区分表》可以作为判断类似商品或者服务的参考。被诉侵权电子储钱罐是一种能够对放入的硬币进行电子计数的存钱罐，盖子上的按钮仅具有扣减屏幕上显示的硬币金额的作用，并不具有娱乐的功能；从包装盒的说明上看，主要是用于汽车上的，且明确标明不是玩具。参照《类似商品和服务区分表》的分类，存钱罐属于第2106（家庭日用及卫生器具）群，而原告的第11561963号核定使用商品中的智能玩具被列入第2802（玩具）群，两者不属于类似商品；同时，也没有足够的依据可以认定两者在功能、用途、生产部门、销售渠道和消费对象范围上存在重合，或根据相关公众对商品的一般认识足以认为两者存在特定联系，容易造成混淆。由此，无法认定被诉侵权电子储钱罐与铭瑞公司的“totes”商标核定使用商品属于类似商品，亦不能认定宁电公司在非类似商品上使用“totes”标识的行为构成了对铭瑞公司“totes”注册商标专用权的侵害。故对于铭瑞公司要求判令宁电公司停止侵权、销毁被诉侵权产品、赔偿损失等诉请，原审法院难以支持。

一审裁判结果

原审法院于2015年11月18日作出如下判决：驳回铭瑞公司的全部诉讼请求；案件受理费8800元，保全费3020元，合计11820元，由铭瑞公司负担。

铭瑞公司不服原审法院上述民事判决，向法院提起上诉称：（1）被诉侵权产品“电子储钱罐”从其功能上讲，具备一定的智能性和趣味性，与铭瑞公司注册商标核定使用商品“智能玩具”具有类似性；（2）“智能玩具”与包括本案被诉侵权产品“电子储钱罐”在内的各类储钱罐，通常均是由工艺品或者玩具生产商制造的，其生产部门基本重合；（3）“智能玩具”与被诉侵权产品“电子储钱罐”在销售渠道及消费群体方面也存在着高度重合；（4）铭瑞公司亦有相同、类似的产品生产和销售，宁电公司侵权的主观恶意非常明显。综上，原审法院认定被诉侵权产品“电子储钱罐”与第11561963号注册商标核定使用商品“智能玩具”不属于类似商品，不构成商标侵权，缺乏事实及法律依据，请求二审法院发回重审或依法改判。

被上诉人辩称

宁电公司认为：原审判决事实清楚，适用法律正确，请求驳回上诉，维持原判。

二审法院查明

二审法院对原审法院认定的事实予以确认。此外，法院经审理查明：在阿里巴巴网站上，点击部分生产类似涉案电子储钱罐的商家网址，发现这些商家同时生产包括其他玩具类商品在内的其他商品。在淘宝网、京东网搜索“电子储蓄罐”，网页显示类似涉案电子储钱罐和其他玩具类储钱罐。在淘宝网、京东网搜索“智能玩具”，网页显示有机器人玩具、智能电动狗、变形金刚等商品。在京东网搜索“智能玩具电子储蓄罐”，网页显示有包括类似涉案电子储钱罐在内的四件商品。宁电公司申报出口的涉案电子储钱罐与铭瑞公司生产、销售的电子储钱罐相同，被诉侵权的电子储钱罐外包装盒上标示的“totes”标识与铭瑞公司享有的第11561963号“totes”商标相同。

根据铭瑞公司的上诉请求和理由以及宁电公司的答辩意见，法院认为本案二审的争议焦点是：铭瑞公司指控的电子储钱罐与智能玩具是否属于类似商品，宁电公司之行为是否侵害了铭瑞公司“totes”商标专用权，以及铭瑞公司之诉请是否合理合法。

一、关于电子储钱罐与智能玩具是否属于类似商品，宁电公司之行为是否侵害了铭瑞公司“totes”商标专用权。

根据《最高人民法院关于审理商标民事纠纷案件适用法律若干问题的解释》的规定：类似商品，是指在功能、用途、生产部门、销售渠道、消费对象等方面相同，或者相关公众一般认为其存在特定联系、容易造成混淆的商品。认定商品或者服务是否类似，应当以相关公众对商品或者服务的一般认识综合判断；《商标注册用商品和服务国际分类表》《类似商品和服务区分表》可以作为判断类似商品或者服务的参考。

参照《类似商品和服务区分表》的分类，存钱罐属于第2106（家庭日用及卫生器具）群，涉案被诉侵权商品系一款杯子状的电子储钱罐，其外包装盒上标示了“AUTOMOTIVE（汽车的）”字样。包装盒正面右下方有一张放在汽车杯架上的电子储钱罐投币的图片，上方还用英文注明“tapered base fits most vehicle cup holders（逐渐缩小的底部适合大部分车辆的杯架）”，包装盒底部警告标志中亦注明“NOT A TOY（非玩具）”字样，显然被诉侵权商品主要是用于存放零钱，并且适宜车载环境，从这个角度可归属于第2106（家庭日用及卫生器具）群的存钱罐，而铭瑞公司涉案商标核定使用商品中的智能玩具被列入第2802（玩具）群，两者不属于相同商品。

至于涉案电子储钱罐与智能玩具能否构成类似商品，法院认为，随着科技的发展，智能装置和产品的结合有越来越广泛的趋势，由此结合产生的智能产品往往具有更多的功能，对此类新技术渗透结合的产品如何在商标法意义上进行恰当归类，即类似商品的判断，不能机械、简单地以《类似商品和服务区分表》为依据或标准，而应当考虑实际要素，结合个案的情况以相关公众对商品或者服务的一般认识综合判断进行认定。

智能玩具，顾名思义是一种带有智能功能的玩具，其作为有别于传统玩具的新型玩具，具有一定的收集信息、处理信息、反馈信息的智能功能，是集科技性、教育性和娱乐性于一体的玩具。本案中，铭瑞公司在庭审中展示了其生产的三款电子储钱罐，造型分别为橄榄球状、糖果罐状及杯子状。三款电子储钱罐均带有电子计数的显示屏，可以对放入的硬币进行金额识别并电子计数，其中糖果罐状及杯子状电子储钱罐的盖子上还设置有若干可以扣减屏幕上显示的硬币金额的按钮，橄榄球状和糖果罐状电子储钱罐在投入硬币时会伴随发出一定的声效。涉案电子储钱罐与前述杯子状的电子储钱罐相同。尽管，涉案电子储钱罐的娱乐性相比其他智能玩具可能有所欠缺，但其除了实用性，不可否认在功能上亦具有一定的智能性，具有收集、处理并反馈信息的能力，应属于智能存钱罐。另外，结合铭瑞公司提交的阿里巴巴网站、淘宝网及京东网的搜索记录，生产电子储钱罐的商家亦生产其他玩具类商品，且涉案电子储钱罐与其他玩具类智能储钱罐一起展销，可以证明电子储钱罐与智能玩具的生产部门与销售渠道存在一定程度的重合。宁电公司在淘宝网及京东网站上以“智能玩具”为关键词进行搜索，其显示结果系智能玩具部分类型商品的展现，并不能据此否认电子储钱罐与智能玩具的关联性。

商标权人享有禁止他人未经其许可使用其商标的权利，该项权利的范围大于商标权人的使用权范围，其不仅有权禁止他人在同一种商品或服务上使用与其注册商标相同及易造成相关公众混淆的近似的商标，还有权禁止他人在类似商品或服务上使用与其注册商标相同或近似的、易造成相关公众混淆的商标。禁止权的范围取决于混淆可能性的大小程度，其因素包括商品的类似程度、商标标识构成要素的近似程度、注册商标或其构成要素的显著性、市场知名度、相关公众的注意程度等。结合本案，从商品的功能、生产部门、销售渠道等方面判断，涉案电子储钱罐与智能玩具存在一定程度的重合，具有较高的关联性。同时，二审法院还考虑到宁电公司申报出口的电子储钱罐与前述铭瑞公司在先生产的杯子状的电子储钱罐相同，且其使用的“totes”标识与铭瑞公司在该商品及相关的橄榄球状和糖果罐状电子储钱罐上使用的“totes”商标相同，铭瑞公司对涉案商标的实际使用事实，使其在电子储钱罐商品上已经积累了一定的商标显著性。综合上述因素，以该类商品的相关公众对商品的一般认识出发，相关公众会一般认为存在特定联系，易使相关公众混淆误认为该商品来自同一市场主体或有某种特定联系的市场主体，故认定涉案电子储钱罐与智能玩具属于类似商品。

宁电公司未经商标注册人的许可，在涉案类似商品上使用与其注册商标相同的商标，易导致该类似商品的消费者及与该商品的营销有密切关系的其他经营者混淆误认商品的来源，即易导致相关公众混淆，宁电公司涉案行为已落入涉案注册商标禁止权的范围，侵害了铭瑞公司“totes”商标专用权。

宁电公司涉案行为已构成侵害铭瑞公司注册商标专用权，应依法承担停止侵权、赔偿损失的民事责任。原审法院根据铭瑞公司申请采取财产保全措施，查封了已被海关扣留的涉案被诉侵权产品。由于涉案侵权标识存在于被诉侵权产品外包装盒上，产品本身并无侵权标识，因此只要宁电公司拆除涉及侵权的外包装、去除侵权标识，即可达到停止侵权的目的，故宁电公司无须销毁被诉侵权产品，但应承担去除标识的民事责任。关于铭瑞公司要求宁电公司赔偿经济损失（包括因调查及追究宁电公司的侵权行为所发生的律师服务费及其他损失）50 万元的诉讼请求，法院认为，因铭瑞公司未提供其因宁电公司侵权所受到的损失或宁电公司因侵权所获得的利益的确切依据，本院综合考虑宁电公司的侵权故意；铭瑞公司注册商标的声誉；宁电公司侵权行为的性质、后果；铭瑞公司为制止侵权所支出的合理费用等因素酌定赔偿数额为 10 万元。铭瑞公司的上诉理由部分成立，法院予以支持。原审判决作出的不侵权判定不当，依法应予纠正。

裁判结果

依照《商标法》第五十七条第（二）项、第六十三条，《民事诉讼法》第一百七十条第一款第（二）项之规定，判决如下：

一、撤销宁波市北仑区人民法院（2015）甬仑知初字第75号民事判决；

二、宁波宁电南方国际贸易有限公司立即停止侵害宁波江北铭瑞国际贸易有限公司第11561963号“totes”注册商标专用权的行为，即销毁涉案标有“totes”侵权标识的电子储钱罐外包装盒；

三、宁波宁电南方国际贸易有限公司于本判决发生法律效力之日起十日内赔偿宁波江北铭瑞国际贸易有限公司经济损失（含为制止侵权行为所支出的合理费用）10万元；

四、驳回宁波江北铭瑞国际贸易有限公司的其他诉讼请求。

【评析】 被诉侵权产品与铭瑞公司商标核定使用商品是否构成类似商品是本案最关键的问题。

《类似商品和服务区分表》的分类，存钱罐属于第2106（家庭日用及卫生器具）群，涉案被诉侵权商品系一款杯子状的电子储钱罐，被诉侵权商品的用途主要是用于存放零钱使用，并且适宜车载环境，而原告铭瑞公司涉案商标核定使用商品中的智能玩具被列入第2802（玩具）群，两者不属于相同商品。

生产电子储钱罐的商家亦生产其他玩具类商品，且涉案电子储钱罐与其他玩具类智能储钱罐一起展销，可以证明电子储钱罐与智能玩具的生产部门与销售渠道存在一定程度的重合。

从商品的功能、生产部门、销售渠道等方面判断，涉案电子储钱罐与智能玩具存在一定程度的重合，具有较高的关联性。铭瑞公司对涉案商标的实际使用事实，使其在电子储钱罐商品上已经积累了一定的商标显著性。综合上述因素，以该类商品的相关公众对商品的一般认识出发，相关公众会一般认为存在特定联系，易使相关公众混淆误认为该商品来自同一市场主体或有某种特定联系的市场主体，故认定涉案电子储钱罐与智能玩具属于类似商品。

第四节　类似服务的准确判断

一、类似服务的判定因素

1. 服务的目的

两种服务具有相同或者相近的目的，有可能相互替代，可满足一般服务接受者的相同或者相近的需求的，被判定为类似服务的可能性较大，如快递服务（信件或商品）与邮购货物的递送服务类似。

2. 服务的内容

提供服务的内容越相近，被判定为类似服务的可能性越大，如书籍出版服务与在线电子书籍和杂志的出版服务类似。

3. 服务方式与服务场所

如果服务方式或者服务场所相同，一般服务接受者同时接触的机会较大，则被判定为类似服务的可能性较大，如医院服务与医疗护理服务类似。

4. 服务的对象范围

如果服务的接受者来自相同或者相近的消费群体，则被判定为类似服务的可能性较大，如医疗按摩服务与按摩服务类似。

5. 服务的提供者

如果服务的提供者来自相同的行业或者领域，则被判定为类似服务的可能性较大，如知识产权咨询服务与诉讼服务类似。

6. 其他影响类似服务判定的相关因素

商品与服务是否类似的判定，应当综合考虑商品与服务之间联系的密切程度、用途、用户、通常效用、销售渠道、销售习惯方面的一致性等各项因素。特别是如果服务的目的在于提供特定商品的销售、装置或维修，则这种服务与这种特定商品被判定为类似商品或者服务的可能性较大。这个问题在一些有过前店后厂式经营的老字号中也较为明显，需要结合个案情况具体分析。

二、类似服务的判定案例及分析

【案例1-8】雷茨饭店有限公司诉上海黄浦丽池休闲健身有限公司商标权权属、侵权纠纷案（吴汉东、宋晓明主编：《人民法院知识产权案例裁判要旨通纂》（上下卷），北京大学出版社2016年版，第311页。）

裁判要旨

1. 商标未在中国使用，如果经过授权，商标的一部分在中国使用，可以享有在先权；

2. 相同或类似服务是判断服务商标混淆的依据之一，即服务内容、服务方式等方面基本相同，属于相同或类似服务；

3. 认定服务商标相同或者近似，应以相关公众的一般注意力为标准；

4. 判断被控侵权标识与主张权利的注册商标是否构成近似，应在考虑注册商标的显著性、市场知名度的基础上，对两者的整体、主体部分等起到主要识别作用的要素进行综合判断。

基本案情

上诉人（原审被告）：上海黄浦丽池休闲健身有限公司（以下简称黄浦丽池公司）。

被上诉人（原审原告）：雷茨饭店有限公司（THE RITZ HOTEL，LIMITED，以下简称雷茨公司）。

一审裁判情况

原审法院上海市第二中级人民法院查明：原告雷茨公司是一家英国公司，成立于1896年。经中华人民共和国国家工商行政管理总局商标局（以下简称国家商标局）核准注册了第G611405号“LERITZ”商标、第3098933号“RITZ”商标和第3098934号“RITZ”商标。其中第G611405号商标系经国际注册并领土延伸至中国受保护，核定服务项目为饭店、餐馆、休养所、疗养院、美容美发沙龙等，有效期限自1993年12月9日至2013年12月9日；第3098933号商标的核定服务项目为第44类的美容院、理发室、疗养院、矿泉疗养院，该商标的申请日为2002年2月20日，有效期限自2005

年5月21日至2015年5月20日；第3098934号商标的核定服务项目为第43类的饭店、餐馆、带有烤肉房的饭店、快餐馆、茶室、鸡尾酒会服务、酒吧、旅馆预订，该商标的申请日为2002年2月20日，有效期限自2003年10月7日至2013年10月6日。

1998年11月9日，原告与案外人丽嘉酒店有限公司（THE RITZ－CARLTON HOTEL COMPANY，L. L. C.，以下简称丽嘉公司）签订《商标许可协议》，原告授权丽嘉公司可在包括中国在内的部分区域将“RITZ”作为“RITZCARLTON”标识的一部分自行使用或者再许可他人使用。2000年8月7日，丽嘉公司经国家商标局核准，注册了“RITZCARLTON”商标，核定服务项目为旅馆、餐馆、快餐馆、酒吧等。

案外人上海波特曼丽思卡尔顿酒店（The Portman Ritz－Carlton，Shanghai，以下简称卡尔顿酒店）成立于1998年，在经营活动中使用“RITZ－CARLTON”标识。根据该公司网站记载，“上海波特曼丽思卡尔顿酒店现成为中国国家旅游局正式授予的白金五星级饭店”“此奖项是中国旅游饭店业的最高级别，而上海波特曼丽思卡尔顿酒店是全国仅有的三家白金五星级饭店之一，并是上海唯一获选的国际性豪华酒店”。北京金融街丽思卡尔顿酒店、北京建国路丽思卡尔顿酒店亦在经营活动中使用“RITZ－CARLTON”标识。

原告另在澳大利亚、加拿大、希腊、南非、以色列、新加坡、日本、德国等国注册了“RITZ”商标或包含“RITZ”的文字商标或文字图形组合商标。

原告为维护其对“RITZ”标识的合法权利，在多个国家和地区进行了维权活动。世界知识产权组织仲裁与调解中心在处理原告与克罗地亚公司Damir Kruzicevics有关“ritzhotel. com”的域名争议中，于2006年1月16日裁决将域名“ritzhotel. com”转移给原告。原告在日本注册在第23类和第42类上的“RITZ”商标曾在日本法院判决中被认定为驰名商标。北京市工商行政管理局朝阳分局于2006年9月15日出具的《责令改正通知书》中，认定案外人奥德房地产公司丽致酒店管理分公司在对外宣传中擅自使用

“H. Q. RITZ”的行为，侵犯了原告的注册商标专用权，并责令该公司改正。

案外人厦门丽晶娱乐有限公司（以下简称丽晶公司）成立于1993年。该公司于2000年9月11日向国家商标局申请注册“RITS、丽池及图”的文字图形组合商标，指定使用服务为“提供食宿旅馆、餐厅、美容院、理发店、按摩”等。初审公告期内，原告雷茨公司以其注册的第G611405号“LERITZ”商标对丽晶公司的“RITS、丽池及图”的商标注册申请提出异议。国家商标局于2005年11月21日作出裁定：异议人（雷茨公司）商标由“LE”和“RITZ”两部分组成，由于“LE”为法语中的介词，该商标的主体为“RITZ”，被异议商标的外文部分“RITS”与“RITZ”前三个字母完全相同，虽第四个字母“S”和“Z”不同，但两者发音近似，消费者难以区分双方的商标。双方商标指定使用服务在内容和方式等方面基本相同，属于同一种或者类似服务。因此，被异议商标与原告的第G611405号“LERITZ”商标构成使用在同一种或者类似服务上的近似商标，对该商标不予核准注册。丽晶公司对该裁定不服，于2005年12月8日向国家工商行政管理总局商标评审委员会申请复审，该裁定目前处于复审阶段。另外，丽晶公司经国家商标局核准，于2004年取得第43类上的“丽池”文字商标，第43类和第44类上的“水纹”图形商标。

被告雷茨公司成立于2004年11月18日，注册资本为人民币200万元，经营范围为公共浴室、足部保健。因其经营地点位于上海市黄浦区的外滩附近，被告自称为“外滩81丽池会所”。根据被告的中英文宣传资料，被告除提供桑拿、指压、按摩、美容、美发、足疗等服务外，还“免费提供住宿服务”“早餐、午餐、晚餐、夜宵……不限时免费提供”。被告称案外人丽晶公司与被告系关联公司，关联公司在经营活动中统一使用“丽池会所”品牌，会所的品牌口号为“桑海茫茫，丽池领航；丽池指压，全国一流”。在2001年8月5日《旅游时报》“夜上海”版面刊登的一篇题为《在大浴场消暑度夏》的文章中，“丽池桑拿”被称为“格调最高”。“丽池会所”曾被中国最佳连锁企业评选委员会评为“2007年度中国最佳连锁品牌”和“2007年度中国最具投资价值连锁企业”。

2007 年 10 月 18 日，原告对被告在位于上海市滇池路 81—85 号的经营场所内使用“RITS”标识的情况进行了公证保全。根据公证书的记载，被告对“RITS”的使用有三种方式：（1）在拖鞋鞋面上单独使用“RITS”；（2）在浴衣、毛巾、牙具包装盒、纸巾盒等物具上使用“RITS、丽池及图”文字图形组合商标；（3）在店外招牌、店内指示牌、菜单、酒水单、手牌等处使用“RITS”与“丽池”组合标识、“RITSUNION”与“丽池会所”组合标识，或“RITSCLUB”与“丽池会所”组合标识。在本案一审审理中，被告表示其店外招牌中的“RITSUNION”已变更为“RI－STARSPA”，原告对此予以确认。

综上，原审法院认为，被告侵犯了原告第 3098933 号“RITZ”、第 3098934 号“RITZ”商标专用权，应当承担停止侵权、赔偿损失的民事责任。原告请求法院对被告的侵权行为作出罚款并收缴侵权物品，因上述两项内容不属于被告应该承担的民事责任的范畴，故原审法院不予支持。据此，依照《商标法》（2001 年）第四条第三款、第五十一条、第五十二条第（一）项、第五十六条第一款和第二款，《最高人民法院关于审理商标民事纠纷案件适用法律若干问题的解释》第八条、第九条第二款、第十条、第十一条第二款、第十二条、第十六条第二款、第十七条第一款和第十八条的规定，判决如下：

一、被告黄浦丽池公司应立即停止在经营活动中使用“RITS”标识；

二、被告黄浦丽池公司应于本判决生效之日起十日内赔偿原告雷茨饭店经济损失人民币 20 万元；

三、驳回原告其他诉讼请求。

本案一审案件受理费人民币 5800 元，由原告雷茨饭店负担人民币 967 元，被告黄浦丽池公司负担人民币 4833 元。

判决后，被告黄浦丽池公司不服，向上海市高级人民法院提起上诉，二审法院认为，上诉人的上诉请求及理由无事实及法律依据，应予驳回。据此，依照《民事诉讼法》（2008 年）第一百五十三条第一款第（一）项和第一百五十八条之规定，判决：驳回上诉，维持原判。

二审裁判情况

No. 2 –3 –32 –3 商标未在中国使用，如果经过授权，商标的一部分在中国使用，可以享有在先权。

从原告商标的知名度和显著性来看，根据前述原审法院查明的事实，原告成立于 1896 年，其使用“RITZ”标识已有逾百年的历史。“RITZ”及包含“RITZ”的商标在世界多个国家获得注册，在日本还曾被认定为驰名商标。在中国，上海波特曼丽思卡尔顿酒店、北京金融街丽思卡尔顿酒店、北京建国路丽思卡尔顿酒店在经营中，皆使用“RITZ – CARLTON”的标识。原审法院认为，根据《商标许可协议》，原告授权丽嘉公司可在包括中国在内的部分区域内将“RITZ”作为“RITZ – CARLTON”标识的一部分自行使用或者再许可他人使用。丽嘉公司在获得授权后在中国注册了“RITZ – CARLTON”商标。之后，上海波特曼丽思卡尔顿酒店等在经营活动中使用了该商标。从上述事实来看，原告有关授权的主张可以成立。上海波特曼丽思卡尔顿酒店、北京金融街丽思卡尔顿酒店、北京建国路丽思卡尔顿酒店对“RITZ – CARLTON”的使用，源于原告及丽嘉公司的授权。因上海波特曼丽思卡尔顿酒店等在业内享有较高的知名度，故“RITZ”作为其商业标识的一部分，在中国也享有较高的知名度和较强的显著性。

No. 2 –7 –57. 1. 2 –4 相同或类似服务是判断服务商标混淆的依据之一，即服务内容、服务方式等方面基本相同，属于相同或类似服务。

2001 年《商标法》第四条第二款规定：“自然人、法人或者其他组织对其提供的服务项目，需要取得商标专用权的，应当向商标局申请服务商标注册。”第三款规定：“本法有关商品商标的规定，适用于服务商标。”本案的关键在于，如何判定服务商标侵权中混淆的认定。

根据《最高人民法院关于审理商标民事纠纷案件适用法律若干问题的解释》第十一条第二款的规定：“类似服务是指在服务的目的、内容、方式、对象等方面相同，或者相关公众一般认为存在特定联系、容易造成混淆的服务。”

《商标法》（2001 年）第五十一条规定：“注册商标的专用权，以核准注册的商标和核定使用的商品为限。”第五十二条第一款第（一）项规定：“有下列行为之一的，均属侵犯注册商标专用权：（一）未经商标注册人的许可，在同一种商品或者类似商品上使用与其注册商标相同或者近似的商标的……”被告的经营范围为公共浴室、足部保健，其在经营活动中提供了桑拿、指压、按摩、美容、美发、足疗等服务。原告第3098933号商标的核定服务项目为第44类的美容院、理发室、疗养院、矿泉疗养院。原审法院认为，从相关公众的一般认识来看，被告上述服务与原告第3098933号商标的核定服务在服务内容、服务方式等方面基本相同，属于相同或类似服务，被告认为因原告、被告服务侧重点不同，因而服务不类似的辩称没有法律依据。

根据被告的宣传资料及其陈述，其在经营活动中提供餐饮、住宿等服务，而原告第3098934号商标的核定服务项目为第43类的饭店、餐馆、快餐馆等，显然，被告提供的该项服务与原告商标的核定服务项目是相同的。被告辩称：当前的桑拿场所都提供配套餐饮，该服务并不构成被告的主营业务，因此不能以此判定被告服务的性质。但法院认为，被告提供餐饮、住宿服务是一个客观事实，该服务是否为被告的主营业务，不影响对服务相同或类似性的判断。

No. 2 -7 -57. 1. 2 -5 认定服务商标相同或者近似，应以相关公众的一般注意为标准。

根据《最高人民法院关于审理商标民事纠纷案件适用法律若干问题的解释》第九条第二款的规定：“商标法第五十二条第（一）项规定的商标近似，是指被控侵权的商标与原告的注册商标相比较，其文字的字形、读音、含义或者图形的构图及颜色，或者其各要素组合后的整体结构相似，或者其立体形状、颜色组合近似，易使相关公众对商品的来源产生误认或者认为其来源与原告注册商标的商品有特定的联系。”根据第十条之规定，认定商标相同或近似应以相关公众的一般注意力为标准，既要对商标进行整体的比对，又要进行对商标主要部分的比对，要考虑请求保护注册商标的显著性和知名度。

本案中，判断“相关公众”的依据在于服务对象。将“RITS”与“RITZ”进行比对：两标识组成相似，都由四个字母组成，前三个字母完全相同，仅最后一个字母不同；两标识皆用普通字体表达，外形也近似；两标识发音近似。因此，被告使用的“RITS”标识与原告的“RITZ”商标相近似，易使相关公众对服务的来源产生误认，或者认为其来源与原告的服务有特定的联系。上诉人在经营活动中使用了包含“RITS”文字的“RITS、丽池及图”标识。虽然该组合标识中“RITS”文字所占比例较小，但文字作为商标中起到较强识别作用的要素，对于接受较为高端服务的相关公众，尤其是外籍人士而言，“RITS”文字仍是该标识中区分服务来源的主要因素。由于“RITS”文字与被上诉人“RITZ”注册商标构成近似，而上诉人在经营活动中又同时使用了“RITS”“RITSCLUB”“RITSUNION”“RITSSAUNA”“RITS、丽池”等文字，显然，上诉人主观上具有借用被上诉人“RITZ”商标商誉的故意，客观上相关公众也易对上诉人包含“RITS”文字“RITS、丽池及图”标识所指示的服务来源产生混淆，或误认为上诉人和被上诉人具有特定联系，因此，上诉人使用的包含“RITS”文字的“RITS、丽池及图”标识，亦对被上诉人“RITZ”注册商标的专用权构成侵犯。

No. 2 -7 -57. 1. 2 -6 判断被控侵权标识与主张权利的注册商标是否构成近似，应在考虑注册商标的显著性、市场知名度的基础上，对两者的整体、主要部分等起到主要识别作用的要素进行综合判断。

被上诉人的上述“RITZ”以及“LERITZ”注册商标，能够起到区别服务来源的作用，具有较高的显著性。同时，“RITZ”商标经过被上诉人多年使用，已经在世界上许多国家被注册，并曾被日本等国法院认定为驰名商标；在国内，被上诉人的“RITZ”商标也通过许可相关豪华酒店使用包含“RITZ”文字的“RITZ - CARLTON”商标的形式，使“RITZ”商标为相关公众所知悉。

本案中，上诉人在其经营活动中不但单独使用“RITS”或“RITS-CLUB”“RITSUNION”“RITSSAUNA”“RITS、丽池”等文字，同时还使用了包含有“RITS”文字的“RITS、丽池及图”标识。

从上诉人使用的“RITS”文字和被上诉人“RITZ”商标的相似性来看，上诉人使用的“RITS”文字与被上诉人的“RITZ”商标相比较，都为英文大写字母，字体、读音和整体结构近似；前三个字母完全相同；而两者最后一个字母“S”和“Z”，在英文中是对应的一对清浊辅音，发音亦近似。因此，以相关公众的一般注意力为标准进行隔离比对，结合被上诉人“RITZ”注册商标的显著性和知名度，上诉人使用的“RITS”文字，与被上诉人的“RITZ”商标构成近似。

综上，上诉人使用“RITS”或“RITSCLUB”“RITSUNION”“RITSSAUNA”“RITS 丽池”等文字，易使相关公众对上诉人与被上诉人所提供的相同或者类似服务产生混淆，或者认为两者具有特定联系，上述行为已构成对被上诉人两项“RITZ”注册商标专用权的侵犯。

【评析】这是个典型的判断服务商标是否近似的案件。涉及服务的目的、内容、服务对象、相关公众、外文字商标显著性和显著部分、商标知名度、文字商标的较强识别度、侵权者的主观意图，还涉及比对商标的主要部分和整体比对及隔离比对方式，包含商标侵权判断的方方面面，二审判决书从各个方面都进行了论述，堪称经典，难能可贵。

【案例 1－9】金某欢诉江苏卫视、珍爱网“非诚勿扰”商标侵权案件（相同服务类别）。

江苏卫视系江苏省广播电视总台旗下的卫星频道，《非诚勿扰》系江苏卫视的电视栏目之一，被冠名为“大型生活服务类节目”，实为婚恋交友电视节目，于 2010 年元月开播，系国内家喻户晓，在世界华人圈中也产生了一定影响、收视率较高的一栏节目。

温州小伙金某欢于 2009 年 2 月 16 日，向国家商标局申请“非诚勿扰”商标，并于 2010 年 9 月 7 日，获得了商标注册证，核定服务范围为第 45 类，包括“交友服务、婚姻介绍所”。金某欢认为，江苏卫视的《非诚勿扰》节目就是婚恋交友节目，与自己获得注册商标专用权的第 45 类的“交友服务、婚姻介绍所”服务类别相同，江苏卫视节目名称《非诚勿扰》也与自己商标的名称相同，故认为江苏卫视一方侵害了自己的商标专用权，遂委托律师于2013年2月向深圳市南山区人民法院起诉江苏省广播电视总台及合作伙伴深圳市珍爱网信息技术有限公司，要求停止侵权。

一审法院认为："江苏卫视的《非诚勿扰》电视节目虽然与婚恋交友有关，但终究是电视节目，相关公众一般认为两者不存在特定联系，不容易造成公众混淆，两者属于不同类商品（服务），不构成侵权"，遂于2014年12月，驳回了原告金某欢的诉讼请求。

原告金某欢提起了上诉。2015年12月，深圳市中级人民法院作出（2015）深中法知民终字第927号终审判决：一、撤销广东省深圳市南山区人民法院（2013）深南法知民初字第208号民事判决；二、被上诉人江苏省广播电视总台立即停止侵害上诉人金某欢第7199523号"非诚勿扰"注册商标行为，即其所属的江苏卫视频道于本判决生效后立即停止使用《非诚勿扰》栏目名称；三、被上诉人深圳市珍爱网信息技术有限公司立即停止侵害上诉人金某欢第7199523号"非诚勿扰"注册商标行为，即于本判决生效后立即停止使用"非诚勿扰"名称进行广告推销、报名筛选、后续服务等行为。

深圳市中级人民法院二审认定："江苏省广播电视总台的《非诚勿扰》节目，从服务的目的、内容、方式、对象等判定，其均是提供征婚、相亲、交友的服务，与上诉人第7199523号'非诚勿扰'商标注册证上核定的服务项目'交友、婚姻介绍'相同……由于被上诉人江苏省广播电视总台的知名度及节目的宣传，而使相关公众误认为权利人的注册商标使用与被上诉人产生错误认识及联系，造成反向混淆。江苏电视台通过江苏卫视播出《非诚勿扰》，收取大量广告费用，也在节目后期通过收取短信费获利，足以证明系以营利为目的的商业使用，其行为构成侵权。在判定本案被上诉人是否构成侵害商标权时，不能只考虑《非诚勿扰》在电视上播出的形式，更应当考虑该电视节目的内容和目的等，客观判定两者服务类别是否相同或者近似。原审法院认为江苏省广播电视总台的《非诚勿扰》电视节目虽然与婚恋交友有关，但终究是电视节目，相关公众一般认为两者不存在特定联系，不容易造成公众混淆，两者属于不同类商品（服务），不构成侵权的认定错误，本院予以纠正。上诉人指控被上诉人在《非诚勿扰》节目中使用‘非诚勿扰’商标侵害其商标权，证据充分，本院予以支持。”

2016年12月30日上午，广东省高级人民法院对备受关注的“非诚勿扰”商标侵权作出再审判决，该案由审判长徐春建，审判员邱永清、肖海棠组成合议庭进行审理。广东省高级人民法院再审判决，撤销深圳市中级人民法院二审判决，维持深圳南山区人民法院一审民事判决。理由之一是涉诉商标用于不同的服务类别。

【评析】笔者个人倒是有几点不同思考，仅供参考，也供读者批评指正。

1. 江苏卫视的栏目及其网站上所用“非诚勿扰”字体属普通汉字，珍爱网的网站上所述商标字体属于繁体字，但是两者读音相同，字体排列顺序相同，属于近似标志。

2. 珍爱网的业务就是征婚交友，其服务类别跟所述商标核定服务相同，珍爱网构成侵权。

3. 即使江苏卫视的服务类别跟所述商标核定的服务类别不同也不近似，其也构成侵权，属于《商标法实施条例》中第七十五条所规定为珍爱网“提供便利条件”的帮助侵权。江苏卫视充当了珍爱网征婚服务的宣传者和中介者的角色，在其节目中出现具体的征婚联系方式，如果有人通过其征婚，其实际是把顾客提供给珍爱网。

江苏卫视的《非诚勿扰》电视节目，与珍爱网合作的具体事宜当然是跟征婚交友相关，属于对其“征婚服务”的一种宣传、营销活动。具体的征婚手续由珍爱网办理及由珍爱网负责收取征婚服务费。

4. 两者属于共同侵权。一审法院和二审法院及广东省高级人民法院都把目光聚焦在了电视节目的形式上了，都陷入了电视节目的形式的泥潭，此处可以探究问题的核心，其核心在于应该按照珍爱网的服务类别跟所述商标的服务类别进行比较。

举个例子：A公司在自己经营的手机（手机由他人代工生产）上使用了知名B公司的手机商标，找了50人筹划电视节目《手机之夜》，在C电视台播出，节目中众嘉宾都说使用过A公司的手机，都说手机很好，等等，这实际属于具有娱乐性质的节目，其中含有电视宣传广告，A公司的商标侵权行为成立，是因为其手机上使用了B公司同类的商标，而跟其在电视台做的宣传节目无关。同时，C电视台属于帮助行为，成立帮助侵权。

回归本案，广东省高级人民法院认为，要考虑涉案注册商标的显著性与知名度，在确定其保护范围与强度的基础上，考虑相关公众混淆、误认的可能性，判断是否构成商标侵权。由于金某欢注册商标本身显著性低，而被诉节目作为娱乐、消遣的综艺文娱电视节目为公众所熟知，公众能够对该服务来源作出清晰区分，不会产生两者误认和混淆，被诉行为并未损害涉案注册商标的识别和区分功能，不构成商标侵权。珍爱网在相同类别上使用了与原告近似的商标，容易对服务的来源产生误认混淆，已经构成侵权，可以不再考虑显著性、知名度。即使其商标知名度不高显著性不强，但是从相关公众的角度施以一般注意力，相关公众看到江苏卫视及其网站，还有珍爱网的网站上具有“非诚勿扰”标志，相关公众会产生其可能跟金某欢的商标具有某种联系或其之间是否存在授权使用的疑问，干扰了相关公众的判断，相关公众对所述商标的唯一指向性产生干扰，可能会产生混淆。

商标属于行政确认的国家认可的公开的具有高度公信力的私有专用的无形资产的属性，对于相同商品或服务上使用相同商标的行为，一律属于法律禁止的侵权行为，没有任何可以抗辩的余地，这样才能保护商标、才能使一些商标由不知名逐渐变得知名，才能诞生知名商标，才能诞生知名品牌，从本案的审理再进一步讨论，该类案件的裁判是否需要注意充分考虑那些微型企业的不知名商标的保护，国家的品牌战略的实现，小微企业的商标得到保护和发展，作为一个思考的问题。

第五节　侵犯注册商标专用权的判断

一、侵犯注册商标专用权的归责原则和判断方法

（一）归责原则

1.《商标法》第十五条第一款规定："未经授权，代理人或者代表人以自己的名义将被代理人或者被代表人的商标进行注册，被代理人或者被代表人提出异议的，不予注册并禁止使用。"

从注册商标商标权行使和保护的角度看，《商标法》第五十一条、第五十二条分别规定了注册商标的使用权和禁止权，这其实是一个权利的两个方面，但是这两个权利的范围并不重合，禁止权的范围要大于使用权的范围。使用权仅及于核准的商标、核定的商品，禁止权却扩大到相同或近似的商标、相同或类似的商品。商标权的效力范围不仅赋予商标权人在指定商品或服务上的专用权；并且他人在同一种或类似商品上相同或近似商标的使用行为会被视为侵权行为，商标权人可要求停止侵权行为并赔偿。

注册商标专用权和侵犯注册商标专用权是两个不同的概念，后者的概念外延明显大于前者。从侵权具体技术形式上来看，可分为直接侵犯注册商标专用权和间接侵犯注册商标专用权。直接侵犯注册商标专用权：直接侵犯了商标作为一种商品或服务来源标志的功能。例如《商标法》第五十七条第一款第（一）项、第（二）项、第（五）项以及《商标法实施条例》第七十六条规定的情形。间接侵犯注册商标专用权：直接商标侵权行为的前置和准备、延伸和继续。例如《商标法》第五十七条第一款第（三）项、第（四）项以及《商标法实施条例》第四条和第七十五条规定的情形。

2. 商标的基本功能，是区分商品或服务的来源、保护消费者，保护经营者和消费者权益，还有承载商标持有人的声誉及相关商品的声誉的功能，但是本书所说的商标侵权的判定虽然跟商标的功能相关，但是商标侵权的认定不仅仅局限于以上所说的商标功能，两者不是同一概念。

3. 擅自把与同他人相同的商标使用在相同商品上，把商品存储在仓库，未进入流通领域并不能导致消费者混淆也同样构成商标侵权，商标属于所有人向政府申请被批准授权，属于行政确认事项，商标的保护是严格的，只要违反了所述行政确认事项就属于侵权违法。也就是说，即使没有进入流通领域，也可能构成侵权，只是我们遇到的大量案例都是在流通领域，且一般进入流通领域我们才能发现，容易引起人们产生一种错误认识，“混淆是商标侵权的必备要件”。

4. 通常的判决书中，会经常用到“混淆”字样，因为绝大多数侵权者正是想造成混淆，以达到以假乱真，否则他侵权就没有什么意义了，但在商标法中，“混淆”只有在特殊情形下才是侵权的一个必要条件，虽然有“混淆”二字，但也仅是对前一条件的强调、补充之作用，或者说混淆是确定商标是否构成近似的一种技术手段。

只有商品相同、商标近似；商标相同、商品近似；商标近似、商品近似情况下，为了客观、公正判定是否存在侵权，才将相关公众是否混淆作为商标侵权的必备要件之一。这一点《商标法》（2013 年）第五十七条和 2019 年《商标法》第五十七条的规定是不同的。2015 年《商标法》第五十七条第一款第（一）项规定只要是“在同一种商品或者类似商品上使用与其注册商标相同或者近似的商标的”构成侵权；而 2019 年《商标法》第五十七条第一款第（一）项仅规定“在同一种商品上使用与其注册商标相同的商标的”构成侵权，第五十七条第一款第（二）项规定“在同一种商品上使用与其注册商标近似的商标，或者在类似商品上使用与其注册商标相同或者近似的商标，容易导致混淆的”，增加了一个条件“容易导致混淆”才构成侵权。该条规定首先需要对商品来源的混淆或者混淆可能性作出判断，只要在商品或者服务的来源上具有混淆或混淆的可能性，即使商标在外观、读音、含义等事实上近似程度一般或有一定的区别，仍应当认定构成商标侵权。

对于涉及注册商标在不相同也不相似的商品上使用时，除需要认定为驰名商标外，还需要达到“误导公众，致使该驰名商标注册人的利益可能受到损害”即“足以使相关公众认为被诉商标与驰名商标具有相当程度的联系，而减弱驰名商标的显著性、贬损驰名商标的市场声誉，或者不正当利用驰名商标的市场声誉的”这些条件。

对于涉及非注册商标在相同或相似的商品上使用时，除需要认定为驰名商标外，还需要达到“容易导致混淆”，即“足以使相关公众对使用驰名商标和被诉商标的商品来源产生误认，或者足以使相关公众认为使用驰名商标和被诉商标的经营者之间具有许可使用、关联企业关系等特定联系的”这个条件。

综上，笔者认为，在商标侵权认定方面，应倾向于无过错责任原则，弱化当事人的主观状态对侵权事实认定的影响，但从利益均衡的角度考虑，在具体责任承担方式上应适当考虑行为人的主观状态，譬如对于没有侵权故意的销售行为以及善意的在先使用行为可以适当免除其赔偿责任，如此才能在实现《商标法》立法目的的同时，更好地平衡权利人和社会公众的利益。

（二）判断方法

现在总结一下判断被诉商标是否侵权的方法步骤：

1. 判断被诉商标的商品与主张权利的商标的商品是相同还是类似。

2. 如果所述商品相同，则判断两者的商标标志是相同还是近似，如果相同或者大致相同（差别微小），那么无须再做其他判断，就可以判定侵权成立。

3. 如果所述商品类似，则判断两者的商标标志是相同还是大致相同，如果相同或者大致相同（差别微小），那么无须再做其他判断，就可以判定侵权成立。

4. 如果所述商品类似，则判断两者的商标标志是相同还是近似，如果商标标志不相同或者也不大致相同（差别较大），那么还需再考虑其他因素，看是否会导致相关公众以一般知识水平和认知能力施以一般注意力认为两个商品的经营者存在某种联系或者两个商品之间存在某种联系的可能性，或者说看到这个侵权商标就会联想起另一个被侵权商标，或者看到被侵权商标就会联想起侵权商标，也就是说使相关公众对两种产品的来源的认识产生了一定的干扰，产生混淆来源的可能性，注意是“可能性”，并不是必须要达到确实混淆的程度，即使商标在外观、读音、含义等事实上近似程度一般或有一定的区别，仍应当认定构成商标侵权，而不只是考虑商标本身的近似性，还要再考虑其他诸如涉嫌侵权者的主观意图，整体使用环境，商标的显著性和知名度及商品的价值大小、相关消费者和经营者的注意程度等因素。

二、对于商品或服务来源产生混淆误认的情形的侵犯注册商标专用权

为了更好地说清楚各种商标侵权行为，更好地全面准确理解侵犯商标专用权，以下举出一些实际案例进行说明：

【案例1－10】在相同或近似商品上使用跟他人注册商标相同或近似的商标的侵权（案例来源：《人民法院报》2016年5月5日第三版，作者：汤峥鸣）

七七七株式会社是韩国一家以生产指甲刀等产品而闻名的公司，该公司

“777”品牌指甲刀出口80多个国家，并在世界范围内具有很高的市场占有率。2015年10月，该公司在上海城隍庙福佑门小商品市场内发现多家商户在销售与“777”注册商标相似的指甲刀产品，极易造成消费者的混淆。

该公司人员在市场内的多家商户购得多套指甲刀，并进行了取证。这些指甲刀套装外包装及产品上均标注有“771”椭圆形标识，中间的“7”较大，最右边的“1”顶部有一明显的向左延伸的横划线，数字下方标有5个韩文字符。

七七七株式会社认为，这些商户未经许可，售卖假冒涉案商标的产品，侵害了该公司的注册商标专用权，给公司造成了较大的经济损失。为维护自身合法权益，公司先后将9家商户告上法庭，每家索赔3万元。

庭审中，这些商户有的辩称没有侵权的故意，销售的“771”品牌套装指甲刀是他人在店铺内寄卖的样品，有的商户辩称仅销售了一套，没有造成实际损失，还有的商户则强调自己销售的“771”品牌标识下方标注有韩文，而“777”品牌商标中则是英文，两者并不构成相似，不属于商标侵权。

法院审理后认为，商户销售的被控侵权产品与涉案商标核定使用商品属

相同或类似商品，“771”标识与“777”标识外观基本相同，虽然“771”标识下方为5个韩文字符，与涉案商标中的字符并不一致，但涉案商标中的“777”才是其显著部分，被控侵权产品标注的“771”及图与其高度近似，极易使相关公众误认而对产品来源产生混淆，因此属于侵犯涉案注册商标专用权的商品。商户未能提交证据证明被控侵权产品具有合法来源且其销售行为主观上并无过错，故应承担停止侵权、赔偿损失的民事责任。上海市黄浦区人民法院遂综合考虑侵权行为的性质、侵权的持续时间、情节、后果和侵权人的主观过错程度等因素酌情确定了赔偿数额。

【评析】商标标识的比对，不仅要比对整体还要比对其中的主要部分、显著部分，对于看起来不是特别相同或者近似的，还要具体判断是否存在引起相关公众混淆的可能性。

【案例1-11】明知是伪造、擅自制造的注册商标标识而予以制作销售的侵权（案例来源：《南方日报》2012年12月11日，作者：黄少宏）

2011年7月至2012年8月14日期间，现年32岁的广东清新县男子陈某租用大岭山镇杨屋第二工业区一出租屋的一楼仓库及二楼一间房屋，作为销售假冒芝华士、黑牌等酒类品牌标识的窝点。

陈某从广州等地购买假冒的芝华士等品牌的瓶盖及全套标识后，通过在网上发布消息，与制作假洋酒的人取得联系后，将上述假冒品牌的瓶盖及全套标识通过某物流公司发货到北京、郑州等地进行销售，并通过物流公司代收货款。

2012年8月14日，公安机关在虎门镇将陈某抓获后，在上述窝点内查获芝华士牌洋酒戒指盖55170个、芝华士瓶盖24200个、黑牌瓶盖2400个、AGED12YEARS商标标识98340个、揭膜透印标志金属真品商品标识126860个以及德邦物流单据257张，并从陈某处缴获作案工具手机2部、银行卡若干张以及现金813元。

经英国国际洋酒协会有限公司广州代表处鉴定，上述缴获的芝华士、黑牌、红牌等瓶盖、标签均为假冒瓶盖、标签。

法院经审理认为，公诉机关当庭出示的证据，经控辩双方质证查实，证据来源合法，证据内容客观、真实，且上述证据互有关联，能相互印证，可以作为本案的定案根据。根据本案证据，可认定陈某非法制造芝华士、黑牌、红牌标识54万多个，销售金额超过26万元。

陈某明知是伪造、擅自制造的注册商标标识而予以销售，其行为已构成销售非法制造的注册商标标识罪。法院认定，陈某的行为属于销售非法制造的注册商标标识罪中情节特别严重的情形，应当依法被判处三年以上七年以下有期徒刑，并处罚金。考虑到陈某归案后认罪态度较好，可以从轻处罚。

【评析】笔者认为，此案例属于非善意销售注册商标标识的行为，即明知是伪造的商标标识而出售牟利，不仅构成严重侵权，而且还构成犯罪，侵权人不仅要赔偿给被侵权人造成的经济损失，还要被追究刑事责任。要说明的是，此种制作商标标识的行为，不论是否实际销售，都构成侵权。

【案例1-12】在相同或相类似商品上使用与他人注册商标相同或近似的标志作为商品名称的侵权（案例来源：《知识产权报》2014年7月2日）

2014年7月2日《知识产权报》报道，腾讯公司诉称，2007年其经韩国新人类股份有限公司授权享有《地下城与勇士》在中国大陆境内的各项知识产权。而掌娱公司和永晨公司开发运营的名为《地下城勇士与魔女》的单机小游戏，与《地下城与勇士》游戏名称及注册商标相似，且游戏风格相同。腾讯公司认为，两公司共同实施了商标侵权行为，故请求法院判令二者立即停止使用相关文字标识，赔偿原告各项经济损失共计300万元。

掌娱公司和永晨公司共同辩称：《地下城勇士与魔女》是永晨公司独立开发的游戏软件，依法享有著作权，受到著作权法保护；且“地下城”“勇士”并非专有名称，腾讯公司无权禁止他人使用；此外，掌娱公司目前已就“地下城勇士”一词向国家工商行政管理总局商标局申请商标注册，且已被受理。

法院经审理认为：腾讯公司系“地下城与勇士”商标在中国大陆地区的专有使用权人。掌娱公司和永晨公司分别开发与运营的《地下城勇士与魔女》游戏，迟于腾讯公司游戏的上线运营时间，游戏名称中均使用了“地下城”“勇士”，且两公司作为电子游戏的开发经营者，不可能不对《地下城与勇士》游戏的知名度有所了解，因此认定掌娱公司和永晨公司游戏名称“地下城勇士与魔女”与“地下城与勇士”商标相近似，根据《商标法实施条例》第七十六条，认定掌娱公司和永晨公司在同种商品——娱乐电子游戏上与腾讯公司专属使用的注册商标“地下城与勇士”相似的标志“地下城勇士与魔女”作为自己的电子游戏的名称，会误导游戏公众，侵犯了腾讯公司相关的注册商标“地下城与勇士”的专用权。

【评析】笔者认为，此案明显属于被告假借原告的商标声誉进行的商标侵权行为。电子游戏的名称与同类别的知名商标近似，虽然看起来不是商标性使用，但是明显具有引起混淆的故意和很大可能性，属于一种特殊侵权。

【案例1－13】将与他人注册商标相同或者相近似的文字作为企业的字号在相同或者类似商品上突出使用的侵权

2012年11月28日，备受关注的广东佛山“酱油门”案一审落槌。广东省佛山市中级人民法院对佛山市海天调味食品股份有限公司（以下简称海天公司）诉佛山市高明威极调味食品有限公司（以下简称威极公司）侵害商标权及不正当竞争纠纷一案进行公开宣判，被告威极公司被判侵权成立，禁止使用带有“威极”字号的企业名称，并赔偿原告海天公司由此造成的各项损失。

为维护自身权益，海天公司于2012年5月30日以威极公司的行为构成商标侵权和不正当竞争为由向佛山市中级人民法院提起诉讼，索赔约1000万元。后经补交材料，该院于6月6日正式受理该案。该案经两次公开开庭审理。

法院审理认为，依现有证据，原、被告之间并不存在关联关系。威极公司在其企业厂牌上使用的“威极”二字的字体也明显大于其他字的字体，而且字体颜色为红色，亦明显区别于其他字的黑色字体。由此可见，企业厂牌上“威极”二字相对于其企业名称已成为一个相对独立、突出的标识，构成了突出使用企业字号的行为，实际已经构成商标意义上的使用，威极公司在其广告牌上也突出使用其企业字号中的“威极”二字，使相关公众产生混淆或误认，其行为侵犯了海天公司的“威极”注册商标专用权。

威极公司将原告注册在先的“威极”商标注册为企业字号构成对原告商标权的侵害。被告应就其侵权行为向海天公司承担相应的法律责任。海天公司诉请赔偿因产品销量下降造成的利润损失、广告费和律师费，法院予以支持。

综上，法院依法作出一审判决：威极公司应立即停止侵权行为，即停止在户外广告牌及企业厂牌上突出使用“威极”二字的行为，拆除突出使用“威极”二字的广告牌及企业厂牌；立即停止不正当竞争行为，即立即停止使用带有“威极”字号的企业名称；登报赔礼道歉，消除影响；赔偿海天公司经济损失 655 万元。

【评析】笔者认为，此案例中，被告突出使用自己的跟原告商标相同的企业字号“威极”，构成商标侵权。法院的判决应该认定构成商标侵权即可，不应该再提到构成不正当竞争，因为此案中，法律依据是《商标法》及相关法律法规，能够根据《商标法》作出认定的，就不再适用《反不正当竞争法》。

【案例 1－14】将与他人注册商标相同或者相近似的文字注册为域名，并且通过该域名进行相关商品交易的电子商务的侵权（案例来源：《人民法院报》2013 年 3 月 29 日）

原告绫致公司经授权在中国境内享有使用“JACK&JONES”商标并提起侵权诉讼的权利，经注册享有“杰克·琼斯”商标的专用权。被告崔某所、被告杜某华未经许可，注册了 jackjonescn. net 的域名，并利用该域名开办了杰克琼斯中文网。该网站在搜索结果中的网页标题显示为“JACKJONES 中文网－杰克琼斯中文网－JACK&JONES 中文官方网站”，网页描述中使用“杰克琼斯中文”“杰克琼斯官方网站”等表述；在该网站首页及相关网页中大量使用“杰克琼斯中文网”“jackjones 中文网”等表述以及杰克琼斯及图标识，并配以“杰克·琼斯介绍”等内容；在相关网页源文件中大量使用与杰克琼斯、JACKJONES、jackjones 等相关的文字；在“服饰目录”所列的每款服装左侧均显示有对应的实物图样和杰克琼斯及图标识；所售服装使用印有杰克琼斯及图标识的包装，服装的标签、吊牌上标有杰克琼斯及图标识，对襟扣、袖扣上标有“JACK&JONES”，合格证上注明商标为“杰克·琼斯”等。绫致公司认为被告的行为侵犯了其注册商标专用权，向北京市海淀区人民法院提起诉讼，请求判令被告停止侵权、消除影响、赔偿损失。

北京市海淀区人民法院经审理认为，被告的行为属于未经商标权人许可，在同一种商品的宣传、介绍和交易中使用与“JACK&JONES”“杰克·琼斯”相同或近似的商标以及销售侵犯上述商标专用权商品之行为，其足以导致相关公众误认为上述域名、网站的所有人以及服装的提供者为绫致公司，构成对绫致公司合法权利的侵害。故于 2011 年 4 月 26 日判决二被告停止销售侵权服装，关闭用以销售侵权服装的涉案网站，停止使用涉案域名 jackjonescn. net，该域名由原告注册使用，并判决二被告在《法制日报》和新浪（www. sina. com. cn）上刊登声明，消除影响，并赔偿原告经济损失及诉讼合理支出近 200 万元。

【评析】笔者认为，本案属于较为典型的网络侵害商标权纠纷，被告从事了系列侵害商标权的行为，傍名牌的意图明显。法院考虑到二被告主观恶意明显，侵害后果严重，支持了原告的大部分诉讼请求，有力地打击了侵权行为。

【案例 1－15】商品包装上不当使用他人的地名注册商标的特殊侵权

福建省厦门市思明区人民法院对一起涉“鼓浪屿”传统老字号商标侵权案作出宣判，判定生产厂家在包装上使用他人注册商标的行为构成侵权。

从 1983 年开始，原鼓浪屿食品厂在其生产的馅饼等食品上使用“鼓浪屿”商标，2001 年及 2005 年，国家工商行政管理总局商标局核准该厂注册“鼓浪屿”商标。后经企业变更等原因，曾某于 2010 年 6 月受让了上述“鼓浪屿”商标，并授权厦门兴茂公司独占使用。经多年的广泛宣传和销售，“鼓浪屿”牌馅饼及糕点在业界享有较高的声誉。先后被原轻工业部、商务部和福建省人民政府授予“优质奖”“福建省工业品博览会银质奖”和“福建省优质产品”称号，2012 年 9 月被评为“厦门老字号”。

2013 年 4 月，商标使用人厦门兴茂公司发现市面上生产、销售的一些馅饼包装盒上突出使用了“鼓浪屿”等文字，产品包装盒规格、内外装潢、款式和图案等与自己的包装盒类似，并且产品描述为“鼓浪屿馅饼按照传统工艺和独家配方精工细作而成”，容易造成消费者难以区分的情况，兴茂公司认为，誉海公司作为生产厂家，东本公司作为销售商家，均侵害自己的注册商标专用权，构成不正当竞争，遂将二者告上法庭。

经过法院审理查明，誉海公司产品包装均为长方形翻盖式礼盒，质地是硬牛皮纸，但因外观设计上存在差异，共使用过两种版本。

法院审理认为，根据《商标法》第五十九条的规定，对通用名称、地名的使用应当是“正当使用”。虽然“鼓浪屿”是十分著名的地名，“馅饼”也是食品行业的通用名称，但在誉海公司所使用的第一个包装盒版本中，“鼓浪屿”和“馅饼”在盒盖正面呈现为分开、各自独立的两行，可见誉海公司并非将“鼓浪屿馅饼”作为不可分割的整体使用，而是特别突出了“鼓浪屿”三个字。从整体上看，“鼓浪屿”三个字在馅饼盒外包装中处于居中、显眼的位置，消费者购买时极易对产品的来源与原告产品产生混淆和误认，侵害了原告享有独占使用权的“鼓浪屿”商标。

经审理，法院判决誉海公司应立即停止在其生产、销售的产品上使用第一个版本的包装盒，同时赔偿兴茂公司经济损失及合理费用共计 8 万元。

【评析】将地名注册为商标，根据《商标法》第五十九条的规定，商标所有权人并不能完全禁止他人使用该地名，当然这种使用应该是法律规定的“合理使用”。以本案为例，被注册为商标的地名，不应该被刻意突出使用，本案中被告的第一款包装盒，将“鼓浪屿”三个字放在盒盖的正中间，自己的商标放在比较不显眼的角落，这种做法显然是有意突出“鼓浪屿”，而将自己的商标弱化，这极易导致消费者在购买时将被告的产品和“鼓浪屿”联系起来。突出使用他人地名商标并且极易导致消费者混淆，不应认为是合理使用。此案例属于特殊的侵权形态。

【案例 1－16】服务商标侵害商品商标的情形

原告上海田子坊投资咨询有限公司诉称：其在第 32 类商品上享有第 6555249 号“田子坊”中文商标的商标权。两被告未经原告同意，共同实施了如下侵权行为：（1）在《新民晚报（社区版）养生专刊》上发布的奶茶、植物饮料、果汁等饮品的招商广告中，使用“田子坊”字样；（2）在实际经营及授权经营的奶茶店的店招、店内装潢及饮料单上使用“田子坊”字样；（3）在提供外卖服务的饮料包装上使用“田子坊”字样。

原告认为：两被告的上述行为构成在相同或类似商品上使用与原告注册商标近似的商标的侵权行为，不仅给原告造成了一定的经济损失，而且还造成了严重的负面影响。故请求法院判令两被告：（1）立即停止侵害原告享有的第 6555249 号商标权的全部侵权行为、销毁相关的侵权产品；（2）在《新民晚报》上刊登致歉启事，为原告消除影响；（3）共同赔偿原告经济损失人民币 50 万元；（4）共同赔偿原告为制止侵权行为所发生的费用 34146 元。

被告泛亚集团公司、泛亚科技公司共同辩称：（1）被告泛亚集团公司在第 43 类服务享有“田子坊”中英文商标权，泛亚科技公司在广告宣传、店铺店招、装潢、招商加盟中使用田子坊字样，属于对其享有服务商标的合理使用范围；（2）泛亚科技公司经营的饮品与原告主张的奶茶、植物饮料、果汁并不构成相同或类似商品，泛亚科技公司使用的商标与原告主张的商标亦不构成近似商标。而且原告的商标注册后，并没有进行实际使用。故请求法院驳回原告的诉讼请求。

上海市第二中级人民法院经审理认为：两被告在店招、店内装潢、饮料单、招商广告上使用了“田子坊”字样，正是为了将其与其他的奶茶店或饮品店区别开来，并非为了识别相应的饮料产品。虽然饮料杯子上亦有“田子坊”字样，但由于饮料属于液体，必然需要相应的容器，饮料杯子属于必需的服务用品，是两被告所提供饮品服务的组成部分。因此，被控侵权行为属于两被告在提供饮品服务过程中的使用，不是商品生产销售过程中的使用，没有超出被告泛亚集团公司享有的田子坊服务商标核定的服务范围。但两被告在店铺招牌、装潢、招商广告中使用的田子坊文字、饮料杯子上使用的并排“田子坊”及“FARMER GARDEN”、饮料单中使用的田子坊与被告泛亚集团享有的注册商标并不相同，属于已改变显著特征、拆分等方式使用其注册商标，人民法院有权进行审理。

作为上海乃至国内最具规模和影响力的创意产业发展基地，田子坊已经具有较高的知名度，相关公众已经将“田子坊”与位于泰康路的创意产业基地之间建立了稳定的联系。因此，无论是原告对涉案商标的使用，还是两被告实施的被控商标使用行为，抑或是两被告对其享有的服务商标及商品商标的使用，都会使相关公众将上述对“田子坊”的使用与位于泰康路的田子坊文化创意产业基地联系起来，相关公众不会对被告所提供服务产生来源于原告的误认，也不会认为其来源与原告注册商标核定使用的商品具有特定联系。故原告关于两被告的行为构成商标侵权的主张不成立，判决驳回原告的诉讼请求。一审判决后，原被告均未上诉，一审判决生效。

【评析】 在判断服务商标是否侵害商品商标时，应当区分服务商标的使用行为是在商品提供过程中的使用，还是属于在服务提供过程中的使用。如果是前者，则按照消费者是否混淆误认的标准判断是否构成侵权；如果是后者，则还要考虑被控侵权人的主观状态，如果不存在搭便车的故意，即使存在消费者的混淆，也应通过要求被控侵权人规范使用的方式消除消费者的混淆状态。

三、对于关联关系产生混淆误认的情形的侵犯注册商标专用权

判定商标侵权的混淆标准有两种，包括来源混淆（直接混淆）和关联关系混淆（间接混淆）。构成关联关系混淆侵犯商标权的条件是：商标权人的注册商标在先；行为人在后，未经商标权人许可，在类似的商品或服务上，使用与在先注册商标相同或相近似的商标标识；行为人的行为导致消费者对商标权人与行为人之间的经营关系产生混淆，如误认为二者之间存在联营、赞助或许可这三项条件的行为，可以认定构成关联关系混淆侵权。

【案例 1－17】第 4294908 号商标侵权案（案例来源：祝建军：《知识产权疑难案件裁判思维》，法律出版社 2015 年版。）

2007 年 3 月 7 日，原告（上诉人）李某获得第 4294908 号“李记谷庄”注册核定使用的商品类别为第 30 类茶、茶饮料、茶叶代用品等，有效期自 2007 年 3 月 7 日起至 2017 年 3 月 6 日。2010 年 11 月，云南省工商行政管理局认定李某使用在第 30 类茶、茶叶代用品商品上的“李记谷庄”商标为云南省著名商标，有效期为 2010 年 11 月至 2015 年 11 月。

原告李某授权“普洱景谷李记谷庄茶业有限公司”在其生产的茶叶商品上使用“李记谷庄”商标。

2011 年 1 月 21 日，被告（被上诉人）李某芳在深圳市福田区投资开办德芳茶庄（个体工商户），为消费者提供茶叶销售服务。原告指控被告侵犯了其“李记谷庄”注册商标专用权。为证明该事实，其公证取证过程如下：2012 年 4 月 1 日，原告的委托代理人来到深圳德芳茶庄店铺，购买了十盒普洱茶并取得八个环保手提袋，德芳茶庄开的收款收据显示，货物名称“李记茶”，数量“10”，单价“130”，收款收据上盖有“德芳茶庄”印章。经勘验，“德芳茶庄”销售的上述盒普洱茶叶之包裹茶饼的包装纸上及茶饼外包装盒上均印有“李記穀莊”和“李记谷庄”标识，并印有“侯爵号饼”“百年老字号等”云南著名商标及原料、地址、电话、厂名“普洱景谷李记谷庄茶业有限公司”等字样。上述八个环保手提袋的一面印有“德芳茶庄”字样，另一面印有“李記穀莊”和“李记谷庄”标识及“云南·思茅景李记谷庄茶业有限公司”（具体见下图），“厂址：云南省思茅市景谷县景谷乡新街”“电话：0817－538××××、0755－8359××××”字样。

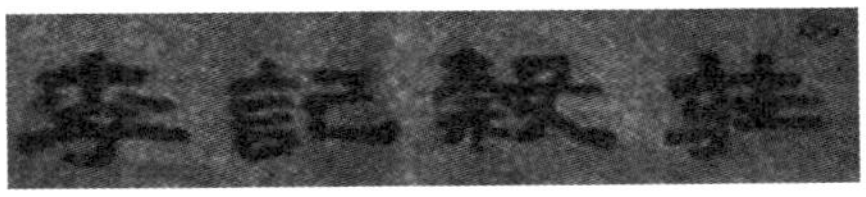

原告确认上述十盒“李记谷庄”普洱茶是其授权的“普洱景谷李记谷庄茶业有限公司”生产。被告确认上述八个环保手提袋是其委托他制作，并称制作目的是供销售“李记谷庄”茶叶使用，因为茶叶生产者一般不向茶叶

销售商提供环保手提袋，但为顾客携带方便，茶叶销售商会自行委托他人生产部分环保手提袋。上述环保手提袋上的0755－8359××××为“德芳茶庄”的电话号码。

根据上述事实，原告认为，我国《商标法》（2001年）第五十二条第三项规定，伪造、擅自制造他人注册商标标识的，属于侵犯注册商标专用权的行为，根据该条规定，被告未经许可擅自将原告“李记谷庄”商标印制在用于包装其所售茶叶的环保手提袋上，该行为侵犯了原告的注册商标专用权。被告从事茶叶销售，除销售“李记谷庄”品牌的茶叶外，还销售其他品牌甚至没有品牌的茶叶，被告使用印有“李記穀莊”和“李记谷庄”商标标识的环保手提袋，会使消费者误认相关茶叶也是由原告或其授权的生产厂家生产的。原告斥巨资使“李记谷庄”牌茶叶在业内具有较高知名度，全国各大城市均有代理商，“李记谷庄”茶叶深受消费者好评，已被认定为云南省著名商标。被告利用原告注册商标的知名度谋取非法利益，侵犯了原告“李记谷庄”注册商标专用权，请求人民法院判令被告立即停止商标侵权行为，即立即停止使用印有“李記穀莊”和“李记谷庄”商标的包装袋，并赔偿原告经济损失人民币20万元。

广东省深圳市福田区人民法院一审（案号2012深福法知民初字第652号）认为，本案争议焦点在于李某芳在环保手提袋上使用“李記穀莊”和“李记谷庄”标识是否侵犯了李某“李记谷庄”注册商标专用权。李某涉案“李记谷庄”商标依法注册，其合法权益受法律保护。李某芳系深圳市福田区德芳茶庄的经营者，主要从事包括“李记谷庄”品牌在内的茶叶的销售经营，李某芳虽自行委托他人制作了环保手提袋，在环保手提袋上使用了“李記穀莊”和“李记谷庄”的标识，其与李某的“李记谷庄”注册商标标识相同，“李記穀莊”标识与李某的“李记谷庄”注册商标标识相似，但李某芳在使用“李記穀莊”和“李记谷庄”标识时，同时在该标识下方注明了生产者及联系电话，指明了“李记谷庄”品牌茶叶的生产者，在环保手提袋的另一面印制了字号“德芳茶庄”，表明了李某芳系“李记谷庄”茶叶的销售者，且李某芳销售的涉案“李记谷庄”普洱茶系李某授权的合法厂家生产，客观上该产品本身不会导致消费者混淆和误认。综上，李某芳在环保手提袋上使用“李記穀莊”和“李记谷庄”标识时，主观上不存在恶意，客观上不会造成消费者的混淆和误认，属合理使用的目的，故不构成侵权。李某的诉求无事实及法律依据，依法不予支持。判决驳回李某的诉求。

一审判决后，李某不服，向深圳市中级人民法院上诉，请求撤销一审判决，改判支持其一审诉讼请求。

广东省深圳市中级人民法院二审（案号 2013 深中法民终字第 738 号）认为，李某涉案“李记谷庄”商标被评为“云南省著名商标”，这意味着“李记谷庄”注册商标具有一定的知名度，已形成良好商誉，为相关公众所知悉。李某芳未经李某许可，擅自委托他人制作了印有“李記穀莊”和“李记谷庄”商标标识的环保手提袋，本案没有证据证明李某芳将该环保手提袋用于与“李记谷庄”牌茶叶无关的其他茶叶商品上。尽管李某芳声称其委托他人制作该环保手提袋的目的是方便顾客携带所购茶叶，但该环保手提袋，一面印有李某的涉案注册商标、“普洱景谷李记谷庄茶业有限公司”企业名称、厂址、电话等信息；另一面印有李某芳“德芳茶庄”字样，李某芳的该行为将导致相关公众对“德芳茶庄”与李某及“普洱景谷李记谷庄茶业有限公司”之间的经营关系发生误认，即误认为它们之间存在许可使用或关联企业等特定关系，该行为在一定程度上不恰当地利用了李某“李记谷庄”注册商标的良好商誉，使消费者产生间接混淆的后果，故李某芳的行为构成对李某“李记谷庄”注册商标专用权的侵犯，李某芳应立即停止使用印有“李記穀莊”和“李记谷庄”商标的包装袋；并酌情判定李某芳赔偿李某包括维权费用在内的各项经济损失人民币 7000 元。

综上，一审判决认定事实清楚，但适用法律错误，二审予以纠正。上诉人李某的上诉主张成立，法院予以采信。判决：撤销深圳市福田区人民法院（2012）深福法知民初字第 652 号民事判决；改判李某芳立即停止侵犯李某“李记谷庄”注册商标专用权，即停止使用印有“李記穀莊”和“李记谷庄”商标的包装袋；李某芳赔偿李某包括维权费用在内的各项经济损失人民币 7000 元。

【评析】 本案属于典型的关联关系混淆侵犯商标权案件，在商标法实践中，引起商品来源混淆而侵犯商标权的案件比较常见，关联关系侵犯商标权的案件比较少见。故分析研究关联关系混淆侵犯商标权案件以丰富商标法理论，而且还可以不断积累处理该类案件的经验。

传统商标法理论认为，商标是指能够将一个企业的商品或服务与其他企业的商品或服务区别开来的标记或标记的组合。由于商标真实地指示了商品或服务的来源，代表了一定商品或服务的质量和经营者的商誉，因而对消费者具有吸引力，此即意味着商标的初始功能是标识商品或服务的来源，即识别（区分）的功能。基于维护商标识别（区分）功能的需要，传统商标侵权理论是以制止商标混淆理论为基础来构建的，即保护商品或服务提供者凝聚在商标中的商誉免受不公平利用的损害，以及保护消费者不受误导。而最初的商标混淆是指直接混淆（商品来源混淆），即由于在后商标的存在，具有一般谨慎程度的相关公众，极有可能误认为其所附着的商品或服务源于在先商标权人。商标法禁止直接混淆侵权行为，旨在防止侵权者通过使用他人的商标而将自己的商品伪装成他人商品，欺骗消费者从而侵占商标权人的商誉。

后来的商标法又发展出了关联关系混淆制度，即消费者在后商标与在先商标所标识的商品或服务之来源产生混淆，但可能误认为在后商标与在先商标的经营者之间存在某种经营上的联系，如存在联营、赞助或许可等关系，统一被界定为混淆，其中直接混淆称为狭义混淆，是指由于在后的商标侵权行为，导致相关公众对商标权人提供的商品或服务与侵权人提供的商品或服务产生混淆。间接混淆，又称为广义混淆，是指虽然在后示侵权行为不会导致相关公众对商品来源产生混淆，但却可能商标权人与侵权人之间的经营关系产生混淆，如误以为二者之间联营、赞助或许可等关系。

构成关联关系混淆侵犯商标权的条件有三个：(1) 商标权人商标注册在先（通常该商标经过使用获得了一定知名度）；(2) 行为人在后未经商标权人许可，在相同或类似的商品或服务上，使用与在先注册商标相同或相近似的商标标识；(3) 行为人的行为导致消费者对商标权人与行为人之间的经营关系产生混淆，如误认为二者之间存在联营、赞助或许可等关系。只有满足这三项条件，才能构成关联关系混淆侵权，缺一不可。

本案满足上述关联关系混淆侵权的第一项条件。

《最高人民法院关于审理商标民事纠纷案件适用法律若干问题的解释》第十一条第三款规定："商品与服务类似，是指商品和服务之间存在特定联系，容易使相关公众混淆。"根据该条司法解释的规定，原告李某为茶叶类商品的生产销售商，其从事交易行为指向的对象为茶叶商品；而被告李某芳开办的"德芳茶庄"为消费者提供茶叶销售服务，其从事交易行为指向的对象为茶叶销售服务，显然，这二者从事交易行为指向的对象容易引起相关公众混淆误认，故应认定原告提供的商品与被告提供的服务二者之间构成类似商品与服务关系。本案中，被告李某芳开办的"德芳茶庄"在从事茶叶销售服务时，未经许可，为消费者提供印有与原告注册商标相同、相近似的"李记谷庄"标识于环保手提袋上。从该事实来看，本案符合上述关联关系混淆侵权的第二项条件，也符合上述关联关系混淆侵权的第三项条件。

综上，本案可以认定，被告以关联关系混淆的方式侵犯了原告注册商标专用权。一审判决认为被告的行为构成对原告注册商标的合理使用，该定性是错误的；二审法院认定被告的行为构成关联关系混淆侵权，并据此判决被告承担相应的法律责任，是妥当的。

四、侵犯注册驰名商标专用权

【案例 1－18】注册驰名商标的跨类保护

原告威索伯勒尔公司向中国商标局申请注册了"安莉芳 Embry Form 及图"商标，核定使用的商品为第 25 类，包括女性内衣等，该示有效期续展至 2020 年 1 月 20 日。原告授权安莉芳（中国）服装有限公司（以下简称安莉芳公司）使用该注册商标。安莉芳公司通过使用、广告宣传，已使核定使用在女性内衣商品上的"安莉芳 Embry Form 及图"商标在女性消费者中具有广泛的市场知名度。

2007年7月12日，安莉芳公司发现被告黄某贤开办的个体商店在销售“安莉芳”牌卫生巾，遂以公证的方式购买了该商品，该标注的制造商为泉州洛江晶美卫生用品有限公司。原告认为，“安莉芳 Embry Form 及图”商标为驰名商标，被告销售“安莉芳”卫生巾的行为，侵犯了其注册商标专用权，请求法院判令：认定原告“安莉芳 Embry Form 及图”商标为驰名商标，责令被告承担停止侵权、赔礼道歉并赔偿10万元经济损失的法律责任。

广东省深圳市中级人民法院经审理认为，原告通过标注“Embry Form 及图”之女性内衣商品的销量、市场份额、广告宣传、获得的荣誉、受保护的记录等证据证明，在2007年被告销售“安莉芳”卫生巾时，原告核定使用在女性内衣商品上的“安莉芳 Embry Forn 及图”在女性消费者中已具有广泛的市场知名度。被告销售的“安莉芳”卫生巾商品，虽与原告注册商标核定使用的女性内衣之商品不相同也不近似，但由于两商品的消费者均为成年女性，原告注册商标的主体部分“安莉芳”中文，会导致女性消费者误认为被告销售的商品来源于原告，或经过原告商标授权，故为保护商标权，应认定原告的“安莉芳 Embry Form 及图”商标为注册商标，被告的行为构成商标侵权，判令被告停止侵权，并赔偿原损失10万元；驳回原告要求认定涉案商标为驰名商标的诉请。

【评析】

1. 本案符合认定驰名商标的法定条件

商标是指区别商品或服务来源的标识，包括注册商标和未注册商标。就注册商标而言，一旦权利人的商标获得了注册，商标权人即依法享有专用权和禁用权。所谓注册商标专用权，是指商标权人在注册商标的有效期限内，有权在注册商标核定使用的商品或服务范围内，专有使用注册商标，包括自己使用和授权他人使用。所谓注册商标禁用权，是指商标权人有权禁止他人以与其注册商标核定使用的相同或类似商品或服务上，使用与其注册商标相同或近似的商标，从而导致相关公众对二者的商品或服务之来源产生混淆，或者对二者之间的关系产生混淆的行为。

就本案来说，原告在女性内衣等商品上注册了“安莉芳 Embry Form 及图”商标，根据商标专用权和禁用权的原理，原告有权在商标核定的女性内衣上使用该“安莉芳 Embry Form 及图”商标；同时，有权禁止他人在女性内衣类别的商品或与之近似的商品上，使用与“安莉芳 Embry Form 及图”商标相近似的商标。但由于原告并未在卫生巾类商品上注册“安莉芳 Embry Form 及图”商标，而被告恰恰是在原告未注册的卫生巾类商品上使用安莉芳商标，因此，依据商标专用权和禁用权的原理，无法提供对原告的保护。

但从原告的举证来看，原告的涉案商标在中国市场上具有广泛的知名度，为成年女性消费者所熟知。而被告正是看到了原告涉案商标的知名度，其为了利用原告商标的知名度，巧妙地在与原告注册的商标不相同也不类似的商品上使用与原告相近似的商标，从而达到借助原告的商标所体现的商誉来吸引女性消费者的注意，并以此获取竞争利益，这无疑会导致原告的商誉受损。因此，鉴于原告涉案商标的知名度，以及打击被告不正当地利用该商标知名度的目的，有必要对原告的商标给予跨类保护，而实现该跨类保护的手段和方法就是认定原告的涉案商标为驰名商标。如此一来，通过认定原告的涉案商标为驰名商标，以达到保护原告商誉的目的，这符合驰名商标制度设置的本意。

2. 本案法院正确对待驰名商标的性质

驰名商标法律制度的本旨不在于在注册商标专用权之外再创设一种特殊的权利，而是在注册保护制度的基础上，对具有广泛知名度、为相关公众所熟知的知名度较高的商标给予特殊保护。与一般注册商标保护机制侧重保护消费者利益不同，驰名商标的特殊保护（跨类保护），更侧重于对商标所有权人利益的保护。驰名商标的认定与保护是一种对注册保护予以补充的保护机制，其并非能够成为一种单独的权利诉求。也就是说，当注册商标权人运用我国《商标法》的一般规定已无法合理地对其商标给予保护时，不得以运用驰名商标认定与保护的这种补充机制，以便使商标权利人不会超越我国《商标法》的一般规定，以阻止他人随意以《商标法》“允许”的方式使用与其商标相同或者相近的商标。

驰名商标在本质上是任何商标所可能呈现的一种事实状态，驰名商标既不应被看作一种独立的类型化民事权利，也不应被看作一种新出现的商标专用权，那种把驰名商标看作一种特殊的权利或商标专用权，并在诉状中请求认定其为驰名商标的观点，是不正确的。驰名商标制度的产生，是为了应对花样不断翻新的商标侵权行为而创设的一种补充救济机制，驰名商标不是一种特定的商标，而是所有的商标都可能获得的一种特别保护。正是基于以上理由，审理本案的法官正确地指出，“原告在本案诉状中将‘请求认定驰名商标’列为诉讼请求的第一项是不适当的，因为裁判文书只针对当事人的权利归属或应负义务作出具体的规定，而商标驰名与否只关系到该商标的知名度状况和受保护的范围，‘驰名’本身不是一种权利，而是一种可以持续或变化的事实状态。因此，依法不将认定原告的商标作为判项之一”，这无疑是正确的。

3. 本案准确适用注册驰名商标的跨类保护规定

根据我国《商标法》第十三条等相关规定，侵犯注册驰名商标的构成要件有四个：申请注册或使用的商标与注册驰名商标相同或相近似；该申请注册或使用商标的商品或服务类别与注册商标核定使用的商品或服务类别既不相同也不近似；该商标注册或使用行为会对相关公众产生误导；该误导行为可能导致驰名商标注册人的利益遭受损害。前两个要件强调对注册驰名商标的保护以商品或服务的跨类别保护为前提。后两个要件强调对注册驰名商标保护的理论基础为误导公众，致使该驰名商标注册人的利益可能受到损害。

《最高人民法院关于审理涉及驰名商标保护的民事纠纷案件应用法律若干问题的解释》第九条第一款规定：“足以使相关公众对使用驰名商标和被诉商标的商品来源产生误认，或者足以使相关公众认为使用驰名商标和被诉商标的经营者之间具有许可使用、关联企业关系等特定联系的，属于商标法第十三条第一款规定的‘容易导致混淆。’”如此一来，我国商标法律规范对注册驰名商标的保护，是以商标法的直接混淆和间接混淆理论来构建的。

本案中，原告“安莉芳 Embry Form 及图”商标的知名度非常高，由于女性内衣与卫生巾商品均属于女性用的商品，当女性消费者看到被告销售的卫生巾上亦使用与原告注册商标相近似的“安莉芳”标识时，极有可能认为原告将生产商品的范围扩展到卫生巾上，从而导致消费者对原告和被告提供的商品之来源产生混淆，或者对二者之间可能存在许可使用、关联企业关系的混淆，故被告的行为属于以混淆的方式侵犯原告的注册商标专用权。

本案属于注册驰名商标跨类禁止保护的典型案例，法官据此判定被告应承担的法律责任，对类似案件的审理具有较好的借鉴意义。

五、贴牌加工出口贸易行为商标的侵权

【案例 1－19】上柴公司东风诉常佳公司东风贴牌加工出口贸易商标侵权案

“东风”案是最高人民法院第二次就贴牌加工侵权认定作出判决，第一次是（2014）民提字第 38 号“PRETUL”案。最高人民法院对东风案改判认为：商标的本质属性是其识别性或指示性，基本功能是用于区分商品或者服务的来源。一般来讲，不用于识别或区分来源的商标使用行为，不会对商品或服务的来源产生误导或引发混淆，以致影响商标发挥指示商品或服务来源的功能，不构成商标法意义上的侵权行为。

再审申请人江苏常佳金峰动力机械有限公司（以下简称常佳公司）因与被申请人上海柴油机股份有限公司（以下简称上柴公司）侵犯商标权纠纷一案，不服江苏省高级人民法院（2015）苏知民终字第 00036 号民事判决，向最高人民法院申请再审。

最高人民法院于 2016 年 6 月 30 日作出（2016）最高法民申 448 号民事裁定，提审本案。

最高人民法院依法组成合议庭，于 2016 年 11 月 15 日公开开庭审理了本案。本案现已审理终结。

上柴公司向江苏省常州市中级人民法院（以下简称一审法院）提起诉讼称：使用在商品和服务国际分类第 7 类柴油机等商品上的“东风”商标，是上柴公司的注册商标，商标注册证为第 100579 号、第 624089 号，其商标专用权受法律保护。第 100579 号商标注册于 1962 年，经过上柴公司 60 年的连续使用及大量的广告宣传，在市场上享有较高知名度和商业信誉。2000 年被

国家工商行政管理总局商标局认定为驰名商标。常佳公司未经其许可，在柴油机等商品上擅自使用与其注册商标相同的商标，并生产制造大量假冒上柴公司“东风”牌柴油机等产品，已构成2001年修正的《商标法》第五十二条第（一）项所述侵犯注册商标专用权行为。请求判令常佳公司：（1）立即停止对上柴公司注册商标专用权的侵害；（2）赔偿经济损失人民币105万元（含合理开支）。

常佳公司答辩称：常佳公司没有实施所谓的侵害上柴公司注册商标专用权行为，也未给上柴公司造成任何经济损失。上柴公司所称涉嫌侵权产品在2013年10月24日被常州海关扣押。在扣押之后，常州海关经过调查不能认定常佳公司的产品构成商标侵权，予以放行，可以印证被扣押产品没有构成侵权。另外，常佳公司从事的是依据委托人的授权进行的定牌加工行为，定牌加工使用的是委托方提供的商标证书。该商标证书是委托方在印度尼西亚依法获得，并至今有效。常佳公司从事定牌加工行为生产的产品，根据授权书全部出口国外，不在国内进行销售，不在国内进入市场流通环节，不会给国内的相关商标造成误认混淆。请求驳回上柴公司的所有诉讼请求。

一审法院经审理查明：上柴公司系我国注册商标“东风”文字和图形组合商标的商标权人。商标注册证第100579号、第624089号。其中，第100579号商标由上海柴油机厂于1981年注册，核定使用商品为第1类（国际分类第7类）柴油机，经过续展注册有效期至2023年2月28日。该商标最早由上海柴油机厂于1962年8月1日在我国注册在第1类柴油机（内、外销商品），商标注册证号为第41765号。第624089号商标核定使用的商品为第7类柴油机、内燃机配件，该商标由上海柴油机厂注册，注册有效期限自1992年12月30日至2002年12月29日，经过续展注册有效期限至2022年12月29日。

上海柴油机厂于1993年12月24日经上海市工商行政管理局核准变更企业名称为上海柴油机股份有限公司。

2013年10月1日，常佳公司与印度尼西亚企业PTADIPERKASABUANA（以下简称PTADI公司）签订一份委托书，内容为：PTADIPERKASABUANA

以“DONGFENG（东风）”商标及标志持有人的身份，委托常佳公司依据商标证书号码IDM000089328以“DONGFENG（东风）”商标及标志，生产柴油机及柴油机组件，出口至进出口商，但仅可以在印度尼西亚销售。该委托有效期至2017年1月19日。

PTADI公司系在印度尼西亚注册成立的，并系印度尼西亚注册编号为IDM000089328商标证书登记的“DONGFENG（东风）”商标所有人。该商标注册登记类别为07类货品/服务，包括各种电动发电机、交流发电机、柴油发动机和柴油发电机等。该注册商标在印度尼西亚受保护期为10年，从2007年1月19日算起。上述委托书签订时，该商标在有效期内。

2013年10月8日，常佳公司向常州海关申报出口柴油机配件（包括机体总成、油箱、水箱），运抵国印度尼西亚，该批货物申报出口共计228000千克，总价为659700美元。上柴公司以常佳公司申报出口的该批柴油机配件涉嫌侵犯上柴公司的注册商标权为由，向常州海关提出扣留申请。常州海关根据上柴公司的申请于同年10月23日将常佳公司申报出口的上述柴油机配件予以扣留。

本案中，上柴公司系我国柴油机商品上“东风”注册商标的商标权人，基于商标权的地域性，上柴公司在我国对涉案商标享有商标专用权。常佳公司主张其根据印度尼西亚商标权人的委托，依照委托人提供的印度尼西亚商标证书生产制造涉案柴油机配件且全部出口印度尼西亚，构成定牌加工，予以采信。在定牌加工过程中，全部用于境外销售、在我国境内不进入市场流通领域的附加商标行为，在我国境内不具有识别商品来源的功能，因而不构成商标法意义上的商标使用行为，故常佳公司的行为未落入上柴公司涉案商标权的保护范围，不构成侵权。上柴公司的诉讼请求不具有事实和法律依据，不予支持。

综上，一审法院判决驳回上柴公司的全部诉讼请求。一审案件受理费14250元（人民币，下无特殊说明的均指人民币），由上柴公司负担。

上柴公司不服一审判决，向江苏省高级人民法院（以下简称二审法院）提起上诉，请求撤销一审判决，依法改判支持其一审全部诉讼请求。

二审法院认为本案争议焦点为常佳公司的行为是否构成商标侵权。

二审期间，上柴公司提供了一份上海市对外经济贸易委员会于2007年9月11日向中国驻印度尼西亚大使馆经济商务参赞处出具的函件，以证明“东风”牌柴油机在印度尼西亚的出口情况。

常佳公司未提供新证据，其对上述证据的质证意见为，不认可该证据的真实性、合法性与关联性。

二审法院基于上柴公司提供的函件加盖了上海市对外经济贸易委员会更名后的“上海市商务委员会”公章，对该证据的真实性、合法性与关联性予以认可。

二审法院另查明：

1. 上柴公司的“东风”商标于1962年8月1日由中央工商行政管理局核准注册，注册号为：41765，用于柴油机（出口商品），有效期自1962年8月1日起至1982年7月31日止。1981年5月1日，“东风”商标由国家工商行政管理局重新核准注册，注册号为第100579号，使用商品为柴油机。上述第41765号及第100579号“东风”商标的图样相同。

2. 2000年9月27日，上柴公司注册并使用在柴油机商品上的“东风”商标被认定为驰名商标，商标图样包括涉案第100579号与第624089号注册商标。2005年，上柴公司生产的东风牌多缸柴油机被授予中国名牌产品称号，有效期三年。

3. 上海市对外经济贸易委员会于2007年9月11日向中国驻印度尼西亚大使馆经济商务参赞处出具函件，表示上柴公司的柴油机产品自20世纪60年代就出口印度尼西亚市场，其持有的经国家商标局认定的“东风”牌柴油机驰名商标在印度尼西亚被抢注。该公司为维护知名的民族品牌和自己的合法权益，现已委托上海伟卓国际贸易有限公司代理该公司在印度尼西亚对“东风”商标抢注人提起法律诉讼，以夺回被抢注的“东风”柴油机商标的注册专用权。

4. 双方当事人二审庭审中一致认可PTADI公司在印度尼西亚注册“东风”商标的时间是1987年1月19日。

5. 上柴公司与PTADI公司就“东风”商标权属争议在印度尼西亚法院进行过多次诉讼：2006年，由于上柴公司就东风柴油机图商标（即第100579号商标）向印度尼西亚司法和人权部知识产权总署提出在柴油机商品上注册申请时，遭该知识产权总署驳回。于是，上柴公司向印度尼西亚雅加达商事法院（以下简称雅加达法院）起诉PTADI公司，起诉的理由为上柴公司的中文“东风”商标和标识于1962年在中国即已注册，并在多个国家获准注册，是世界驰名商标，但PTADI公司在上柴公司不知情且未经同意的情况下于1987年在印度尼西亚注册了与上柴公司中文“东风”商标和标识实质上相同的10个商标，并将该商标用于柴油机等商品上，该行为属于恶意抢注，故向该法院请求宣布上柴公司为中文“东风”商标和标识的所有人；宣布上柴公司的中文“东风”商标和标识为世界驰名商标；宣布PTADI公司恶意注册了上述10个商标，并撤销该10个商标。2007年10月9日，雅加达法院认定PTADI公司是中文“东风”商标和标识在印度尼西亚的首位注册人，作出编号为47/Merek/2007/PN. Niaga. Jkt. Pst的一审判决，驳回了上柴公司的全部诉讼请求。

上柴公司不服该判决，向印度尼西亚最高法院提出上诉，要求改判。印度尼西亚最高法院经审理后认为，上柴公司所有的“东风”商标及其标志已于1962年8月1日在中国注册，且该商标已经是在中国、澳大利亚、巴基斯坦、韩国、罗马尼亚、瑞士、秘鲁、古巴、越南、埃及、蒙古注册的驰名商标，而PTADI公司在1987年注册“DONGFENG（东风）”商标及其标志，该商标及其标志无论在词语和发音上都与上柴公司所有的在先注册的“DONGFENG（东风）”驰名商标基本相同，故于2008年2月19日作出编号为249K/Pdt. Sus/2007的二审判决，撤销雅加达法院的一审判决，支持了上柴公司在一审中的全部诉讼请求。2008年4月17日，印度尼西亚司法和人权部知识产权总署根据上述印度尼西亚最高法院的判决撤销了PTADI公司注册的上述10个商标。2008年7月31日，上柴公司经印度尼西亚司法和人权部知识产权总署核准在第7类柴油机、电动机等商品上注册了“东风”商标（即第624089号商标），注册证号为IDM000167428。

PTADI 公司不服印度尼西亚最高法院的 249K/Pdt. Sus/2007 判决提起再审请求。2009 年 4 月 29 日，印度尼西亚最高法院经审理后认为，“DONG-FENG（东风）”商标属 PTADI 公司所有，没有证据证明上柴公司所有的“东风”商标是已在数国注册的驰名商标，故作出编号为 102PK/Pdt. Sus/2008 的判决，撤销上述 249K/Pdt. Sus/2007 判决，支持了雅加达法院作出的一审判决。与此同时，印度尼西亚司法和人权部知识产权总署恢复了 PTADI 公司上述 10 个商标的注册登记。

由于印度尼西亚最高法院的先后不同判决，造成印度尼西亚司法和人权部知识产权总署在柴油机商品上同时核准了上柴公司和 PTADI 公司的中文“东风”商标的注册，故 PTADI 公司于 2009 年 12 月向雅加达法院起诉上柴公司，要求法院撤销上柴公司编号为 IDM000167428 号“东风”商标的注册登记，同时上柴公司亦提起反诉，要求法院撤销 PTADI 公司在柴油机商品上注册的“东风”商标。

2010 年 6 月 16 日，雅加达法院经审理后，以 2009 年 4 月 29 日印度尼西亚最高法院作出的判决为依据，作出编号为 85/Merek/2009/PN. Niaga. Jkt. Pst 的判决，支持了 PTADI 公司的诉讼请求，并驳回了上柴公司的反诉请求。上柴公司不服该判决提起上诉，印度尼西亚最高法院以相同理由于 2010 年 11 月 23 日经审理后作出编号为 769K/Pdt. Sus/2010 的判决，驳回上柴公司的上诉请求，支持雅加达法院作出的一审判决。

2011 年 2 月 11 日，印度尼西亚司法和人权部知识产权总署依据上述印度尼西亚最高法院的判决，撤销了上柴公司注册号为 IDM000167428 号“东风”商标的注册登记。

6. 2008 年 11 月 17 日，上柴公司作为商标权利人与涉嫌侵权人常佳公司、商标被许可人案外人上海伟卓国际贸易有限公司（以下简称伟卓公司）签订一份补偿协议。该协议记载，常佳公司在未知的情况下未经上柴公司与伟卓公司的许可或授权，擅自使用“东风”商标生产单缸柴油机 736 台报关出口至印度尼西亚，涉嫌侵犯上柴公司在海关总署备案的“东风”商标专用权和伟卓公司的合法权益，现经三方充分协商，达成如下协议：常佳公司保证不再发生此类侵权行为，常佳公司向上柴公司与伟卓公司分别支付补偿金10万元与25.5万元。

7. 上柴公司在本案中主张的合理开支为10万元律师代理费与到印度尼西亚办理公证认证及律师代理费16750元。

二审法院经审理认为：

1. 关于涉外定牌加工行为侵害商标专用权的认定

对于国内加工企业接受境外委托，生产与国内商标权人注册商标核定使用的商品相同或类似的产品，并贴附与国内商标权人注册商标相同或近似商标标识的行为，是否构成侵犯国内商标权人的注册商标专用权，一直存在争议。

在二审法院审理的（2007）苏民三终字第0034号拉科斯特衬衫股份有限公司与江阴宏鑫制衣有限公司侵害商标权纠纷一案中，法院查明，拉科斯特衬衫股份有限公司为鳄鱼图形及“LACOSTE”的商标权人，主要核定使用商品范围为服装等。江阴宏鑫制衣有限公司（以下简称宏鑫公司）接受韩国Shelton公司的委托，生产男式、女式T恤并出口至韩国，订单上显示的产品名称为“PiquePoloShirt”，标注的商标为鳄鱼图形及“LACOSTE”文字。苏州工业园区善衣服饰有限公司系Shelton公司在国内投资设立的外商独资企业，该公司有关人员以Shelton公司的名义向宏鑫公司提供了订单项下的服装面料样品、工艺要求、产品的商标标识及内容虚假的商标使用许可授权书等。

法院认为，国际贸易中的定牌加工人应当对委托人是否享有注册商标专用权及相关权利进行审查，未尽到注意义务加工侵犯他人注册商标专用权商品的，应承担相应的损害赔偿责任。由于宏鑫公司未对Shelton公司出具的商标使用许可授权书进行翻译，也没有进行必要的查询和核实，应认定其未尽到充分注意的义务，主观上具有过错，故判决宏鑫公司的行为侵犯商标专用权，应当承担停止侵权、赔偿损失的民事责任。

在二审法院审理的（2012）苏知民终字第0297号喻某新等与沭阳县奋进制刷厂（以下简称奋进制刷厂）、沭阳中远进出口有限公司（以下简称中远进出口公司）侵害商标专用权纠纷一案中，法院查明，案外人 SOYODAS. A. 公司于 2000 年 3 月 27 日经厄瓜多尔知识产权研究院 IEPI 国家工业产权局批准，注册“SOYODA”商标，使用商品为各类刷子，有效期至 2020 年 3 月 27 日。2010 年 9 月 28 日，SOYODAS. A. 公司法定代理人出具《授权书》，授权奋进制刷厂生产“SOYODA”牌子的各种刷类产品，但所有生产的产品只能出口给 SOYODAS. A. 公司，不允许自己销售或者销售给第三者公司。

后奋进制刷厂依代理出口协议委托中远进出口公司代理标有“SOYODA”商标标识的油漆刷出口报关。喻某新经我国商标局核准注册“SOYODA”商标，注册有效期自 2003 年 10 月 14 日至 2013 年 10 月 13 日，核定使用商品为第 21 类长柄柏油刷、刷制品、擦罐和容器用刷、动物用梳、电刷（机器部件除外），其主张奋进制刷厂作为生产商、中远进出口公司作为出口代理商，侵犯其注册商标专用权，请求法院判令奋进制刷厂、中远进出口公司停止侵权、赔偿损失。法院同时查明，喻某新曾经于 2001 年 6 月至 2002 年 7 月任淮安同润国际贸易有限公司（以下简称同润公司）业务员，在此期间，同润公司曾与 SOYODAS. A. 公司授权的东元玉光天津公司进行过标有“SOYODA”商标油漆刷的贸易行为。最终二审法院判决奋进制刷厂、中远进出口公司不构成商标侵权，驳回喻某新的诉讼请求。

综合以上两案，二审法院认为，涉外定牌加工业务涉及全球化背景下的国际贸易分工与合作，对于其是否构成商标侵权的分析与判断，不仅要以我国《商标法》为依据，同时还要充分考虑推动国际贸易发展的现实需求，因而对此类纠纷的解决，特别是法律适用及司法政策的确定，应当充分平衡国内商标权人、国内加工企业与境外商标权人或商标使用权人的利益。一般而言，如果国内加工企业不以销售为目的，接受境外委托人的委托，贴牌加工生产的产品全部出口不在国内销售的，以认定国内加工企业定牌加工行为不构成商标侵权为宜。但是，在作出上述不侵权认定时，仍要以国内加工企业对境外委托贴牌的商标本身已尽到合理的审查或注意义务为前提。

第一，国内加工企业对境外委托人在境外是否享有注册商标专用权或者取得合法授权许可应当进行必要的审查，其未尽到审查或合理注意义务的，应当认定国内加工企业存在过错，其定牌加工行为构成商标侵权，应承担相应的民事责任。

第二，对于境外委托人委托贴牌的商标本身不具有正当性的，应当对国内加工企业施加更高的注意义务。2013 年修正的《商标法》第七条第一款规定："申请注册和使用商标，应当遵循诚实信用原则"，第十三条还就驰名商标保护作了专门规定，上述规定与《保护工业产权巴黎公约》及《与贸易有关的知识产权协议》规定的精神完全一致。基于此，如果境外企业或个人违反诚实信用原则，涉嫌在境外恶意抢注在我国具有一定影响的商标特别是驰名商标，并委托国内加工企业贴牌加工生产的，应当认定境外委托人的行为不具有正当性，实质性损害了我国商标权人的合法利益，对此，国内加工企业作为同业经营者应当尽到更高层次的注意义务和合理的避让义务。

如果国内加工企业明知或应知国内商标具有一定影响或为驰名商标，而境外委托人涉嫌恶意抢注却仍然接受委托的，应认定国内加工企业存在过错，应承担相应的民事责任。同理，对于国内商标权人违反诚实信用原则，涉嫌恶意抢注境外商标，且有证据表明国内加工企业已经对境外委托尽到必要的审查或合理注意义务，所有贴牌加工产品均出口的，基于诚实信用原则，国内商标权人亦不能阻却国内加工企业从事涉外定牌加工业务。

综上所述，基于对国际公约、我国相关法律法规以及我国现阶段经济社会发展现实需求的考量，根据不同情形个案认定涉外定牌加工行为是否构成商标侵权，更加符合我国经济社会发展的实际，这既可以保护正当的涉外定牌加工国际贸易行为，又能够有效防止境内外恶意抢注他人具有一定影响商标特别是驰名商标的不诚信行为的发生。

2. 关于常佳公司涉外定牌加工行为的认定

回到本案，虽然常佳公司接受 PTADI 公司的订单生产加工的产品全部出口至印度尼西亚，可以认定其行为属于涉外定牌加工行为，但常佳公司系明知上柴公司涉案"东风"商标为驰名商标，仍然接受境外委托，在被控侵权产品柴油机及柴油机组件上使用与上柴公司"东风"商标相同的商标，未尽到合理注意与避让义务，实质性损害了上柴公司的利益，侵犯了上柴公司的注册商标专用权。理由如下：

第一，上柴公司的涉案“东风”商标历史悠久，经过其长期使用，已经被认定为驰名商标。而 PTADI 公司在印度尼西亚注册中文“东风”商标的时间为 1987 年，晚于上柴公司“东风”商标在我国首次注册的时间以及“东风”牌柴油机出口印度尼西亚的时间。

第二，PTADI 公司注册“东风”商标不具有正当性。印度尼西亚使用的官方通用语言为印度尼西亚语，但 PTADI 公司却在“东风”牌柴油机早在 20 世纪 60 年代即进入印度尼西亚市场后，于 1987 年在印度尼西亚注册与上柴公司“东风”商标相同的商标，即以中文“东风”与汉语拼音“dongfeng”为主要部分，其注册明显不具有合理性。上柴公司以其东风柴油机图商标（即第 100579 号商标）在印度尼西亚申请在柴油机商品上注册遭驳回，PTADI 公司的注册行为构成对其权益的侵犯为由，与 PTADI 公司就“东风”商标的权属在印度尼西亚法院进行过长期诉讼。尽管经过多次诉讼，上柴公司的诉请最终被驳回，但基于以上因素的考虑，仍然有理由相信 PTADI 公司的注册行为不具有正当性，其返回中国委托贴牌生产，且贴附与上柴公司“东风”商标相同的商标，明显给上柴公司造成实质性损害。

第三，常佳公司作为接受 PTADI 公司委托贴牌生产的国内加工商，应当知晓上柴公司涉案商标系驰名商标，也应当知晓上柴公司与 PTADI 公司就“东风”商标在印度尼西亚长期存在纠纷，且其曾经承诺过不再侵权，但其仍受托 PTADI 公司贴牌生产，未尽到合理注意与避让义务，故上柴公司关于常佳公司构成商标侵权，要求其承担民事责任的主张，予以支持。

3. 关于常佳公司民事责任的承担

常佳公司的行为侵犯了上柴公司的注册商标专用权，应承担停止侵权、赔偿损失等民事责任。由于上柴公司未能提供证据证明其因被侵权所受到的实际损失，也未能提供证据证明常佳公司因侵权所获得的利益，故主要考虑以下因素确定赔偿额：

（1）常佳公司作为国内加工企业，其所加工商品的品种、数量、质量、商标的使用等均由境外委托人 PTADI 公司指定，而常佳公司所获取的利润仅仅是加工费。

（2）本案中，常佳公司生产的被控侵权产品柴油机及柴油机组件全部出口至印度尼西亚，并没有在我国市场上销售，对上柴公司在我国的市场份额未产生影响，故常佳公司承担的赔偿责任应相对较小。

（3）常佳公司在 2008 年就其涉嫌侵犯上柴公司“东风”商标专用权的行为与上柴公司达成过补偿协议，常佳公司保证不再发生此类侵权行为，并支付上柴公司补偿金 10 万元。

（4）上柴公司在本案中主张合理开支为律师代理费 10 万元及在印度尼西亚办理公证认证及委托律师等支出的 16750 元，且提供了其实际支出的相关票据。因此，酌定常佳公司赔偿上柴公司经济损失 10 万元及为制止侵权行为所支付的合理开支 116750 元。

综上，上柴公司的上诉请求和理由有事实和法律依据，予以支持。一审判决认定事实清楚，但适用法律错误，应予纠正。依照 2001 年修正的《商标法》第十三条、第五十二条第（一）项、第五十六条，《民事诉讼法》第一百七十条第一款第（二）项之规定，判决：

一、撤销一审判决；

二、常佳公司应于本判决生效之日起立即停止对上柴公司“东风”注册商标专用权的侵害，并于本判决生效之日起十五日内赔偿上柴公司经济损失 10 万元及为制止侵权行为所支付的合理开支 116750 元。

常佳公司不服二审判决，向最高人民法院申请再审称：

（1）商标作为区分商品或者服务来源的标识，其基本功能在于商标的识别性。在定牌加工过程中贴附、添加商标标识的行为，不具有区分所加工商品来源的意义，也不能实现识别该商品来源的功能，不属于商标法意义上的商标使用。二审法院及其他法院对于定牌加工是否构成商标侵权问题，之前早有明确认识并形成典型判例，本案属于同案异判错误适用法律的情形。

（2）根据司法主权原则，PTADI 公司在印度尼西亚取得 IDM000089328 号商标的合法性问题，应由印度尼西亚司法部门及知识产权署依照其本国法律进行判断。二审判决认为PTADI公司在印度尼西亚取得IDM000089328号商标具有不正当性，造成事实认定错误。

（3）涉案定牌加工委托方PTADI公司提供了其在印度尼西亚的商标注册证书，并在委托书中明确说明所有产品只能在印度尼西亚销售。常佳公司对相关权利证书资料进行审查后确认委托方商标权合法存续，已尽到必要、合理的审查义务。涉案定牌加工产品未在中国境内销售、许诺销售或进行其他任何形式的商业使用，未进入中国国内任何市场流通。常佳公司不具有侵害商标权的主观故意，也未造成侵害上柴公司商标权的客观后果。二审判决基于常佳公司应当知晓涉案商标系上柴驰名商标及上柴公司与PTADI公司之间存在商标权纠纷，即认定其没有尽到合理注意与避让义务，缺乏事实依据。

（4）在上柴公司未能提供其实际损失或常佳公司侵权获利相关证据的情况下，二审法院参照之前协议约定确定本案赔偿数额，依据不足。另外，二审判决还存在证据未予质证、案件受理费负担错误、超期审理等问题。综上，二审判决认定事实和适用法律均有错误，请求本院依法判决予以撤销，并维持一审判决。

上柴公司答辩称：

（1）上柴公司所有的涉案商标在国内及国际市场上具有很高知名度和商业信誉，是行业最早注册并实际使用在柴油机商品上的民族品牌。在柴油机商品上使用与上柴公司相同商标的行为，无须以混淆为要件即构成侵权行为。常佳公司明知涉案商标为上柴公司所有，未尽合理注意和避让义务具有明显过错，应承担相应的法律责任。PTADI公司的商标系为恶意抢注商标，违背公认商业道德和诚实信用原则，具有明显攀附上柴公司商誉的目的。常佳公司接受其委托从事涉案定牌加工业务的行为，不应得到法律保护。

（2）二审法院基于常佳公司明知上柴公司商标为驰名商标，且与委托人PTADI公司就商标权属进行长期诉讼的情况下仍受托从事定牌生产，未尽合理注意与避让义务，损害了上柴公司利益，属于侵犯商标权行为。

综上，二审法院认定事实清楚，适用法律正确，是在充分平衡各方利益基础上作出的判决，请求依法予以维持。

最高人民法院在再审期间，常佳公司补充提交《上柴公司官网全部内容录像》《近年来全国主要柴油机品牌及产量》《中国内燃机工业协会单缸柴油机分会证明》《以“品牌战略”取胜——访上柴总经理俞银贵先生（2004年）》《1959年印尼排华事件与广东归侨安置》《中国/印尼关系大事记》《1968—1995售货确认书》《“东风”社会潮流及品牌潮流》《印尼最早的“东风”商标注册证书、转让证书及重新注册商标证书》等证据。上柴公司补充提交《关于请求保护上海柴油机厂东风注册商标在印尼合法权益的情况报告（1994年11月1日）》《外经贸部关于我国商标在印尼被抢注情况的函（1992年、1995年）》《2004—2008年期间“东风及图”商标的印尼被许可方委托上柴出口情况》《2004年上柴出口印尼的销售发票》《2005年、2006年上半年出口印尼的统计》等证据。最高人民法院依法对上述证据进行了质证。

再审审理查明的事实除与原审法院查明的事实相同外，另查明：2002年至2007年间，上柴公司亦基于源自PTADI公司的授权，使用“东风”商标出口相关产品至印度尼西亚。

最高人民法院认为：商标使用是指将商标用于商品、商品包装或者容器以及商品交易文书上，或者将商标用于广告宣传、展览以及其他商业活动中，用于识别商品来源的行为。可见，商标的本质属性是其识别性或指示性，基本功能是用于区分商品或者服务的来源。一般来讲，不用于识别或区分来源的商标使用行为，不会对商品或服务的来源产生误导或引发混淆，以致影响商标发挥指示商品或服务来源的功能，不构成商标法意义上的侵权行为。

根据原审法院查明的事实，常佳公司与PTADI公司签订委托书接受该公司委托，依据PTADI公司合法拥有的商标权生产柴油机及柴油机组件，并将产品完全出口至印度尼西亚销售。在常佳公司加工生产或出口过程中，相关标识指向的均是作为委托人的PTADI公司，并未影响上柴公司涉案注册商标在国内市场上的正常识别区分功能，不会导致相关公众的混淆误认。考虑到定牌加工是一种常见的、合法的国际贸易形式，除非有相反证据显示常佳公司接受委托未尽合理注意义务，其受托加工行为对上柴公司的商标权造成了实质性的损害，一般情况下不应认定其上述行为侵害了上柴公司的商标权。

在经济发展全球化程度不断加深，国际贸易分工与经贸合作日益紧密的复杂形势下，人民法院审理商标侵权纠纷案件应当结合国际经贸形势发展的客观现实，对特定时期特定市场的交易形式进行具体分析，准确判断相关行为对于商标权人合法权益的实际影响，才能更为准确地适用法律。既要严格依法保护商标权人合法权益，又要防止不适当扩大保护而对正常贸易和竞争秩序造成妨碍。

就本案而言，常佳公司作为定牌加工合同中的受托人，在接受 PTADI 公司的委托加工业务时，已经审查了相关权利证书资料，充分关注了委托方的商标权利状态。在印度尼西亚相关司法机构判决相关商标归属上柴公司期间，还就其时的定牌加工行为与上柴公司沟通并签订协议，支付了适当数额的补偿费用。可见，常佳公司接受委托从事定牌加工业务，对于相关商标权利状况已经适当履行了审慎适当的注意义务。二审法院认定常佳公司未尽注意合理避让义务，与事实不符。

常佳公司从事本案所涉贴牌加工业务之时，上柴公司与 PTADI 公司之间的商标争议已经印度尼西亚最高法院生效判决处理，PTADI 公司作为商标权人的资格已经司法程序确认。上柴公司自行使用相同商标生产相关或同类相关产品，实际已经无法合法出口至印度尼西亚销售。

况且，根据再审查明及上柴公司提交的证据，自 2004 年至 2007 年期间，上柴公司亦是受印度尼西亚被许可方的委托出口“东风”及图商标的相关产品。在此情况下，常佳公司根据 PTADI 公司授权委托从事涉案定牌加工业务，对于上柴公司在印度尼西亚境内基于涉案商标争取竞争机会和市场利益，并不造成实质影响。虽然商标具有识别商品或服务来源的基本功能，但归根结底，相关公众需求的并非商品标识本身，而是其指示或承载的商品及其良好品质。即便综合国际贸易现实需要进行综合衡量，也没有足够理由认定常佳公司从事涉案定牌加工行为已对上柴公司造成实质损害，并进而有必要作为商标法意义上的侵权行为予以认定。

综上，二审判决认定常佳公司侵犯上柴公司注册商标权的事实依据不足，适用法律偏颇，依法应予纠正。依照《民事诉讼法》第一百七十条第一款第（二）项、第二百零四条第二款、第二百零七条第一款之规定，判决如下：

一、撤销江苏省高级人民法院（2015）苏知民终字第00036号民事判决；

二、维持江苏省常州市中级人民法院（2014）常知民初字第1号民事判决。

本判决为终审判决。

【评析】这是一种特殊的情况，最高人民法院再审改判认为此种情况不构成侵犯国内商家商标权的理由如下：

1. 不用于识别或区分来源的商标使用行为，不会对商品或服务的来源产生误导或引发混淆，不构成商标法意义上的侵权行为。

2. 在常佳公司加工生产或出口过程中，相关标识指向的均是作为委托人的PTADI公司，并未影响上柴公司涉案注册商标在国内市场上的正常识别区分功能，不会导致相关公众的混淆误认。

3. PTADI公司作为在本国印度尼西亚的“东风”商标权人的资格已经司法程序确认。上柴公司自行使用相同商标生产相关或同类相关产品，实际已经无法合法出口至印度尼西亚销售。没有足够理由认定常佳公司从事涉案定牌加工行为已对上柴公司造成实质损害。

4. 常佳公司接受委托从事定牌加工业务，对于相关商标权利状况已经适当履行了审慎适当的注意义务。

第六节　平行进口商品的商标侵权判断

一、什么是商标法上的平行进口商品行为

商标法上的平行进口行为，是指在国际贸易中当某一商标获得两个或两个以上的国家的保护，且这两个或者两个以上的国家的商标权属于同一个商

标权人所有或者商标权人之间有许可或控制关系，未经进口国商标所有人或者其授权人的许可，第三人进口并销售使用注册商标的商品的行为。出现平行进口问题的主要原因是进口国与出口国的同一种商品存在价格差，从而在进口国可以获得高于在出口国销售同一种商品的利润。我国在加入世界贸易组织之前，关税较高，加之对外贸易进出口管制，使得进口商品成本较高，由于缺乏现实基础使得平行进口问题没有大量涌现。但是，自我国加入世界贸易组织以来，关税逐步降低，阻碍平行进口产生的成本问题逐步消除，同时，随着我国经济和国内市场的发展，进口货物的增多，平行进口问题必将日益突出。

我国商标法未明确禁止商标平行进口，考虑到民法中“法无明文规定即自由”及商标使用一次后商标权即用尽的基本原则，实践中一般把握的是平行进口行为并非商标侵权行为，但有例外。

【案例 1－20】 大西洋 C 贸易咨询有限公司诉北京四海致祥国际贸易有限公司商标侵权案

原告大西洋 C 贸易咨询有限公司（以下简称大西洋 C 公司）获得涉案商标在中国大陆区域内的商标独占使用权，被告北京四海致祥国际贸易有限公司（以下简称四海致祥公司）提交了其与荷兰 TRIGONFOODB. V. 公司签订的合同、原产地证明和健康证明等证据来证明，四海致祥公司销售的“KÖSTRITZER”啤酒系通过合法途径从荷兰进口，其原产地系德国，生产厂商系酷者啤酒酒厂（Bräuhaus Köstritzer，亦可译为库斯亭泽啤酒厂），字号、地址与涉案商标权利人库斯亭泽公司均相同。因此，现有证据可以证明四海致祥公司销售的啤酒系来自于库斯亭泽公司或者库斯亭泽公司相关联的企业，并非假冒“KÖSTRITZER”商标的侵权产品。

北京市高级人民法院经审理认为：首先，商标的基本功能是区分商品或服务的来源，保护商标就是保护商标的区分功能，保护商标上凝聚的商标权人的商誉，禁止他人通过在相同或类似商品上使用相同或近似商标而造成消费者混淆进而盗取商标权人的商誉。因此，商标侵权的判断标准是混淆可能性。本案中，被控侵权啤酒上标注的商标为“KÖSTRITZER”或“KÖstritzer”，标注的生产厂家系 Köstritzer（即库斯亭泽公司），商标与商品来源对应关系是真实的，并不会导致消费者混淆误认。其次，是否禁止商标平行进口，应当依据我国现行法律法规的规定予以确定。由于我国《商标法》及其他法律并未明确禁止商标平行进口，因此，四海致祥公司将在欧洲市场上合法流通的“KÖSTRITZER”系列啤酒进口到我国进行销售，并不违反我国《商标法》及其他法律的规定。大西洋 C 公司认为商标平行进口违反我国法律的主张缺乏法律依据。虽然被告进口的涉案商品未取得大陆区域中国商标独占许可使用人的同意，北京市高级人民法院以商标权用尽为理由，支持了被告的抗辩意见，认定不构成侵权。

【评析】 国内商家进口的商品系属于国外商家合法生产且其商标也是在国外合法注册的，进口到国内后没有任何变化，此种情况下不属于侵权，虽然也许会影响国内独占使用所述商标的商家的销售。

不过笔者认为，这些情况还需立法予以明确。

二、哪些情形的平行进口将可能导致商标侵权

平行进口原则上不构成侵权，但在平行进口中，进口商加入了不正当的行为，导致了商标指示、区分功能的丧失和商标权利人商誉的损害，也将会导致侵权。

1. 对产品外观进行了改变，导致了商标指示性功能的破坏以及商标权利人商誉的损害

【案例 1－21】绝对有限公司、保乐力加（中国）贸易有限公司诉苏州隆鑫源就业有限公司侵害注册商标权及不正当竞争纠纷案

被告将产品上的质量识别代码磨去的行为被法院判定为侵权。

法院认为：擅自改变商标或商品中的任一要素，都有可能造成注册商标识别、指引功能的损害。原产品识别码是表示该商品特定信息的标识，包括了生产日期、生产批次、产品生产地与销售地等信息，其作为商品的另一标识已与该商品融为一体，构成了这种商品的完整性。在此情况下，磨去产品

识别码，主观上具有隐匿商品来源的恶意，客观上不仅破坏了商品的整体性导致商品关键信息丢失，而且实质上给消费者和商标权利人造成了双重损害：一是影响了商标的识别功能，侵害了消费者对商品来源及产品信息的知情权，导致消费者对真实商品来源及销售渠道产生疑惑、误认或混淆；二是妨碍了商标权利人对产品质量的追踪管理，干扰了商标权利人控制产品质量的权利，致使商标权利人商标权益受损。该行为构成《商标法》（2001 年）第五十二条第（五）项规定的“给他人的注册商标专用权造成其他损害的”情形，构成商标侵权。

【评析】此种情况比较特殊，与之前所述的一般商标侵权明显不同，侵权者改变了商品质量识别码，并没有改变商标本身，但这样会导致商品的来源不清楚，使商标的唯一指向性功能减弱，属于特殊侵权。此案，扩展了一般侵犯商标权的理论。

2. 中文标签使用不当构成侵权

根据我国《食品安全法》及《进出口食品标签管理办法》，进口食品需有中文标签，但该翻译应是对产品上外文部分的忠实翻译，在中文标签上标明品名、原产国、生产商等信息，但不能突出翻译权利人的中文商标，产品上的商标只能是原始的商标权利人标记的商标，否则将可能构成侵权。

在【案例 1－21】中，法院认为：根据《食品安全法》相关条文的规定，进口的预包装食品应当有中文标签、中文说明书。标签、说明书应当符合本法以及我国其他有关法律、行政法规的规定和食品安全国家标准的要求，载明食品的原产地以及境内代理商的名称、地址、联系方式。该法律条款系我国对进口商品质量监管所制订的管理性规范，并未强制要求经营者需对商品商标进行翻译。因此，不能据此认定经营者在未取得商标专用权人许可和授权的情况下，可以对进口商品商标任意使用并标贴于商品上进行销售。同时认为：被告未经权利人许可，在商品上擅自加贴中文标签，并在标签突出位置印有“绝对”中文标识，该行为属于《商标法》（2001 年）第五十二条第（一）项、第（二）项规定的“未经商标注册人的许可，在同一种商品或者类似商品上使用与其注册商标相同或者近似的商标的；销售侵犯注册商标专用权的商品的”行为，已构成对该注册商标专用权的侵犯。

3. 不当使用产品商标进行宣传构成侵权

【案例1-22】普拉达有限公司诉新疆沈氏富成国际贸易有限公司侵害商标权及不正当竞争纠纷案

被告所销售的产品为合法的平行进口产品，销售产品本身不构成侵权，但因其在门头、灯箱广告、外墙上使用PRADA商标不当被认定构成侵权。

法院认为：被告在商场店铺内销售PRADA商品，有权使用PRADA商标直观地向消费者说明店铺内销售商品的品牌，这种使用应当是正当、善意、合理的使用，即对原告注册商标的使用方式不会引起相关公众对商品来源的混淆或误认，同时不会引起相关公众产生使用方与商标权人存在商业联系的误认。涉案商标系世界著名奢侈品牌，在消费者及行业内具有极高的知名度，原告在中国内地一直采取直销方式经营店铺，而且对店铺的选址亦有严格标准，被告作为百货经营者，对涉案品牌及经营模式应是知晓的。被告以店中店方式销售PRADA商品，虽然采取了商品零售者通常所采取的利用商标标明该区域在售品牌的基本形式，但由于其所销售产品非通过原告或其授权中国销售的经营者取得，而是通过国际货物平行进口方式取得，即二者产品虽均根源于原告，但进入我国市场的途径、方式不同，所以被告在门头、灯箱广告、外墙上使用涉案商标时如不加注任何说明性的文字陈述，无法使消费者认知二者商品进入我国市场不同途径的区别，易使前往购买该品牌的消费者产生该店与原告之间存在某种特定商业关系（例如品牌授权）的误认，超出了商标合理、规范使用的范畴。被告的不当使用行为借助了原告涉案商标的商业声誉，损害了原告的商标权益，应当承担停止侵权的民事责任。为明确区分二者进入我国市场的不同途径，避免混淆与误认，被告在使用涉案商标时应在店铺醒目位置通过合理方式对此予以明示（如标注“本店销售平行进口之PRADA真品”）规范商标的使用行为。

综合上述情况，平行进口商品是否侵犯商标权，需要考虑进口商是否对商品进行了任何形式的重新包装和改动，从而影响到消费者是否购买的决定，以及是否会造成商标区分功能的损害和商标权人信誉的损害。同时，平行进口商品虽然不构成侵犯商标权，但平行进口商应善意、规范使用产品商标，对消费者明示进入市场的不同途径，避免消费者的混淆误认。

第七节　侵犯未注册商标专用权的判断

一、构成侵犯未注册驰名商标的条件

根据《商标法》第十三条第一款和第二款“为相关公众所熟知的商标，持有人认为其权利受到侵害时，可以依照本法规定请求驰名商标保护。就相同或者类似商品申请注册的商标是复制、摹仿或者翻译他人未在中国注册的驰名商标，容易导致混淆的，不予注册并禁止使用”的规定，在中国境内未注册的商标只有被认定为驰名商标才能得到法律的保护，但也仅是在同类或近似类别商品上的保护，不能享受跨商品类别的保护。此种情形下需要达到“容易导致混淆的”，即“足以使相关公众对使用驰名商标和被诉商标的商品来源产生误认，或者足以使相关公众认为使用驰名商标和被诉商标的经营者之间具有许可使用、关联企业关系等特定联系的”才构成商标侵权。此种情形是指相关公众看到某种类似商品或包装等物品上的标识跟某个公司的驰名商标有可能相同或相似，可能会使相关公众认为属于这个驰名商标持有者生产销售的商品或者认为跟他有某种联系，这是指一种推测的可能性，即使相关公众仔细看经营者的名字和地址与所述驰名商标持有者不相同，但还是会感觉到两者有许可使用、关联企业等关系密切的某种特定联系而产生一种信任感而购买此商品，即达到“容易导致混淆”的程度，那么就构成侵权。

而【案例 1－22】中所说的“误导公众，致使该驰名商标注册人的利益可能受到损害”有两种含义，即“足以使相关公众认为被诉商标与驰名商标具有相当程度的联系且减弱驰名商标的显著性、贬损驰名商标的市场声誉”或者“足以使相关公众认为被诉商标与驰名商标具有相当程度的联系且不正当利用驰名商标的市场声誉”。实践中，侵权者可能把他人注册的驰名商标

的标识或其中部分应用在自己的跟前者不相同也不相类似的商品或商品包装及各种宣传媒介中，导致相关公众认为是注册驰名商标的持有人所开公司的经营商品，可能产品质量不会很高、价格可能也不高，与驰名商标拥有者的身份地位不相称，会降低贬损驰名商标的声誉或降低驰名商标的显著性，也就是说，会使驰名商标的商家和商品的不同于其他商家及商品的特点和显著性减弱。另一种后果是侵权者的产品质量等都很好，价格也很高，相关消费者和经营者会认为是正宗驰名商标持有者所生产，属于利用了驰名商标的市场声誉。即使人们经过仔细辨别从产品及包装上能够得知实际经营者，能够知道不是所述驰名商标持有者所经营的商品，但是如果不仔细辨别，还是存在给相关公众以误导的可能性，使驰名商标持有者的利益可能受到损害，即使不是一定受到损害，也构成侵权，此种情形保护力度较大，认定侵权的标准相较【案例1－22】未注册驰名商标的要低一些。

二、侵犯未注册驰名商标和注册驰名商标的不同

注意跟侵犯未注册驰名商标相区分。共同点都是“存在某种联系”。侵犯未注册驰名商标还需要达到能使商品来源产生误认或两个经营者存在某种密切联系的程度，才能构成侵权，主要保护点在于商标标识的基本功能；而注册驰名商标的主要保护点在于驰名商标的声誉，认定时更多出于裁判者的主观判断。

【案例1－23】新华字典构成未注册驰名商标案件[①]

2017年12月28日，北京知识产权法院对“新华字典”商标侵权案作出一审判决，认定“新华字典”构成未注册驰名商标等，对原告300万元的索赔全额支持。

原告商务印书馆有限公司（以下简称商务印书馆）诉被告华语教学出版社有限责任公司（以下简称华语出版社）侵犯商标权及不正当竞争纠纷一案，法院于2016年5月3日受理后，依法适用普通程序，于2016年10月20日公开开庭进行了审理。

---

① 参见北京知识产权法院（2016）京73民初277号判决书，本部分为摘编。

原告请求：

1. 判令华语出版社立即停止使用商务印书馆的未注册驰名商标“新华字典”，并禁止华语出版社在辞书产品上使用与商务印书馆未注册驰名商标“新华字典”相同或近似的商标；

2. 判令华语出版社立即停止不正当竞争行为，并禁止其生产和销售与商务印书馆《新华字典》（第 11 版）的特有包装装潢相同或近似的辞书；

3. 判令华语出版社在《中国新闻出版广电报》《中国知识产权报》上，以及其官方网站首页、其新浪微博官方账号首页、其天猫店铺首页发布声明（在网络媒体上的发布持续时间不少于 7 日），消除因涉案侵权行为给商务印书馆带来的负面影响；

4. 判令华语出版社赔偿商务印书馆经济损失 300 万元；

5. 判令华语出版社赔偿商务印书馆维权合理支出 40 万元。

事实及理由：

1. 商务印书馆创立于 1897 年，是一家历史悠久的文化出版机构。在近 120 年的出版历史中，在辞书领域，商务印书馆被称为“工具书的王国”，所出版的《辞源》《新华字典》《现代汉语词典》《英华大词典》等中外文辞书，广受市场欢迎。

2. 《新华字典》是新中国第一部现代汉语字典，也是新中国第一部以白话释义和举例的普及性小型汉语工具书。《新华字典》最初由中央人民政府出版总署副署长叶圣陶牵头，具体由出版总署编审局下属的“新华辞书社”负责编纂，并由人民教育出版社分别于 1953 年和 1954 年出版了两版。随后，由于全国出版社分工调整，根据国家安排，《新华字典》转由商务印书馆负责出版和经营。1957 年 6 月，商务印书馆出版了其第 1 版《新华字典》（即“商务新 1 版”）。自此，《新华字典》开始由商务印书馆连续出版至今。几十年来，《新华字典》已经成为伴随每一代中国人成长的常备权威工具书，为中国的语文教育事业做出了重要贡献；截至起诉前，《新华字典》的全球发行量超过 5.67 亿册。另外，根据权威第三方监测，2010 年至 2015 年，《新华字典》在字典类图书市场的平均占有率超过 50%。

3. 近期，商务印书馆发现华语出版社擅自生产和销售打着“新华字典”名义的辞书，例如：实用《新华字典》（全新版）、实用《新华字典》（修订本）、学生《新华字典》（双色全新版）、学生《新华字典》（全新大字本）、小学生《新华字典》（全新版）、学生《新华字典》（精编本）、学生《新华字典》（精编大字本）、《新华字典》（图解版）、学生实用《新华字典》（全新版）、小学生《新华字典》（精编插图本）等，而且，华语出版社的部分字典与商务印书馆在先出版的《新华字典》（第11版）特有的包装装潢高度近似。华语出版社的行为容易使相关公众误认为此类字典系商务印书馆所出版，容易导致市场混淆；并且相关证据显示，华语出版社的行为事实上已经造成了严重的市场混淆。

综上，商务印书馆认为华语出版社的行为侵害了其“新华字典”未注册驰名商标，还因使用商务印书馆《新华字典》（第11版）的特有包装装潢而构成不正当竞争；根据2014年《商标法》第十三条、第十四条、第五十七条、第六十三条，《反不正当竞争法》第二条、第五条第（二）项，《侵权责任法》第二条、第三条、第十五条等法律规定，华语出版社应依法停止涉案商标侵权和不正当竞争行为。另外，为充分保护商务印书馆权益，维护稳定的市场秩序，商务印书馆在本案诉讼中明确主张认定“新华字典”为未注册驰名商标。

华语出版社辩称：不同意商务印书馆的诉讼请求，请求法院驳回商务印书馆的全部诉讼请求。

事实及理由：

1. 商务印书馆无权就“新华字典”主张商标权益。

《新华字典》的编纂属于国家主导的新中国成立初期社会公众汉字扫盲项目，《新华字典》的命名、编纂、出版发行均由国家推动产生，体现的是国家意志。从功能上讲，《新华字典》项目最初承担着新中国现代汉字标准化推广及社会公众扫盲的历史任务。从属性上讲，《新华字典》最初系国家组织专家编撰，其项目名称不具有指示商品来源的作用。“新华字典”由国家项目名称成为公共领域的辞书通用名称。因此，任何人均无权要求独占使用该辞书通用名称。

2. “新华字典”已成为辞书通用名称，商务印书馆无权禁止他人正当使用。

3. 商务印书馆涉案《新华字典》（第11版）的装潢不属于《反不正当竞争法》第五条第（二）项规定的“特有装潢”，不会使购买者产生混淆或误认。

此商务印书馆涉案《新华字典》（第11版）装潢设计不具有显著特征及独创性。

正如商务印书馆提交的相关证据显示，图书商场中的辞书类产品大部是书脊朝外放置的，而原告和被告的涉案辞书其书脊均为上下架构，上为商品名称，下为出版单位名称，因此不会产生商品来源混淆，也不会使购买者产生误认。

4. 商务印书馆的诉讼具有不正当性。

商务印书馆希望通过司法判决的方式独占“新华字典”这一辞书通用名称，以打乱现有辞书市场及行政管理秩序、排除竞争，最终实现其垄断辞书类市场的不正当目的。

综上，华语出版社不存在侵害商标及不正当竞争的行为，无须承担相应的法律责任，商务印书馆的全部诉讼请求均缺乏事实与法律依据，法院应当依法驳回其全部诉讼请求，以维护现有社会秩序，依法保护包括华语出版社在内的合法市场经营者的合法权益。

对有争议的证据和事实，法院认定如下：

一、《新华字典》的编纂及出版历程

《新华字典》是新中国成立后，由新华辞书社（1952年改为人民教育出版社辞书编辑室，1956年7月并入语言研究所词典编辑室）的部分人员于1950年至1953年编写的一本小型汉语工具书，编者署名为新华辞书社，1953年12月，人民教育出版社首次出版。1954年11月，人民教育出版社再次出版《新华字典》（1954年8月第1版），并至1955年8月第8次印刷。

1960年后，由商务印书馆提出，经中国科学语言研究所同意，在校样上对1956年修订的音序本进行修改。修订本由商务印书馆于1962年7月出版，即第3版。

1965年，中国科学语言研究所对《新华字典》1962年本又进行了修订，后由商务印书馆出版，即第4版。

1975年广州全国辞书规划会议决定委托北京师范大学修改《新华字典》，从1976年初开始修订，1979年12月由商务印书馆出版，即第5版。

1987年商务印书馆汉语工具书编辑室对1979年本《新华字典》进行了修改，由商务印书馆出版，即第6版；1990年出版了重排本，由商务印书馆出版，即第7版；1992年商务印书馆汉语工具书编辑室对《新华字典》又进行了修订，由商务印书馆出版，即第8版。

二、商务印书馆出版的《新华字典》销售、使用及所获荣誉等情况

自1957年“商务新1版”开始，经过定期修订，商务印书馆已经出版《新华字典》通行版本至第11版。根据在案《新华字典》版权页显示的印书量计算，《新华字典》印刷数量累计已经超过1.1亿册。根据1998年国家新闻出版署《关于邀请许嘉璐副委员长出席〈新华字典〉（1998年修订本）出版座谈会的请示》（新出办〔1998〕819号）记载《新华字典》45年来累计印数达3.4亿册。

1998年至2015年《新华字典》图书出版记录卡显示共出版23734.6936万册。1998年至2015年部分印制委托书显示2001年至2015年期间共印刷3857.065万册。2010年至2015年《新华字典》印刷费发票显示金额共计86943568.19元。1998年至2014年在案销售合同中显示销售册数超过2566.5988万册，销售额超过3亿元，销售范围涉及18个省市自治区。2010年至2015年部分大额销售发票及发货清单显示《新华字典》的销售金额为60404016.51元。

此外，根据“吉尼斯世界纪录证书”记载：《新华字典》获“最受欢迎的字典”吉尼斯世界纪录，目前由中国商务印书馆出版。据估计，从1953年第1版至2004年，《新华字典》共售出4亿本，且经证实截至2015年7月28日，又有167007232本售出。北京开卷信息技术有限公司监测商务印书馆有限公司出版的《新华字典》在“字典类”图书市场占有率情况显示，2010年至2015年的市场占有率分别是48.80%、54.91%、55.34%、52.98%、48.24%、54.86%。

1999年9月《新华字典》（1998年修订本）被新闻出版署评为第四届国家图书奖荣誉奖；1999年11月《新华字典》（1998年修订本）荣获第三届国

家辞书奖特别奖；2001 年 12 月《新华字典（修订本）》获得中国书刊发行业协会颁发的《2001 年度全国优秀畅销书文教类排行榜第一名》；2005 年 5 月《新华字典》（第 10 版）被教育部基础教育课程教材发展中心列入《2005 年中小学图书馆（室）推荐书目》；2008 年商务印书馆编《新华字典》（1978 年版）入选《30 年中国最具影响力的 300 本书》；2009 年新华辞书社编商务印书馆出版的《新华字典》（1957 年版）入选《60 年中国最具影响力的 600 本书》；2009 年 4 月商务印书馆出版的《新华字典》（第 10 版双色本）获得“2008 中国图书榜中榜文教类最畅销图书奖”；2012 年《新华字典：双色本第 11 版》荣获第三届中国出版政府奖图书奖提名奖；2016 年 4 月获“最受欢迎的字典”吉尼斯世界纪录及“最畅销的书（定期修订）”吉尼斯世界纪录等。

此外，国家图书馆慧科中文报纸数据库显示《新华字典》在 1998 年至 2015 年期间全国各地媒体有关报道 1000 余篇。1999 年 3 月 26 日，新闻出版总署新出联〔1999〕6 号文件发布“关于坚决打击非法复制、发行《新华字典》等工具书违法活动的通知”，该通知记载“《新华字典》等是商务印书馆出版的重点工具书，这些图书在汉语言普及与研究，以及语言教学等方面发挥了重要作用，深受广大读者的喜爱”，并重点安排了对打击侵权盗版等违法活动的措施。2015 年 5 月 20 日，国家版权局发布“国家版权局关于公布 2014 年度打击侵权盗版十大案件的通知”中列明“云南‘3·28’销售盗版《新华字典》案”。

三、商务印书馆出版的《新华字典》（第 11 版）与华语出版社出版的被诉侵权产品包装装潢情况

1. 商务印书馆出版的《新华字典》（第 11 版）包装装潢情况

第 11 版　单色本
（2011 年 6 月出版）

第 11 版　双色本
（2011 年 6 月出版）

第 11 版　平装本
（2011 年 6 月出版）

第 11 版　大字本
（2012 年 1 月出版）

图 1 （续）

2. 华语出版社出版的被诉侵权产品包装装潢情况

表 1　产品包装装潢情况

序号	首次出版时间（1 版 1 印）	被诉侵权产品最近印刷时间	北京市新闻出版局调取印次	字典名称	字典封皮	ISBN 号
1	2012. 7	2014. 8（1 版 6 印）	—	实用《新华字典》（全新版大字本）		9787513803120
2	2012. 7	2016. 2（1 版 9 印）	—	实用《新华字典》（修订版大字本）		9787513803120
3	2012. 7	2012. 7（1 版 1 印）	2015. 10（1 版 11 印）	实用《新华字典》（全新版）		9787513803113
4	2012. 7	2015. 10（1 版 11 印）	2015. 10（1 版 11 印）	实用《新华字典》（修订版）		9787513803113

续表

序号	首次出版时间（1版1印）	被诉侵权产品最近印刷时间	北京市新闻出版局调取印次	字典名称	字典封皮	ISBN号
5	2012.7	2016.2（1版13印）	2015.10（1版11印）	实用《新华字典》（修订本）		9787513803113
6	2013.1	2014.7（1版4印）	—	学生《新华字典》（双色全新版）		9787513803588
7	2013.1	2014.6（1版3印）	2014.6（1版3印）	学生《新华字典》（全新大字本）		9787513803564
8	2014.2	2014.11（1版21印）	2014.11（1版21印）	小学生《新华字典》（全新版）		9787513806107
9	2014.2	2014.11（1版21印）	2014.11（1版21印）	学生实用《新华字典》（全新版）		9787513806015
10	2014.2	2014.11（1版21印）	2014.11（1版21印）	学生实用《新华字典》（全新版）		9787513806015

续表

序号	首次出版时间（1版1印）	被诉侵权产品最近印刷时间	北京市新闻出版局调取印次	字典名称	字典封皮	ISBN 号
11	2014．2	2014. 11（1版21印）	2014. 11（1版21印）	学生实用《新华字典》（全新版）		9787513806015
12	2014. 8	2016. 7（1版6印）	2016. 7（1版6印）	学生《新华字典》（精编本）		9787513807616
13	2015. 1	2016. 9（1版4印）	2016. 9（1版3印）	学生《新华字典》（精编大字本）		9787513808262
14	2015. 7	2016. 9（1版2印）	2016. 9（1版2印）	《新华字典》（图解版）		9787513808583
15	2016. 1	2016. 9（1版2印）	2016. 9（1版2印）	小学生《新华字典》（精编插图版）		9787513808675

四、华语出版社经营被诉侵权产品的情况

1.（2015－NLC－GCZM－0945）文献复制证明显示，华语出版社 2012 年 7 月出版“实用《新华字典》（全新版）”，版权页及出版前言含有“新华字典”。

2.（2015）京海诚内民证字第 11568 号公证书显示，2015 年 9 月 17 日，商务印书馆在北京王府井书店购买了 5 个版本共计 10 本被控侵权字典，字典封皮显示均含“新华字典华语教学出版社”，金额共计247.8元。

3. 2015年9月17日，商务印书馆在京东网站两次订购了共计16本被控侵权字典，字典封皮显示均含“新华字典华语教学出版社”。一次为订单编号10100378352，商品总数4本，金额53.4元；另一次为订单编号10100285818，商品总数12本，金额176.2元。

4. 2015年9月17日，商务印书馆在当当网站订购了16本被控侵权字典，字典封皮显示均含“新华字典华语教学出版社”。订单编号为33009202105，商品总数16本，金额292元。

5. （2015）京海诚内民证字第13919号公证书显示根据华语出版社在其天猫旗舰店上销售被控侵权字典情况的拷屏图片显示，被控侵权字典封皮显示含“新华字典华语教学出版社”。

6. （2016）京东方内民证字第03037号公证书显示，根据华语出版社在其天猫旗舰店上销售以上8本被控侵权字典情况的截图显示，被控侵权字典封皮显示含“新华字典华语教学出版社”。

7. （2016）京东方内民证字第03038号公证书的照片显示，王某明收到的7本被控侵权字典封皮显示含“新华字典华语教学出版社”。

8. （2016）京东方内民证字第03354号公证书显示，根据华语出版社在其天猫旗舰店上销售以上4本被控侵权字典情况的截图显示，被控侵权字典封皮显示含“新华字典华语教学出版社”。

9. （2016）京东方内民证字第03357号公证书显示的照片显示，李晓丹收到的4本被控侵权字典封皮显示含“新华字典华语教学出版社”。

10. 2016年7月22日，商务印书馆在中关村图书大厦购买了3本被控侵权字典，字典封皮显示均含“新华字典华语教学出版社”。商品总数3本，金额74.8元。

11. （2016）京东方内民证字第01670号公证书显示，2016年4月13日，CCTV－13频道《新闻直播间》在报道《新华字典》获得吉尼斯世界纪录新闻时，误将华语教学出版社的“实用《新华字典》”当作商务印书馆的《新华字典》作为配图进行使用。

五、商务印书馆主张赔偿及部分维权合理支出的证据

1. （2016）京东方内民证字第03352号公证书显示，国家新闻出版广电总局网站公布的《2014年内地上市的出版企业年度经营情况分析报告》记载：2014年，7家上市公司平均净资产收益率为11.29%……显示出版上市公司整体具有较强的盈利能力。

2. 北京市新闻出版广电局备案的部分被控侵权字典印刷委托书，根据印刷委托书的信息统计表显示，2012年9月30日至2016年9月30日，华语出版社出版印刷了952700册被控侵权字典，码洋共计20310160元。

3. 商务印书馆部分维权合理支出凭证：

诸多增值税专用发票等，前述证据证明商务印书馆为本案支出律师服务费共计20万元，公证费44000元，购买被控侵权商品费共计794.2元，检索费、制作费等其他费用共计33195元，合理支出总计277989.2元。

六、其他事实

1. 第3571041号"新华字典；新华 INHUA"商标档案，证明商务印书馆于2003年5月28日申请注册，核定使用商品为国际分类第16类：辞书（截止）。专用期限经续展自2015年3月7日至2025年3月6日。

2. 2016年5月3日商务印书馆将"新华字典"在第16类辞书、书籍等商品上申请注册商标，2017年6月6日该商标进行初审公告，2017年9月7日注册公告，商标注册号为19828568，专用权期限为2017年9月7日至2027年9月6日。

上述事实，有公证书、发票、被诉侵权商品、公开发表的刊物文章、公开出版的辞书、商标注册证、双方当事人陈述及庭审笔录等证据在案佐证。

法院认为，根据双方当事人的诉辩主张及理由，本案的焦点问题为：(1) 涉案"新华字典"是否构成未注册驰名商标，如果"新华字典"构成未注册驰名商标，华语出版社实施的被诉行为是否构成侵权；(2) 商务印书馆出版的《新华字典》（第11版）是否构成知名商品的特有包装装潢，如果构成知名商品的特有包装装潢，华语出版社的被诉行为是否构成不正当竞争；(3) 如果前述侵权行为成立，华语出版社应当如何承担法律责任。

（一）涉案“新华字典”是否构成未注册驰名商标，如果“新华字典”构成未注册驰名商标，华语出版社实施的被诉行为是否构成侵权的问题

根据《最高人民法院关于审理涉及驰名商标保护的民事纠纷案件应用法律若干问题的解释》第一条规定，驰名商标是指在中国境内为相关公众广为知晓的商标。第二条规定：以违反商标法第十三条的规定为由，提起的侵犯商标权诉讼，人民法院根据案件具体情况，认为确有必要的，对所涉商标是否驰名作出认定。第十二条规定：当事人请求保护的未注册驰名商标，属于商标法第十条、第十一条、第十二条规定不得作为商标使用或者注册情形的，人民法院不予支持。

围绕涉案“新华字典”是否构成未注册驰名商标，结合原被告的诉辩意见，法院从以下三个方面进行分析：

第一，关于“新华字典”是否具备商标的显著特征问题。

显著识别性是商标的基本特征，也是商标的基本属性。只有具有显著识别性的标识才能发挥区别商品来源的作用，进而可以作为商标注册并给予保护。

从商务印书馆提交的“新华字典”使用证据来看，多数证据是将“新华字典”与商务印书馆结合进行使用，且商务印书馆 2003 年 5 月 28 日申请注册的商标中本亦含有“新华字典”，该商标的使用一定程度上更强化了“新华字典”与商务印书馆之间的联系。商务印书馆在近 60 年出版《新华字典》辞书过程中有将“新华字典”当作商标使用的主观意思和客观使用行为，事实上已经将“新华字典”与商务印书馆建立了稳定的对应关系。

据《新华书目报》2012 年公布的“出版行业品牌影响力调查报告”中记载“在参与调查的读者中有 70.34% 使用过《新华字典》，并且有 39.30% 的读者知道《新华字典》是商务印书馆出版的”。结合“新华字典”知名度等证据可以看出，“新华字典”标识在商务印书馆出版的《新华字典》辞书商品上经过长期、广泛地使用已经使得消费者能够将其与商务印书馆产生对应关系的认知，且这种对应关系得到一贯性的认可和保持。

此外，根据商务印书馆提供的（2016）京东方内民证字第 03035 号公证

书记载“2015 年 9 月 28 日用户米宝评价：不是商务印书馆的，样子很像，买错了，懒得退了；2015 年 9 月 14 日用户芙某评价：这不是商务印书局 11 版……老师推荐的也是 11 版，我没有仔细看出版社，买错了”。可以看出，消费者在“新华字典”与商务印书馆出现分离时已经产生买错了的认知，即在消费者的认知习惯中已经将“新华字典”与商务印书馆建立起稳定的对应关系。

最高人民法院在再审申请人华文出版社有限公司与被申请人吉林文史出版社及一审被告长春联合图书城有限公司侵害著作权及不正当竞争纠纷案（2013）民申字第 371 号民事裁定书（以下简称第 371 号裁定）中认为，“虽然涉案图书名称《男人来自火星 · 女人来自金星》来自西方谚语，并非吉林文史出版社独创，但是吉林文史出版社在先将其作为图书商品名称并出版发行，且在案没有证据表明其他经营者也将同样的名称用于图书类商品并早于涉案图书而出版发行。在涉案图书已经具有较高知名度的情况下，其名称已经具有了区别商品来源的作用，构成知名商品的特有名称”。由此可见，图书书名可以脱离图书内容而基于出版者的出版行为产生识别商品来源的作用，具有独立的属性和保护的价值。就本案而言，《新华字典》属于识字类辞书，名称为“新华字典”的辞书自 1957 年以来均由商务印书馆独家出版发行，虽历经多家主体参与修订，但唯有商务印书馆将“新华字典”作为品牌进行维护和推广，并将“新华字典”与商务印书馆结合使用，事实上已经产生了“新华字典”辞书商品源于商务印书馆的客观联系，并在相关消费者认知习惯中形成了稳定的对应关系。由此可见，“新华字典”在作为辞书书名使用的同时也发挥了辞书来源的识别作用，具备商标的显著特征。

华语出版社答辩主张“新华字典”属于约定俗成的辞书商品名称。对此，法院认为，约定俗成的通用名称一般以全国范围内相关公众的通常认识为判断标准。被专业工具书、辞典列为商品名称的，可以作为认定约定俗成的通用名称的参考。参照《最高人民法院关于审理商标授权确权行政案件若干问题的规定》第十条第二款可知，约定俗成的通用名称一般以全国范围内相关公众的通常认识为判断标准。

因此，“新华字典”是否属于约定俗成的辞书商品的通用名称，应以全国范围内的相关公众的通常认识为判断标准。此处的相关公众包括辞书行业的生产者、经营者及消费者。华语出版社为证明“新华字典”属于辞书商品的通用名称提交的证据有（2016）京正阳内民证字第6317、6318、6319、6320号公证书，华语出版社出版的“新华字典”系列辞书的审批结果，商务印书馆申请含有“新华字典”的商标档案，部分第三方出版社出版的“新华字典”系列辞书及购书票据和目前存在以“新华字典”为软件名称的电子辞书类产品等。

经查证，（2016）京正阳内民证字第6317号公证书显示，国家新闻出版广电总局CIP数据核字号查询结果中包含华语出版社在内共有23家出版社出版的字典正书名中含有“新华字典”。（2016）京正阳内民证字第6318号公证书显示，京东网站搜索结果亦存在部分第三方出版的封皮含有“新华字典”的辞书；前述两种情况涉及的第三方出版社有29家。（2016）京正阳内民证字第6319号公证书显示，360手机助手共搜索找到67款“新华字典”的相关应用。（2016）京正阳内民证字第6320号公证书显示，苹果手机APP Store中搜索到41款“新华字典”的相关应用；前述两种情况涉及的APP软件中含有“新华字典”的共有57款。

华语出版社提供的部分第三方出版社出版的“新华字典”系列辞书及购书票据，交易金额较小，没有上述辞书的总体销售数量和销售额。华语出版社现有证据仅能证明截至目前辞书市场上曾有包含华语出版社在内的30家左右出版社出版过含有“新华字典”的辞书，但没有上述辞书的销售范围、销售数量、持续销售时间等相关证据，结合商务印书馆出版的《新华字典》在“字典类”图书市场近50%的占有率来看，第三方出版社出版的含有“新华字典”的辞书尚属少量。

此外，从《新华字典》辞书的发展历程来看，自1957年出版“商务新1版”至今，商务印书馆均为《新华字典》辞书的专有出版者，在全国消费者的认知习惯中商务印书馆出版的《新华字典》最具有权威性和可信赖性，形成了买《新华字典》就买商务印书馆出版的消费习惯，其他主体出版

"新华字典"辞书的行为尚不能使消费者将《新华字典》与商务印书馆之间的联系割裂，使得"新华字典"辞书可以指代任何一家出版社出版的《新华字典》。

从华语出版社公证的含有"新华字典"的APP应用软件来看，虽然数量较多，但均未证明软件的提供方，故不能排除由商务印书馆提供APP应用软件的可能。因此，现有证据尚不足以证明"新华字典"在全国范围内相关公众的通常认识中已经成为第16类辞书商品上约定俗成的通用名称。

同时，最高人民法院在申请再审人佛山市合记饼业有限公司与申请再审人珠海香记食品有限公司侵犯注册商标专用权纠纷案（2011）民提字第55号民事判决书（以下简称第55号判决）中认为，"由于特定的历史起源、发展过程和长期唯一的提供主体以及客观的市场格局，保持着产品和品牌混合属性的商品名称，仍具有指示商品来源的意义，不能认定为通用名称。"

本案中，虽然"新华字典"具有特定的历史起源和发展过程，但在长达60年间均由商务印书馆作为唯一主体提供，在市场上已经形成了稳定的市场格局，且在相关生产者、经营者及消费者中形成了稳定的认知联系，"新华字典"属于兼具产品和品牌混合属性的商品名称，在市场上已经产生具有指示商品来源的意义和作用。因此，本案采纳与最高人民法院在第55号判决中一致的裁判标准和考量因素，认定"新华字典"具有商标的显著特征能够识别商品来源。

综上，华语出版社提供的在案证据不能证明全国范围内相关公众已将"新华字典"认定为辞书商品上约定俗成的通用名称。"新华字典"标识在商务印书馆出版的辞书商品上具有显著特征，能够发挥识别商品来源的作用。

第二，关于"新华字典"是否构成未注册驰名商标的问题。

《商标法》第十四条规定："驰名商标应当根据当事人的请求，作为处理涉及商标案件需要认定的事实进行认定。认定驰名商标应当考虑下列因素：（一）相关公众对该商标的知晓程度；（二）该商标使用的持续时间；（三）该商标的任何宣传工作的持续时间、程度和地理范围；（四）该商标作为驰名商标受保护的记录；（五）该商标驰名的其他因素。”

《最高人民法院关于审理涉及驰名商标保护的民事纠纷案件应用法律若干问题的解释》第五条规定：“当事人主张商标驰名的，应当根据案件具体情况，提供下列证据，证明被诉侵犯商标权或者不正当竞争行为发生时，其商标已属驰名：（一）使用该商标的商品的市场份额、销售区域、利税等；（二）该商标的持续使用时间；（三）该商标的宣传或者促销活动的方式、持续时间、程度、资金投入和地域范围；（四）该商标曾被作为驰名商标受保护的记录；（五）该商标享有的市场声誉；（六）证明该商标已属驰名的其他事实。前款所涉及的商标使用的时间、范围、方式等，包括其核准注册前持续使用的情形。对于商标使用时间长短、行业排名、市场调查报告、市场价值评估报告、是否曾被认定为著名商标等证据，人民法院应当结合认定商标驰名的其他证据，客观、全面地进行审查。”

1. 从相关公众对涉案“新华字典”的知晓程度来看，“新华字典”已经在全国范围内被相关公众广为知晓。

北京市东方公证处（2016）京东方内民证字第3351号公证书记载了中国政府网、国家新闻出版广电总局、中国新闻网、网易新闻、腾讯新闻、新浪网、光明网等关于商务印书馆《新华字典》的报道，国家领导人及知名作家等对《新华字典》在学习和工作中的作用给予了认可，证明了商务印书馆出版的《新华字典》长期以来在文化教育事业、外交活动等领域为相关公众的知晓度较高。北京市东方公证处（2016）京东方内民证字第6169号公证书记载了《新华书目报》2012年公布的《出版行业品牌影响力调查报告》，根据“道路困难重重　宣传前景光明：出版行业品牌影响力调查报告”显示，在“80后”和“90后”群体中，看过《新华字典》的人数比例达70.34%，证明了《新华字典》在相关公众中的知晓度较高。

根据检索报告（2016－NLC－GCZM－0055）显示，2000年至2015年间全国各地媒体有关《新华字典》的报道达到994篇，证明商务印书馆出版的《新华字典》被媒体广泛报道。《新华字典》主要获奖情况显示，1999年至2016年《新华字典》获得的主要奖项包括：第四届国家图书奖荣誉奖、第三届国家辞书奖特别奖、2001年度全国优秀畅销书文教类排行榜第一名、入选教育部《2005年全国中小学图书馆（室）推荐书目》、第三届中国出版政府奖图书奖提名奖、“最受欢迎的字典”吉尼斯世界纪录、“最畅销的书（定期修订）”吉尼斯世界纪录等重要奖项，证明了商务印书馆“新华字典”品牌享有较高的市场声誉，被中国政府、中国出版行业、中国媒体、知名的世界纪录评测机构等知晓并认可，进而被全国范围内广大的消费者所知晓。因此，商务印书馆提交的在案证据可以证明其出版的《新华字典》在相关公众中的知晓度较高，并获得了较多的荣誉。

2. 从商务印书馆使用“新华字典”持续的时间和销售数量来看，“新华字典”在近60年间已经在全国范围内销售数亿册，销售量巨大，销售范围非常广泛。

根据在案《新华字典》版权页显示的印书量计算，《新华字典》印刷数量累计已经超过1.1亿册。根据1998年国家新闻出版署《关于邀请许嘉璐副委员长出席〈新华字典〉（1998年修订本）出版座谈会的请示》（新出办〔1998〕819号）记载《新华字典》45年来累计印数达3.4亿册。1998年至2015年《新华字典》图书出版记录卡显示共出版23734.6936万册。1998年至2015年部分印制委托书显示2001年至2015年期间共印刷3857.065万册。2010年至2015年《新华字典》印刷费发票显示金额共计86943568.19元。

1998年至2014年在案销售合同中显示销售册数超过2566.5988万册，销售额超过3亿元，销售范围涉及18个省市自治区。2010年至2015年部分大额销售发票及发货清单显示《新华字典》的销售金额为60404016.51元。此外，根据“吉尼斯世界纪录证书”记载《新华字典》获“最受欢迎的字典”吉尼斯世界纪录，目前由中国商务印书馆出版。

据估计，从1953年第1版至2004年，《新华字典》共售出4亿本，且经证实截至2015年7月28日，又有167007232本售出。北京开卷信息技术有限公司检测商务印书馆有限公司出版的《新华字典》在“字典类”图书市场占有率情况显示，2010年至2015年的市场占有率分别是48.80%、54.91%、55.34%、52.98%、48.24%和54.86%。

结合商务印书馆提交的在案证据，可以形成完整的证据链，证明商务印书馆自1957年“商务新1版”开始，在辞书类商品上持续使用“新华字典”标识，至今已经出版《新华字典》通行版本至第11版，销售数量在5亿册以上，销售范围非常广泛。

3. 从商务印书馆对“新华字典”进行宣传所持续的时间、程度和地理范围来看，“新华字典”已经获得较大的影响力和较高的知名度。

1998年至2015年商务印书馆开展的有关《新华字典》公益活动的22篇媒体报道及活动照片，证明了商务印书馆始终关注《新华字典》在社会中的品牌形象，积极地进行品牌宣传推广。此外，通过检索报告显示，2000年至2015年间全国各地媒体有关《新华字典》的报道达到近千篇，证明了通过商务印书馆的宣传和经营，《新华字典》在相关公众中的知名度和影响力。

商务印书馆提交的在案证据，可以证明商务印书馆经营《新华字典》的同时，在全国范围内及中国香港、马来西亚、新加坡、日本等国家和地区积极进行品牌宣传，在社会中产生较大的影响力和较高的知名度。

综上，商务印书馆自1957年“商务新1版”开始，在辞书类商品上持续使用“新华字典”标识，至今已经出版《新华字典》通行版本至第11版，销售数量达到5亿册以上，销售范围基本覆盖中国大陆地区。商务印书馆在经营“新华字典”品牌的过程中，在多个国家和地区积极进行品牌宣传，在相关公众中的知晓程度较高，并获得了国家图书奖荣誉奖、国家辞书奖特别奖等奖项及受到国家有关部门给予的保护。

即便时间截至被诉侵权行为发生时的2012年，现有证据亦能够证明“新华字典”已经达到驰名商标的程度，商务印书馆关于“新华字典”作为未注册商标符合驰名商标保护要件的主张具有事实和法律依据，法院予以支持。

第三，关于商务印书馆能否就“新华字典”主张未注册驰名商标的问题。

商务印书馆虽然长期、持续使用涉案“新华字典”标识，但至被诉行为发生之时，“新华字典”标识尚未获准注册。由于我国是商标注册制国家，未注册商标若要得到《商标法》的保护应该满足《商标法》第十三条第二款的规定，即在相同或者类似商品申请注册的商标是复制、摹仿或者翻译他人未在中国注册的驰名商标，容易导致混淆的，不予注册并禁止使用。根据《商标法》第十三条第一款规定，为相关公众所熟知的商标，持有人认为其权利受到侵害时，可以依照本法规定请求驰名商标保护。

涉案商标“新华字典”经过商务印书馆的使用已经达到驰名商标的程度，应该得到《商标法》的保护。但是，华语出版社认为将“新华字典”作为商务印书馆的未注册驰名商标给予保护将会破坏出版行业正常的经营管理秩序，损害知识的传播。

对此，法院认为，《商标法》的根本目标在于促进市场经济的发展，不能因为给予一方市场主体商标权保护而导致限制市场竞争，损害市场经济发展。“新华字典”作为辞书名称给予商标保护的根本原因是商务印书馆长期大量使用已经使得“新华字典”与商务印书馆产生了稳定的对应关系，且“新华字典”凝结了其所标识商品的商誉，给予其未注册驰名商标保护符合《商标法》关于未注册驰名商标保护的立法目的。

《商标法》保护的商标权本身即为对商标独占使用的权利，这种独占使用针对的是商标本身，而非商标所附着的商品。即便给予商务印书馆“新华字典”未注册驰名商标的保护，给予的仅为独占使用“新华字典”商标的权利而非出版相关辞书的专有权，不会因此而直接造成辞书行业所谓的垄断，更不会因此破坏辞书市场正常的经营管理秩序。如果商务印书馆的实际经营行为构成了垄断并符合《反垄断法》所禁止实施的行为，相关市场竞争主体可以依据前述法律规定维护自身合法权益和公平的市场竞争秩序。

此外，法院亦考虑到辞书作为工具书的特殊性，识字类辞书不仅关系社会公众特别是中小学生学习汉字的正确性和汉语言知识的传承与积累，还关涉民族文化知识的传播与发展，因此，辞书内容的正确性和权威性至关重要。商标恰是保障商品内容品质的一种重要方式，商标是其所标识商品声誉的承载者。

“新华字典”作为商标，其商誉亦与其内容紧密相连，商务印书馆作为“新华字典”的未注册驰名商标持有人不仅享有权利，更承担了《商标法》意义上商标权利人对其提供商品质量的保障义务及与其驰名商标美誉度相称的传播正确汉语言文字知识的社会责任。将“新华字典”作为商务印书馆的未注册驰名商标给予保护，不仅是对于之前商务印书馆在经营“新华字典”辞书商品中所产生的识别来源作用和凝结的商誉给予保护，更是通过商标保护的方式使其承担法定义务和社会责任。

由此而言，将“新华字典”作为商务印书馆的未注册驰名商标给予保护，不仅不会损害知识的传播，相反，为了维护“新华字典”良好的品牌商誉，商务印书馆对其出版、发行的标有“新华字典”标识的辞书更会注重提升品质，促进正确知识的广泛传播。

综上，华语出版社的前述抗辩主张缺乏事实和法律依据，不予支持。

关于华语出版社是否复制、摹仿商务印书馆的未注册驰名商标“新华字典”，容易导致混淆，构成商标侵权的问题。

《商标法》第十三条第二款规定：“就相同或者类似商品申请注册的商标是复制、摹仿或者翻译他人未在中国注册的驰名商标，容易导致混淆的，不予注册并禁止使用。”《最高人民法院关于审理商标民事纠纷案件适用法律若干问题的解释》（法释〔2002〕32 号，自 2002 年 10 月 16 日起施行，该司法解释针对的《商标法》为 2001 年《商标法》）第二条规定，依照商标法第十三条第一款（对应 2019 年《商标法》第十三条第二款）的规定，复制、摹仿、翻译他人未在中国注册的驰名商标或者主要部分，在相同或者类似商品上作为商标使用，容易导致混淆的，应当承担停止侵害的民事法律责任。

《最高人民法院关于审理涉及驰名商标保护的民事纠纷案件应用法律若干问题的解释》第九条第（一）项规定，足以使相关公众对使用驰名商标和被诉商标的商品来源产生误认，或者足以使相关公众认为使用驰名商标和被诉商标的经营者之间具有许可使用、关联企业关系等特定联系的，属于《商标法》第十三条规定的“容易导致混淆”。

本案中，商务印书馆和华语出版社使用“新华字典”的商品均为第 16 类辞书，属于相同商品，且华语出版社在其出版的字典上使用了与商务印书馆未注册驰名商标“新华字典”完全相同的商标，该行为属于以复制的方式使用商务印书馆的未注册驰名商标。关于是否容易导致混淆的问题，根据在案证据华语出版社在其出版的第 16 类字典商品上使用“新华字典”标识，已经使消费者在购买和使用字典的过程中将华语出版社出版的《新华字典》误认成商务印书馆出版的《新华字典》。华语出版社的上述行为已经导致相关公众发生混淆和误认。因此，华语出版社在第 16 类辞书上使用“新华字典”标识的行为已经构成在相同商品上复制他人未在中国注册的驰名商标，容易导致混淆，违反了《商标法》第十三条第二款的规定。

（二）商务印书馆的《新华字典》（第 11 版）装潢是否构成知名商品的特有装潢，如果构成知名商品的特有装潢，华语出版社是否因擅自使用《新华字典》（第 11 版）知名商品的特有装潢而构成不正当竞争

《反不正当竞争法》第五条规定，经营者不得采用下列不正当手段从事市场交易，损害竞争对手：（二）擅自使用知名商品特有的名称、包装、装潢，或者使用与知名商品近似的名称、包装、装潢，造成和他人的知名商品相混淆，使购买者误认为是该知名商品。该条款的适用需要满足涉案商品为知名商品，名称、包装、装潢属于知名商品特有的名称、包装和装潢，被诉行为在相同或类似商品使用了与知名商品近似的名称、包装、装潢，造成和他人的知名商品相混淆。对此，法院将结合证据从以下两方面进行评述。

1. 商务印书馆的《新华字典》（第 1 版）装潢是否构成知名商品的特有装潢

根据《最高人民法院关于审理不正当竞争民事案件应用法律若干问题的解释》第一条规定，在中国境内具有一定的市场知名度，为相关公众所知悉的商品，应当认定为反不正当竞争法第五条第（二）项规定的“知名商品”。人民法院认定知名商品，应当考虑该商品的销售时间、销售区域、销售额和销售对象，进行任何宣传的持续时间、程度和地域范围，作为知名商

品受保护的情况等因素，进行综合判断。原告应当对其商品的市场知名度负举证责任。

最高人民法院在再审申请人华文出版社有限公司与被申请人吉林文史出版社及一审被告长春联合图书城有限公司侵害著作权及不正当竞争纠纷案（2013）民申字第371号民事裁定书中认为，《反不正当竞争法》第五条第（二）项所称的知名商品是为保护具有区别商品来源意义的商品特有名称、包装和装潢服务的，只要其在相关公众中具有一定的知名度即可，并不要求为相关公众广为知晓。

本案中，商务印书馆自1957年出版《新华字典》第1版，至今已经出版《新华字典》通行版本至第11版，如前所述“新华字典”已经构成未注册驰名商标。商务印书馆主张知名商品为《新华字典》第11版，关于第11版知名度的证据主要为第11版《新华字典》全球同步发行的部分媒体报道，《新华字典》第11版出版座谈会照片以及第11版销售情况。

鉴于《新华字典》第11版自2011年6月出版发行，至被诉行为发生时已经在全国范围大量出版发行，并取得较高的知名度。同时，由于《新华字典》连续11版出版发行，其知名度亦随着不同版本而累积。结合商务印书馆在全国范围内宣传和经营《新华字典》的情况，以及《新华字典》辞书获得的系列荣誉和重要奖项，可以认定商务印书馆的《新华字典》（第11版）属于知名商品。

《反不正当竞争法》第五条第（二）项的“装潢”，是指为识别与美化商品而在商品或者其包装上附加的文字、图案、色彩及其排列组合。本案中，《新华字典》（第11版）的装潢参见上文：

其装潢由以下文字、图案、色彩及其排列组合：（1）字典封面呈上红下绿结构，红色占封面的主要部分，下部绿色区域的深浅程度以渐变的方式进行变化；（2）在封面的中上部突出标注“新华字典”汉字，在“新华字典”汉字上方对应设置其拼音“XĪNHUÁ ZÌDIǍN”，在“XĪNHUÁ ZÌDIǍN”拼音的上下两侧设置两条黄色的直线；（3）在“XĪNHUÁ ZÌDIǍN”拼音的左上方设置相对小号的少量文字，描述与产品有关的信息（如大字本、双色本、平装本)，但也可以不设置（如第 11 版的单色本)；(4）在“新华字典”文字下方中间位置，设置少量字体相对较小的文字，描述字典的版次：第 11 版；(5）封面下部的绿色部分整体呈现一个平缓起伏的山丘形象，在绿色到红色之间的过渡位置，设置两个颜色深浅略有差异的绿条带，条带由中间向两端延伸的同时，条带宽度由窄逐渐变宽；(6）在字典的书脊部分，突出标注“新华字典”文字，书脊的底色为红色。

由上述分析可见，《新华字典》（第 11 版）使用的装潢是对与其功能性无关的构成要素进行了独特的排列组合，形成了能够与其他经营者的同类商品相区别的整体形象，经过商务印书馆长期的宣传和使用，使得相关公众能够将上述装潢的整体形象与《新华字典》（第 11 版）的商品来源联系起来，该装潢所体现的文字、图案、色彩及其排列组合具有识别和区分商品来源的作用，具备特有性。综上，《新华字典》（第 11 版）的装潢属于《反不正当竞争法》(1993 年版）第五条第（二）项所保护的知名商品的特有装潢。

2. 华语出版社是否使用了《新华字典》（第 11 版）知名商品的特有装潢

本案中，华语出版社主张其并未使用商务印书馆《新华字典》（第 11 版）的特有装潢，涉案《新华字典》是延续了其于 2009 年开始使用的系列辞书的上下双色的装潢设计，如下图所示：

华语出版社的部分系列辞书产品（从 2009 年 7 月开始出版）

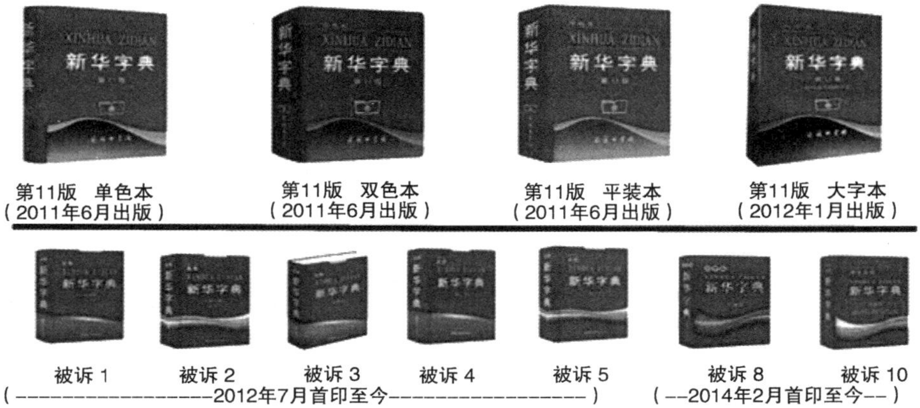

对此，法院认为，华语出版社主张其 2009 年即在其出版的辞书产品上开始使用相关装潢，但经比对，其在先出版辞书上的文字、图案、色彩及其组合与本案的被诉侵权产品差异较大，并无延续和承继关系，属于两种不同的装潢，不能证明被诉侵权产品的装潢延续了其之前的装潢。因此，华语出版社的该项抗辩主张缺乏依据，不予支持。

关于华语出版社是否构成不正当竞争问题，法院从以下三个方面进行分析：

1. 华语出版社出版的被诉侵权产品使用了与商务印书馆知名商品的特有装潢近似的装潢。

从原被告产品对比图可以看出，被诉侵权产品在《新华字典》（第 11 版）后出版，从装潢方面来看，被诉侵权产品与《新华字典》（第 11 版）近似方面如下：

（1）字典封面整体均呈上红下绿结构，红色占封面的主要部分，下部绿色区域的深浅程度以渐变的方式进行变化。

（2）封面中上部，均突出标注“新华字典”汉字，在“新华字典”汉字上方均对应设置其拼音“XINHUAZIDIAN”，在“XINHUA ZIDIAN”拼音的上下两侧均设置两条黄色的直线。

（3）封面中上部，“XINHUA ZIDIAN”拼音的左上方均设置相对小号的少量文字，《新华字典》（第 11 版）设置的文字为双色本、平装本、大字本，被诉侵权产品设置的文字为实用、学生、小学生、学生实用。

（4）封面中部，“新华字典”文字下方中间位置，均设置少量字体相对较小的文字，描述字典的版次，《新华字典》（第 11 版）设置的为第 11 版，被诉侵权产品设置的为全新版大字本、修订版大字本、全新版、修订本。

（5）封面下部，《新华字典》（第 11 版）封面下部的绿色部分整体呈现一个平缓起伏的山丘形象，在绿色到红色之间的过渡位置，设置两个颜色深浅略有差异的绿条带，条带由中间向两端延伸的同时，条带宽度也由窄逐渐变宽；被诉侵权产品 1、3、4 封面下部的绿色部分整体呈现一个平缓起伏的山坡形象，且绿色到红色之间的过渡区域设置一个过渡的颜色条带（在绿色中伴以少量浅黄色）；被诉侵权产品 2、5、8、10 的封面下部设置有颜色深浅略有差异的绿条带和少量浅黄色条带，这些条带呈现出起伏的山坡形状，条带由中间向两端延伸的同时，条带宽度也是由窄逐渐变宽。

（6）字典的书脊部分，均突出标注“新华字典”文字，书脊的底色主要均为红色。由上述对比分析可以看出，被诉侵权产品 1—5、8、10，与商务印书馆的《新华字典》（第 11 版）特有装潢，在具体设计及整体视觉效果上构成近似。

2. 华语出版社出版的被诉侵权产品的装潢容易导致相关公众发生混淆误认。

根据《最高人民法院关于审理不正当竞争民事案件应用法律若干问题的解释》第四条第二款规定可知，《反不正当竞争法》第五条第（二）项规定的“造成和他人的知名商品相混淆，使购买者误认为是该知名商品”，是指足以使相关公众对商品的来源产生误认，包括误认为与知名商品的经营者具有许可使用、关联企业关系等特定联系的。根据上述规定，此处的混淆或者误认是指发生混淆或者误认的可能性，而不需要实际发生混淆或者误认。这种混淆或者误认的可能性包括将两种商品直接混淆的可能性，将两种商品的来源混淆的可能性以及误认为两种商品的来源存在特定联系的可能性。

本案中，商务印书馆《新华字典》（第 11 版）的装潢在整体形象上具有独特和显著的特征，具备识别商品来源的作用。华语出版社的被诉侵权产品的装潢与商务印书馆《新华字典》（第 11 版）的装潢在文字结构、图案设计、色彩搭配、排列位置等整体视觉效果上相近似，普通消费者施以一般注意力，容易对原、被告商品的来源发生混淆和误认。

此外，从现有证据来看，被诉侵权产品已经在市场上引起了相关消费者的混淆和误认。例如，（2016）京东方内民证字第 03035 号公证书记载的用户留言以及（2016）京东方内民证字第 01670 号公证书记载的新闻报道。因此，华语出版社出版的被诉侵权产品使用的装潢容易导致相关公众将其与商务印书馆出版的《新华字典》（第 11 版）发生混淆和误认。

3. 被诉侵权辞书与商务印书馆出版的《新华字典》（第 11 版）存在直接竞争关系，被诉侵权行为给商务印书馆造成了损害。

华语出版社自 2012 年至今出版的《新华字典》与商务印书馆出版的

《新华字典》均为识字类工具书，面向的消费群体基本一致，商品彼此具有较强的替代性，存在直接竞争关系。被诉侵权辞书的销售必然会冲击辞书市场，对商务印书馆的辞书销售造成影响。

综上，商务印书馆与华语出版社均生产和销售第 16 类辞典商品，二者属于同业竞争者。华语出版社在与商务印书馆出版的知名商品《新华字典》（第 11 版）功能、用途、销售渠道、消费群体相同的辞典商品上使用相近似的装潢，足以使相关公众对商品的来源产生混淆或误认，华语出版社的行为构成 1993 年《反不正当竞争法》第五条第（二）项规定的擅自使用知名商品特有装潢的不正当竞争行为。

（三）关于华语出版社应当如何承担法律责任的问题

本案中，华语出版社在相同或类似商品上复制了商务印书馆的未注册驰名商标“新华字典”，并擅自使用《新华字典》（第 11 版）知名商品特有的装潢，构成侵害未注册驰名商标及不正当竞争行为，依法应当承担停止侵害、赔偿损失、消除影响的法律责任。

关于停止侵害，《最高人民法院关于审理商标民事纠纷案件适用法律若干问题的解释》第二条规定："依据商标法第十三条第一款的规定，复制、摹仿、翻译他人未在中国注册的驰名商标或其主要部分，在相同或者类似商品作为商标使用，容易导致混淆的，应当承担停止侵害的民事法律责任。"鉴于华语出版社实施了前述被诉侵权行为，其应当立即停止使用商务印书馆的"新华字典"未注册驰名商标，并禁止在第16类辞书商品上使用与"新华字典"相同或近似的商标。同时，其还应当立即停止使用与商务印书馆《新华字典》（第11版）知名商品的特有装潢相同或近似的装潢的行为。

关于赔偿损失的问题，《商标法》第六十三条第一款规定："侵犯商标专用权的赔偿数额，按照权利人因被侵权所受到的实际损失确定；实际损失难以确定的，可以按照侵权人因侵权所获得的利益确定；权利人的损失或者侵权人获得的利益难以确定的，参照该商标许可使用费的倍数合理确定。对恶意侵犯商标专用权，情节严重的，可以在按照上述方法确定数额的一倍以上三倍以下确定赔偿数额。赔偿数额应当包括权利人为制止侵权行为所支付的合理开支。"

尽管上述规定是针对侵犯商标专用权，但鉴于《商标法》明确规定未注册驰名商标应受到《商标法》的保护且根据《侵权责任法》规定侵害他人民事权益的，应当承担侵权责任，加之，未注册驰名商标之所以获得保护是因为其经过长期大量使用而获得较高知名度，他人在与未注册驰名商标使用商品相同或类似商品上进行使用属于搭便车行为，获得了不当利益且损害了未注册驰名商标的利益。因此，针对未注册驰名商标的侵害行为亦应承担赔偿的侵权责任。关于侵害未注册驰名商标的赔偿数额计算可以参照侵犯商标专用权的损害赔偿额的方法进行。

此外，华语出版社实施的被诉侵权行为中，不仅涉及在相同或类似商品上使用"新华字典"未注册驰名商标，还涉及擅自使用《新华字典》（第11版）知名商品的特有装潢的不正当竞争行为。

鉴于华语出版社实施不正当竞争行为的对象为《新华字典》（第11版），在侵权损害后果上与侵害未注册驰名商标之间存在重合，法院在计算损害赔偿数额时以侵害未注册驰名商标行为为计算依据，在涉及《新华字典》（第11版）时将不正当竞争行为作为侵权情节和主观故意予以考量。

本案中，商务印书馆依据华语出版社因侵权所获得的利益主张赔偿经济损失金额为300万元。其主张赔偿数额的计算依据如下："北京市新闻出版广电局备案的部分被控侵权字典印刷委托书"的信息统计表，2012年9月30日至2016年9月30日，华语出版社出版印刷了952700册被控侵权字典，共计20310160元；（2016）京东方内民证字第3352号公证书，国家新闻出版广电总局网站公布的《2014年内地上市的出版企业年度经营情况分析报告》（如下图所示）：

公司简称	中南传媒	大地传媒	中文传媒	凤凰传媒	时代出版	长江传媒	出版传媒	合计
平均净资产收益率（%）	14.40	12.67	12.38	11.36	10.71	4.49	4.23	11.29
变化（%）	4.87	0.41	−0.15	1.39	0.43	−7.84	0.18	0.48

7家内地上市公司2014年平均净资产收益率

从分析报告的数据可见，2014年7家内地上市的出版企业中，5家企业盈利、2家企业亏损，上市出版企业的年度平均净资产收益率为11.29%。由此，华语出版社侵权获利金额至少为20310160×11.29% =2293017.064元，此外，结合华语出版社的侵权恶意，请求法院酌定华语出版社赔偿经济损失共计300万元。

对此，法院认为，根据《最高人民法院关于审理商标民事纠纷案件适用法律若干问题的解释》第十四条的规定，《商标法》第五十六条第一款规定的侵权所获得的利益，可以根据侵权商品销售量与该商品单位利润乘积计算；该商品单位利润无法查明的，按照注册商标商品的单位利润计算。

法院将参考北京市新闻出版广电局备案的部分被控侵权字典印刷委托书的信息统计数量、2014年内地上市的出版企业年度平均净资产收益情况、华语出版社在全国各大书店与当当网、京东网、天猫网等网络商城的销售情况，综合考虑华语出版社被诉侵权行为的性质及主观故意，参照《商标法》第六十三条第一款规定，对恶意侵犯商标专用权，情节严重的，可以在按照上述方法确定数额的一倍以上三倍以下确定赔偿数额。

具体计算如下：2012 年 9 月 30 日至 2016 年 9 月 30 日期间，华语出版社因出版印刷被控侵权字典而获利为 20310160 × 11.29% = 2293017.064 元。鉴于华语出版社在《新华字典》（第 11 版）中使用了与商务印书馆知名商品特有装潢相近似的装潢，造成了相关公众的混淆、误认，其具有一定的主观恶意。

因此，北京知识产权法院在前述计算的侵权获利的基础上考虑华语出版社涉案侵权行为的主观恶意，按照上述方法确定数额的 1.5 倍确定本案的赔偿数额，该赔偿数额已经超出了商务印书馆 300 万元赔偿数额的诉讼请求，故法院对商务印书馆 300 万元赔偿数额的诉讼请求予以全额支持。

关于合理支出部分，商务印书馆提交的部分维权合理支出证据显示：律师代理费 20 万元、项目公证费 44000 元、购买被诉侵权商品费 794.2 元、检索费及制作费等其他费用共计 33195 元，以上总计 277989.2 元，均有相应发票予以佐证。本案中，商务印书馆主张合理支出为 40 万元，考虑到商务印书馆提交的上述合理支出凭证与本案的关联性、必要性，法院对于商务印书馆提交凭证的合理支出 277989.2 元予以支持，超出部分不予支持。

关于消除影响，商务印书馆主张华语出版社在《中国新闻出版广电报》《中国知识产权报》上，以及华语出版社官方网站首页（http://www.sinolingua.com.cn/）、华语出版社新浪微博官方账号首页（http://weibo.com/sinolingua）、华语出版社天猫店铺首页（https://hyjxcbs.tmall.com/）发布声明（在网络媒体上的发布持续时间不少于 7 日），消除因华语出版社侵权行为给商务印书馆带来的负面影响。

鉴于华语出版社复制、摹仿商务印书馆的“新华字典”未注册驰名商标的行为以及擅自使用《新华字典》（第 11 版）知名商品的特有装潢的不正当竞争行为，在市场上造成了消费者对原被告出版发行的辞书产生了混淆、误认，对商务印书馆出版发行的辞书商品造成了一定程度的影响。因此，法院对于商务印书馆主张消除影响的诉讼请求予以支持。

综上所述，商务印书馆的诉讼请求具有事实及法律依据，法院予以支持。依据《侵权责任法》第十五条，《商标法》第十三条、第十四条，《反不正当竞争法》第五条第（二）项、第二十条第一款，《最高人民法院关于审理商标民事纠纷案件适用法律若干问题的解释》第二条、第十四条，《最高人民法院关于审理涉及驰名商标保护的民事纠纷案件应用法律若干问题的解释》第九条、第十二条，《最高人民法院关于审理不正当竞争民事案件应用法律若干问题的解释》第一条、第四条之规定，判决如下：

一、被告华语教学出版社有限责任公司立即停止使用原告商务印书馆有限公司的“新华字典”未注册驰名商标的行为；

二、被告华语教学出版社有限责任公司立即停止使用与原告商务印书馆有限公司《新华字典》（第11版）知名商品的特有装潢相同或近似装潢的不正当竞争行为；

三、被告华语教学出版社有限责任公司在《中国新闻出版广电报》《中国知识产权报》上，以及被告华语教学出版社有限责任公司官方网站首页（http：//www. sinolingua. com. cn/）、被告华语教学出版社有限责任公司新浪微博官方账号首页（http：//weibo. com/sinolingua）、被告华语教学出版社有限责任公司天猫店铺首页（https：//hyjxcbs. tmall. com/）发布声明（在网络媒体上的发布持续时间不少于7日），消除因本案侵权行为给原告商务印书馆有限公司造成的不良影响（声明内容需经本院审核，逾期未刊登声明法院将刊登本判决相关内容，费用由被告华语教学出版社有限责任公司承担）；

四、被告华语教学出版社有限责任公司于本判决生效之日起十日内向原告商务印书馆有限公司赔偿经济损失300万元及合理费用277989. 2元。

【评析】1. “新华字典”属于兼具产品和品牌混合属性的商品名称，在市场上已经产生具有指示商品来源的意义和作用。

2. “新华字典”在作为辞书书名使用的同时也发挥了辞书来源的识别作用，具备商标的显著特征。

3. 现有证据亦能够证明“新华字典”已经达到未注册驰名商标的程度。

4. 商务印书馆的《新华字典》(第11版)的装潢所体现的文字、图案、色彩及其排列组合具有识别和区分商品来源的作用，具备特有性。属于《反不正当竞争法》(1993年)第五条第(二)项所保护的知名商品的特有装潢。

5. 华语出版社在第16类辞书上使用“新华字典”标识的行为已经构成在相同商品上复制他人未在中国注册的驰名商标，容易导致混淆，违反了《商标法》第十三条第二款的规定。

6. 华语出版社的行为构成《反不正当竞争法》(1993年)第五条第(二)项规定的擅自使用知名商品特有装潢的不正当竞争行为。

7. 在计算损害赔偿数额时以侵害未注册驰名商标行为为计算依据，在涉及《新华字典》(第11版)时将不正当竞争行为作为侵权情节和主观故意予以考量。

8. 按照被告销售额乘以行业平均净资产收益率方法确定数额的1.5倍确定本案的赔偿数额，该赔偿数额已经超出了商务印书馆300万元赔偿数额的诉讼请求，法院对商务印书馆300万元赔偿数额的诉讼请求予以全额支持。

9. 本案把辞书名称“新华字典”作为未注册驰名商标给予保护，根本原因是商务印书馆长期大量的使用已经使得“新华字典”与商务印书馆产生了稳定的对应关系，且“新华字典”凝结了其所标识商品的商誉，给予其未注册驰名商标保护符合《商标法》关于未注册驰名商标保护的立法目的，无疑是正确的。

10. 商务印书馆《新华字典》(第11版)的装潢在整体形象上具有独特和显著的特征，具备识别商品来源的作用。华语出版社的被诉侵权产品的装潢与商务印书馆《新华字典》(第11版)的装潢在文字结构、图案设计、色彩搭配、排列位置等整体视觉效果上相近似，普通消费者施以一般注意力，容易对原被告商品的来源发生混淆和误认，构成不正当竞争，这个认定当然也是准确的。

11. 法院在计算损害赔偿数额时以侵害未注册驰名商标行为为计算依据，

在涉及《新华字典》（第 11 版）时将不正当竞争行为作为侵权情节和主观故意予以考量。这个方面并没有明确的法律依据，属于通常的做法。

本案堪称经典案例，从商标的显著性、驰名性、指向性、混淆性到知名商品的包装的特有性、获利数额的计算等皆有涉及，审理法院在判决书中都进行了详细论述，其中的侵权获利数额的计算具有创新性，此案具有教科书的价值。

第八节　侵犯商标专用权的经济赔偿

一、赔偿的法律依据

《商标法》第六十四条第二款规定：“销售不知道是侵犯注册商标专用权的商品，能证明该商品是自己合法取得并说明提供者的，不承担赔偿责任。”《商标法》第六十三条第一款规定：“赔偿数额应当包括权利人为制止侵权行为所支付的合理开支。”

对于一般的销售商，如果能够举证证明产品具有合法来源的，且举证证明自己确实不知道所售商品侵犯了他人的商标权的，即使构成侵权，也不必负担经济赔偿。那么是否要承担合理维权费用及律师费？这个问题目前争议很大，不同的法院认识不同，执行的也不同。

根据《商标法》第六十三条第一款和第六十四条第二款的规定，难以作出“是否承担合理维权费用”合理的解释。

根据法理和立法原意，销售商构成商标侵权，即使不承担“赔偿责任”，这个赔偿责任是指的“经济赔偿责任”，应该要承担合理维权费用，否则侵权成立就没有任何责任，显然是说不过去的，那么原告自行承担诉讼费及合理维权费用，原告的地位相当于被告了，原告胜诉，被告败诉却仅仅承担停止销售的责任，显然是非常不合理的。

法律这样规定，目的是要找到产品的源头，一直追下去，直至找到生产单位，生产单位就要无条件地承担责任。

合法来源的证据可以是发票、供货单、发货单等，但不能是三无产品，那么，销售商是否知道产品侵权是个主观意识，包括真的不知道及应该知道却没有知道两种情形。如一个很小的个体户，买进少量货物，由于他的认识能力有限，不知道的可能性极大，注意义务也较低，除非产品知名度极高。

对于较大规模成立时间较长的公司而言，主张自己不知道侵权，一般没有足够的理由，很难说得过去。

从调查统计的情况来看，目前法院对知识产权侵权的判赔金额的确不容乐观。中南大学法学院刘强教授等以 1993 年至 2013 年我国法院受理的一、二审专利民事侵权诉讼案件为样本，共收集到专利侵权案件判决书 1674 份，分析结果显示：发明专利案件的平均判赔金额为 24.31 万元，实用新型专利案件的平均判赔金额为 12.36 万元，外观设计专利案件的平均判赔金额为 6.38 万元。有 97% 的专利侵权案判决采取法定赔偿。

当然，在司法实践中，也有不少成功拿到高额赔偿，尤其是高于法定赔偿上限的案例。

【案例 1－24】 恒宝股份有限公司与北京握奇数据系统有限公司发明专利权纠纷案

2016 年 12 月 8 日上午，北京知识产权法院依法判决：被告恒宝股份有限公司（以下简称恒宝公司）立即停止实施侵犯原告握奇公司（以下简称握奇公司）第 ZL200510105502.1 号“一种物理认证方法以及一种电子装置”发明专利权的涉案行为；被告恒宝公司赔偿原告握奇公司经济损失 4900 万元，被告恒宝公司赔偿原告握奇公司诉讼合理支出 100 万元。

原告握奇公司与被告恒宝公司都是生产应用于金融领域智能密码钥匙产品的企业。原告对 ZL200510105502.1 号“一种物理认证方法以及一种电子装置”发明专利享有专利权。原告握奇公司发现，由被告恒宝公司制造，并向全国几十家银行销售的多款 USBKey 产品以及被告使用该侵权产品进行网上银行转账交易时使用的物理认证方法均落入了原告专利权的保护范围，构成对原告专利权的侵权。原告于 2015 年 2 月 26 日向北京知识产权法院提起本案诉讼，要求判令被告停止侵权行为，赔偿原告经济损失 4900 万元，以及诉讼合理支出100万元。

被告恒宝公司辩称：其制造销售的USBKey产品以及在网上银行转账交易过程中使用的物理认证方法在技术方案上没有落入原告专利权的保护范围，从而不构成侵权；原告握奇公司提出的赔偿请求也没有依据。其不同意原告的诉讼请求。

北京知识产权法院经审理后认为：在审理涉及侵权损害赔偿数额和律师费赔偿数额认定的基本规则问题时，应提交审判委员会讨论。

北京知识产权法院审判委员会经研究决定：

（1）本案以被诉侵权产品的实际销售数量乘以每件专利产品合理利润的方法计算侵权损害赔偿数额。

（2）鉴于被告拒绝提供其向渤海银行、浙江农村信用社（合作银行）、湖北银行销售被控侵权产品获得的利润，可以推定原告提出的合理主张成立。

（3）律师事务所采用的计时收费方式可以作为本案诉讼合理支出部分律师费的计算标准；对于原告主张的律师费数额是否合理，应根据案件代理的必要性、案件难易程度、律师的实际付出等因素进行认定。

北京知识产权法院合议庭审理认定，被告恒宝公司制造、销售的涉案USBKey产品以及被告使用该侵权产品进行网上银行转账交易时使用的物理认证方法均落入了原告专利权的保护范围，被告的上述行为构成对原告专利权的侵权。

对于原告提出的4900万元经济赔偿请求，原告请求以侵权产品的实际销售数量乘以每件专利产品的合理利润所得之积计算原告因侵权受到的实际损失。北京知识产权法院通过向中国银行等单位调查取证的方式查明了被告向全国12家银行销售侵权产品的实际数量，并在对原告提出的每件专利产品合理利润予以认定的前提下，按照最高人民法院相关司法解释的规定，以侵权产品的实际销售数量乘以每件专利产品的合理利润所得之积的计算得出原告的实际损失为4814.2万元。除此之外，北京知识产权法院还确认被告向上述12家银行以外的3家银行销售了侵权产品，但无法通过调查取证等手段查清实际销售数量。而被告持有实际销售数量的证据却拒绝提供。原告根据行业惯例，推断被告向这3家银行销售被诉侵权产品的盈利应在200万元以上，并就此请求赔偿其中85.8万元。北京知识产权法院认定被告持有但拒绝提供的该部分证据系不利于被告，据此，北京知识产权法院使用了最高人民法院司法解释中关于举证妨碍的规定，推定原告提出的上述主张成立，故支持其85.8万元的赔偿请求。将两部分赔偿数额相加，北京知识产权法院对原告提出的4900万元经济赔偿请求予以全额支持。这是北京知识产权法院建院以来作出的最高判决金额。

对于原告提出的100万元律师费的赔偿请求，北京知识产权法院认为，原告在本案中提供的律师事务所计时收费方式是目前律师行业正常采用的收费方式之一，不违反法律规定，可以作为诉讼合理开支中律师费的计算依据。这是法院首次在判决书中以计时收费的方式计算律师费。对于原告根据该计时收费方式计算出的100万元律师费数额是否合理，北京知识产权法院从案件代理的必要性，案件难易程度，律师的实际付出等因素进行考量后，认定原告提出的100万元律师费赔偿请求合理，予以全额支持。在审查律师费赔偿请求是否合理时，法院首次确认了“代理的必要性、案件难易程度、律师的实际付出”的审查原则。

【评析】此案的亮点在于：1. 法院主动发函给12家银行调取被告的侵权产品的销售数据，为法院确定赔偿额提供了坚实的依据，一般法院很少主动发函调取证据，这种举动是法院遵从了当事人由于客观原因不能取得的重要证据，法院可以调取的规定。2. 对于另三家银行的数据，当事人和法院都无法获取，法院利用举证妨碍制度，并尊重原告的意见，赔偿85.8万元。3. 全额支持了以时间计算律师费的案例，并从代理律师工作的必要性、难度、实际付出等因素全额支持了100万元的律师费。

此案是根据证据和法律作出的判决，对于赔偿额和律师费的判决具有历史意义，彰显了加大知识产权保护力度的良好司法形象，相信会产生良好的社会影响。

【案例1－25】周某伦诉新百伦贸易（中国）有限公司、广州市盛世长运商贸连锁有限公司

广东省广州市中级人民法院（2013）穗中法民初字第547号判决书，原告周某伦，被告新百伦贸易（中国）有限公司和广州市盛世长运商贸连锁有限公司，判决书长达55页，最后判决新百伦贸易（中国）有限公司赔偿周某伦9800万元（含合理维权费用），判决广州市盛世长运商贸连锁有限公司支付周某伦合理维权费用5000元。但是二审法院广东省高级法院把新百伦贸易（中国）有限公司赔偿额由9800万元减低到500万元，其余维持不变。

【评析】本案一审判决赔偿9800万元是根据被告产品上没有使用标志，把赔偿额折半计算，应该说判决是符合事实和法律规定的。二审判决理由是被侵权商标的直接贡献率，贡献率的评估目前参考性还有待进一步提高。

《商标法》第六十三条的规定，并没有明确侵权人因侵权所获得的利益属于直接利益还是包含其他因素，从有利于维权和法官判案的操作来说，应该根据《最高人民法院关于审理商标民事纠纷案件适用法律若干问题的解释》第十四条“商标法第五十六条第一款规定的侵权所获得的利益，可以根据侵权商品销售量与该商品单位利润乘积计算；该商品单位利润无法查明的，按照注册商标商品的单位利润计算”的规定进行处理，这样易于操作，全国的法院标准统一，防止出现不同地区不同法院甚至同一法院不同法官的判决相差巨大的恶劣情况出现，而且不需要细致地考虑属于直接还是间接贡献。

司法解释具有高度的权威性，法院应该严格按照法律和司法解释的规定和原意进行判案，不能随意按照自己的理解进行，更不能随意创设跟已经存在的规定相反的规则，如果这样，那么司法就会出现严重的混乱，二审法院的改判，开了一个不好的先例。

二、原告应该尽力举证

1. 证明被告有实力且“多金”。除了注册资金状况、经营状况、生产规模，也可以翻阅各种报道或公司年报等信息，查找可以证明或间接证明被告

实力或赚钱能力的证据。

2. 证明涉案产品的价值较大，包括自己和被告的涉案产品的销售价格、销售状况、市场价值等，比如从淘宝上调取涉案产品的销量记录。

3. 选择高额判赔频率较高的管辖法院。不可否认，法院也有“个性”，有的比较保守，有的比较“激进”，关注一下哪些法院经常敢于判决高额赔偿。

4. 请求法院责令被告提供财务方面的账簿、资料等。《商标法》已经明确提供了这方面的法律支持。

5. 申请法院证据保全，虽然这并不容易。不过，万一法院接受了保全申请，万一被告野蛮地抗拒证据保全，这时被告可能会吃赔偿的亏。

6. 尽力证明被告侵权的恶意，可以通过侵权行为的性质、持续时间、重复侵权等来证明。

7. 尽力调取客观可靠的证明被告侵权规模的证据，尤其是侵权的持续时间、侵权产品销售数量、侵权地域范围、门店数量等。比如，申请调取海关关于涉案商品进出口的数据。

8. 通过同业经营的上市公司年报等渠道，调查涉案产品的行业平均利润率，在有销量数量等证据支撑的情形下，可以为计算赔偿额提供重要支持。

9. 寻找被告自我宣传甚至是自吹自擂的证据。比如被告官网上宣传的涉案产品产量或销量、销售区域、销售门店数量等。

10. 挖掘第三方机构与赔偿有关的数据或信息，如查询相关行业协会或调查公司公布的涉及被告的市场占有率等数据。

11. 先通过工商部门等机关的行政执法，甚至公安部门的刑事侦查，查处获得一定数量的侵权产品，甚至财务资料，为后续的民事赔偿提供支持。

12. 针对被告不同系列、不同规格、不同型号的产品，分别提出多个侵权案件，这些案件判赔的金额累积起来，通常会比以一个案件起诉所判赔的金额更高。

三、关于经济赔偿的不同意见

从目前全国法院的关于知识产权案件的判决来看，凡是侵权成立的，全部都会有经济赔偿，只是数额不同。笔者认为，这是一种非常雷同的不正常的判决。知识产权侵权，实际还是民事侵权的一种，还是要遵从《侵权责任法》的规定的，赔偿数额应该是以被侵权者的实际损失为限，即使倡导惩罚性赔偿，幅度也应该适度。如果被侵权者没有实际损失，那么就无须经济赔偿或者经济赔偿数额很低，只要赔偿合理维权费用即可，比如，一个个体户侵犯了某个国际知名公司的商标，被侵权人的产品价格是几万元，而这个个体户的产品价格仅有几百元，明显其侵权但不会对被侵权者的销售产生影响，此种情况就不应该给予经济赔偿或者给予很少的经济赔偿，但要承担合理维权费用。

第二章 ▍与商标相关不正当竞争的正确认定

第一节 与商标相关不正当竞争的概述

《商标法》第五十八条规定："将他人注册商标、未注册的驰名商标作为企业名称中的字号使用，误导公众，构成不正当竞争行为的，依照《中华人民共和国反不正当竞争法》处理。"

《反不正当竞争法》（1993 年）第二条第二款规定："本法所称的不正当竞争是指经营者违反本法规定，损害其他经营者的合法权益，扰乱社会经济秩序的行为。"由此可知，认定不正当竞争行为应具备的条件是：（1）不正当竞争行为是一种市场竞争行为。（2）违反了市场竞争原则和普遍的商业道德。（3）对市场竞争产生了损害。

《反不正当竞争法》与其他知识产权法是一般法与特别法的关系，在其他知识产权有规定的方面，其他知识产权要优先适用；其他知识产权法没有规定或者规定管不到位的内容，则一般由《反不正当竞争法》进行规范。《反不正当竞争法》只是对知识产权专门法进行有限的补充，而不是对所有的事项的兜底，它只是在知识产权专门法之外提供单独的保护，一般不与专门法的规定竞合，不能与知识产权的专门法的立法原意相抵触。

在商标侵权和反不正当竞争的关系方面，第一，《商标法》具有优先性。无论是从一般法和特别法的关系，还是从法律规定的不同权限及禁止的行为来看，商标法必须优先适用。第二，《商标法》与《反不正当竞争法》的可选择性，在出现法条竞合时，权利人有权利选择符合自己利益的法条进行保护。第三，《反不正当竞争法》的补充性，在知识产权领域里有一个形象的比喻，就是海水和冰山的比喻，在《商标法》没有明确规定，确实属于当事人权益的情况下，可以从《反不正当竞争法》中提出保护，《反不正当竞争法》起到一定的补充作用。第四，《商标法》与《反不正当竞争法》的兼容性。兼容性是指如果一个行为同时触及《商标法》和《反不正当竞争法》所保护的权利的时候，权利人可以同时提起这样的诉求。

现在的司法实践中，出现同时主张侵权的类型有以下几种：

第一种是属于法律规范冲突类型。《商标法》和《反不正当竞争法》对同一行为作出了不同的法律规定，赋予不同的法律后果，但是在适用时法律是有强制性的选择的，排斥选择上的任意性。举个例子，在《商标法》中规定了商标侵权，1993 年《反不正当竞争法》第五条第（一）项规定了假冒他人注册商标，这种情况下，如果权利人既提起侵犯商标权，又依据第五条第（一）项主张假冒其注册商标，法律的规定是优先适用商标法，而不能够任意选择适用反不正当竞争法。这个我们可以从一般法和特殊法的基础法理方面考虑。

第二种情况是法律规范竞合类型。法律给予权利人自由选择的权利，你可以选择走商标法之诉，也可以选择走反不正当竞争法之诉，但是你不能同时选择。例如，我们在诉未注册商标已经构成驰名的情况下，你可以主张未注册驰名商标权，也可以主张反不正当竞争法知名商品的特有名称，这时候你应该做个选择，而不能同时做出。

第三种是集合数种行为类型。这种情况是特别多见的，这与我们市场发展有关系，随着市场竞争不断激烈，竞争行为的多样性也体现出来了，侵权行为的复杂性也可以在案件中得到体现。原先初级的侵权行为可能是仅仅简单，不仅包括你的商标，你的包装、装潢、所有的设计、产品形状，包括你的网站和公司名称等，基本是全面模仿，被诉行为实际上是多个行为，彼此牵连的，但分别侵害了权利人不同的法益，从诉讼经济的角度来说法律允许一并提起诉讼。

第四种是原则条款适用类型。这种类型出现比较多。就是权利人在诉商标侵权的同时，又根据《反不正当竞争法》第二条进行诉求，理由是行为人在商标侵权使用中的主观恶意已经相当明显，已经违背了市场竞争的基本道德，违背了诚实信用原则。

但是现在已经有很多这样的案件类型诉到法院，那这四种不同类型的案件，法院会依据什么样的逻辑做出什么样的判断。第一种关于规范的类型，刚才提到对这种类型的案件，法院没有自由裁量权，这是依据法律的规定，直接适用《商标法》，如果当事人诉错或者同时诉，法院都会依《商标法》直接判。第二种对于规范竞合的，法院应该进行释明，如果经过释明当事人依然没有明确诉求，还是同时主张的情况下，法院会依据诉讼请求不明确裁定驳回起诉。第三种集合数种行为的，这种类型法院会进行一个梳理，诉商标权的行为人，法院会按照商标侵权的法律关系进行审理；诉不正当竞争的行为人，法院会按照不正当竞争的具体行为进行审理，凡是能够给予认定的就给予认定，对赔偿数额可能有不同的观点，如果涉及不同的侵权行为触犯你不同的权利和权益的时候，赔偿数额不矛盾，彼此独立计算，最后计算总额时合并计算，同时将数种侵权行为作为恶意侵权的考虑要件进行数额上的考量。第四种是原则条款，因为商标侵权本身有主观恶意的问题，我们不能因为商标侵权人的恶意再独立适用《反不正当竞争法》第二条，同时有特殊情形，如果他的商标侵权的某一个独立行为已经超出了商标法所能吸纳的恶意程度，也不能完全录入到目前《反不正当竞争法》规定的具体行为，可以独立适用原则性条款，这个在很多网络侵权案件中表现得比较明显。

若被控侵权人未经商标权人的许可，利用他人享有极高知名度的注册商标和字号，以竞争为目的，为自己获取市场竞争优势以及更多的市场交易机会，违反了诚实信用和公平竞争的原则，则可以适用反不正当竞争法进行规制。

在现代商业推销活动中，商标不仅是一种区别标志，而且还具有声誉。对商标声誉搭便车行为侵犯的是以不支付对价的方式获取、利用商标权人为建立商标声誉付出的投入，使用商标的目的不是识别商标所代表的商品或商品提供者，而在于提高自身的形象，吸引消费者的注意，推销自己的商品以谋取不正当利益。对商标声誉的攀附行为往往出现在攀附者的广告宣传活动中。

综合以上全部内容，商标侵权与不正当竞争紧密联系，商标侵权侵犯的是商标的实体标识专用权利，而不正当竞争侵犯的是商家和商品的声誉权利，属于人格权益。不正当竞争一般发生在同行业的经营者之间但不仅限于同行业，不正当竞争和商标侵权都不仅限于相同行业。

第二节　发生在相同行业的商标相关不正当竞争行为

《反不正当竞争法》第六条第一款第（一）项规定“经营者不得实施下列混淆行为，引人误认为是他人商品或者与他人存在特定联系：（一）擅自使用与他人有一定影响的商品名称、包装、装潢等相同或者近似的标识……”知名商品的名称、包装和装潢的特有性是指该商品的名称、包装和装潢能够起到区别商品来源的作用。笔者认为，此种情形下的不正当竞争只能发生在同行业之间，且根据此款中的“引人误认为是他人商品或者与他人存在特定联系”来判断，侵权者的商品应该是跟“知名商品”属于相同或类似的商品。

【案例 2－1】华文出版社有限公司与吉林文史出版社不正当竞争纠纷申请案[①]

吉林文史出版社自 2004 年取得美国作者约翰·格雷博士授权，在中国大陆范围内独家出版其作品，中文名为《男人来自火星·女人来自金星》。该书封面以两张大幅男人、女人头像图片为背景，图片为黑白色，封面整体呈现蓝绿色。封面中间是中文书名，封面顶端是宣传语，中文书名的左上角是美术体的英文书名，中文书名的正下方是“全球最畅销图书被翻译成 40 多种语言”的宣传语。该书封底呈黑绿色，上部以美术体标示英文书名，中间是宣传语，然后依次引用有关外文报刊对本书的评论。2006 年、2007 年、2009 年在中国图书商报统计的各地书店畅销书排序中，本案图书均榜上有名且销量较大。

华文出版社于 2010 年 1 月出版翟文明编著的《男人来自火星·女人来

---

① 本案案号：（2012）长民三初字第 128 号，（2012）吉民三知终字第 47 号，（2013）民申字第 371 号。

自金星大全集》一书。该书封面上的“男人来自火星·女人来自金星”字体显著突出，“大全集”字体相对较小。该书封面在装饰图片选择、位置排列、颜色搭配以及封面和封底的中英文文字、宣传标语的选择、排列布置等与吉林文史出版社的涉案图书非常接近。同年7月，吉林文史出版社在长春联合图书城购买华文出版社出版的被诉侵权图书两本。吉林文史出版社以华文出版社侵犯其本案图书著作权及擅自使用其知名商品特有名称和装潢为由，提起诉讼，请求法院判令华文出版社停止侵权并赔偿损失。

本案是涉及仿冒行为的典型案件。实践中，有关1993年的《反不正当竞争法》第五条第（二）项规定的仿冒知名商品特有名称、包装、装潢案件较为多见。该类案件处理的关键在于知名商品及其特有名称、包装、装潢的认定。

（一）关于知名商品的认定

首先，关于知名度的把握。实践中商品知名度的把握存在两种认识：一种认为需要该商品在相关公众中具有较高知名度；另一种则认为仅需要在相关公众中具有一定知名度即可。正确把握商品的知名度，需要结合《反不正当竞争法》第六条第（二）项的立法目的。商品的知名性是商品特有名称、包装和装潢受反不正当竞争法保护的重要门槛。知名性要求的本质在于，在商品具有一定知名度的情况下，除一些特殊情况外，商品的特有名称、包装和装潢一般会具有区别商品来源的作用。对在相关市场上已经具有区别商品来源作用的商品特有名称、包装和装潢进行保护，赋予其制止他人搭车模仿的权利，其目的在于为知名品牌的培育和成长创造有利空间，避免因仿冒行为影响知名品牌的发展。因此，认定《反不正当竞争法》第六条第（二）项所称的知名商品是为保护具有区别商品来源意义的商品特有名称、包装和装潢服务的，只要其在相关公众中具有一定的知名度即可，并不要求为相关公众广为知晓。因此，在具体案件中，对知名度的把握要求不宜过高。

其次，关于知名度的具体认定。根据相关司法解释的规定，人民法院认定知名商品时，应当考虑该商品的销售时间、销售区域、销售额和销售对象，进行任何宣传的持续时间、程度和地域范围，作为知名商品受保护的情况等因素，进行综合判断。原告应当对其商品的市场知名度负举证责任。因此，在具体认定时，应当结合具体产品，考虑各种因素进行综合判断。在有些情况下，还需要考虑具体产品的市场定位、市场特点和市场成熟度等因素，对商品是否知名作出恰如其分的判断。需要注意的是，在考量各种因素时，每种因素在具体案件中的作用取决于个案情况。而且，上述规定所列举的需要考虑的因素仅仅是一种指引，并非在任何案件中均需考虑全部因素。如果其中一种因素足以证明该商品的知名度，则可以根据该种因素认定该商品构成知名商品，无需对所有因素一一考量。

最后，关于知名度的对象。从文义解释的角度而言，“知名商品”中知名度的对象当然是指“商品”。不过，从知名商品保护的立法目的看，这种认识未免过于简单。反不正当竞争法制止的是对知名商品的特有名称、包装、装潢的搭车仿冒行为，以防止仿冒行为造成市场混淆。市场混淆本身是以知名商品的特有名称、包装、装潢具有区别商品来源的作用为基础的，只有知名商品的特有名称、包装、装潢具有区别商品来源的作用，仿冒行为才可能引发使市场混淆。因此，知名度的对象表面上是商品，实际上却是商品的特有名称、包装和装潢。所以，在知名商品的认定中，法院应该把重点放在商品的名称、包装、装潢的知名性或者特有性上，而不是放在商品本身的知名性上。

（二）关于特有性的认定

实践中，对于知名商品的名称、包装和装潢的特有性存在一些模糊认识。有观点认为，知名商品的名称、包装和装潢的特有性是指该商品名称、包装和装潢具有独特性，或者说应具有新颖性或者独创性。实际上，知名商品的名称、包装和装潢本质上属于未注册商标，其特有性是指该商品名称、包装和装潢能够起到区别商品来源的作用，而不是指该商品名称、包装和装潢具有新颖性或者独创性。对相关公众而言，只要该商品名称、包装和装潢由于商业使用已经客观上起到区别商品来源的作用，其便具有了特有性，其是否具有新颖性或者独创性并不重要。当然，商品名称、包装和装潢的新颖性或者独创性与特有性具有一定的联系。如果商品名称、包装和装潢具有新颖性或者独创性，将该种具有新颖性或者独创性商品名称、包装和装潢用于商业活动，则该名称、包装和装潢通常会起到区别商品来源的作用，因而具备特有性。但是，即使商品名称、包装和装潢不具有新颖性或者独创性，也不意味着其必然不具有特有性。在经营者将该不具有新颖性或者独创性商品名称、包装和装潢用于商业活动的情况下，如果经过使用，该商品及其名称、包装和装潢具有了一定的知名度，该名称、包装和装潢成为相关公众区分商品来源的标识之一，则其同样具备特有性。

本案涉案图书《男人来自火星·女人来自金星》在长达5年的时间里多次入围各类畅销书排名，且销售量较大，足以证明涉案图书具有一定的知名度，应受到《反不正当竞争法》的保护。虽然本案图书名称来自西方谚语，并非吉林文史出版社独创，但是吉林文史出版社在先将其作为图书商品名称并出版发行，且没有证据表明其他经营者也将同样的名称用于图书类商品并早于本案图书而出版发行。该图书名称已经具有了区别商品来源的作用，构成知名商品的特有名称。本案图书封面的装饰图片选择、位置排列、颜色搭配等均体现出一定的特色。本案没有证据证明有他人早于本案图书在相同或者类似商品上使用了相同或者近似的装潢设计。本案图书的装潢已经具有区别商品来源的作用，构成知名商品的特有装潢。华文出版社的被诉侵权图书使用了与涉案图书近似的名称和装潢，容易导致相关公众发生混淆与误认，构成不正当竞争。

吉林省长春市中级人民法院经审理认为：华文出版社未侵犯吉林文史出版社的专有出版权，但是华文出版社擅自使用与他人知名商品特有名称和装潢近似的名称和装潢，构成不正当竞争行为。判决华文出版社停止出版、发行“使用《男人来自火星·女人来自金星大全集》名称及其封面封底设计”的图书，赔偿吉林文史出版社20万元。华文出版社不服一审判决，提起上诉。

吉林省高级人民法院经审理认为：一审判决确定的赔偿数额过高，应予调整。改判华文出版社赔偿吉林文史出版社10万元。

华文出版社仍不服，向最高人民法院申请再审。最高人民法院于2013年12月26日裁定驳回了华文出版社的再审申请。

第三节　发生在不同行业的商标相关不正当竞争行为

《反不正当竞争法》第六条规定："经营者不得实施下列混淆行为，引人误认为是他人商品或者与他人存在特定联系：……（二）擅自使用他人有一定影响的企业名称（包括简称、字号等）、社会组织名称（包括简称等）、姓名（包括笔名、艺名、译名等）；（三）擅自使用他人有一定影响的域名主体部分、网站名称、网页等……"此种情形下的不正当竞争可以发生在同行业之间，也可以发生在不同行业之间。

【案例2-2】深圳龙岗浪背的一个家具小企业，企业名称是"深圳市卡地亚家具有限公司"，在企业网站上的宣传中数次提到"卡地亚"字样，2012年9月被卡地亚国际有限公司以此公司侵犯其商标"卡地亚"及不正当竞争告到深圳市中级人民法院，笔者接手后经过研究案情，原告的商标曾数次被工商总局、北京市高级人民法院、上海市高级人民法院认定为驰名商标，且原告还在家具商品上也注册了此商标，原告可获得驰名商标跨类保护，被告有侵犯原告商标专用权的较大可能，即使不成立商标侵权也可能成立不正当竞争。笔者替被告以原告三年不使用为由提起了撤销原告注册在第20类沙发家具类商品上的第765192号商标"卡地亚"请求，2013年12月11日商标局作出决定，撤销原告的第765192号商标"卡地亚"，迫使原告与被告和解，最后被告仅支付诉讼费、律师费等必要费用，避免了支付赔偿款的后果。当然如果判决不正当竞争成立，被告仍然要支付一定数额赔偿款。只是撤销了他们的商标，打乱了原告阵脚，现在被告已经更换了企业名字。

此案中，虽然被告企业名称使用了原告商标中的文字"卡地亚"，但是原告并没有提供证据证明被告突出使用"卡地亚"字样，难以据此认定成立商标侵权。被告虽然在网站上使用了"卡地亚"字样，但是原被告商品不同，一个是珠宝腕表等奢侈品，一个生产布艺沙发，原告要想获得跨类保护，还要证明被告的行为能够引起相关消费者误认两个单位存在某种联系，这个证明存在一定难度。原告商标作为驰名商标，名气颇大，被告具有攀附原告声誉的故意，故成立不正当竞争比较准确，此案也说明，不正当竞争也可以发生在分属两个不相同的行业中。

【案例2-3】2001年6月7日普拉达有限公司（以下简称普拉达公司）在中国取得“PRADA”注册商标专用权，核定使用商品为“手提包等”。国家商标局的注册证明显示普拉达公司在第18类商品上使用的“PRADA MILANO”商标已注册，核定使用商品为“手提包等”。

2012年8月29日《华商报》刊登了陕西东方源投资发展有限公司（以下简称东方源公司）推销店铺广告，广告中的“PRADA”女款手提包使用了“PRADA MILANO”商标，广告语为“全球顶级奢侈品牌进驻，引领国际奢侈生活潮流”“国际潮牌街、餐饮大食代”。

西安市中级人民法院认为：商标的基本功能在于使相关公众通过商标识别不同商品或服务的来源，这种识别功能是为消费者识别被标识的商品来源提供保障，使人能够与他人提供的商品区别开来。因而商标受保护的基础最终体现在具有识别功能。商标性使用应具备的条件为：商标必须在商业活动中使用；使用商标是为了标示商品或服务的来源；通过使用商标能够使相关公众识别商品来源。本案中，2012年8月29日《华商报》刊登了东方源公司为推介东方国际中心房产项目和推销店铺的招租广告，广告中的女款手提包使用“PRADA MILANO”文字和图案商标，广告语为全球顶级奢侈品牌进驻，引领国际奢侈生活潮流，“PRADA”意大利时尚品牌，创始于1913年等。由此事实证明，东方源公司虽在商业广告中使用的女款手提包中有“PRADA MILANO”及其文字表述中有“PRADA”注册商标，但刊登广告的目的是推介其投资开办的东方国际中心房产项目和推销店铺，引进商户进驻东方国际中心；东方源公司并未在其经营的房产项目和推销的店铺商品上使用“PRADA MILANO”及其“PRADA”注册商标，其与普拉达公司在本案中主张的商品并非同一种商品；东方源公司只是向消费者描述了自己投资开办了东方国际中心房产项目和推销店铺，将引进“PRADA”等全球奢侈品牌进驻，并未表明自己是普拉达商品的提供者，广告中涉及的图案及商标对东方源公司的东方国际中心房产项目和推销店铺没有商标性标识作用，并不能起到识别东方源公司投资的东方国际中心房产项目和推销店铺来源于普拉达公司的作用。换言之，东方源公司在商业广告中使用“PRADA MILANO”及其“PRADA”注册商标，并非商标意义上的使用，不会使消费者对商品的来源产生混淆和误认，更不会对普拉达公司的商标识别功能受到损害，且该商业房产项目尚未开业经营，不存在使用商标的商品。故此，东方源公司在《华商报》商业广告中使用“PRADA MILANO”及其“PRADA”注册商标，推介东方国际中心商业房产项目及商铺招商广告宣传，不构成侵害商标权的行为。普拉达公司认为东方源公司的行为，侵犯了其注册商标专用权，事实及法律依据不足，西安市中级人民法院依法不予支持。

由于东方源公司作为2012年8月29日《华商报》刊登的推介东方国际中心房产项目和推销店铺的招租广告主，属于非商标意义上使用普拉达公司争讼之注册商标，不构成侵害商标权的行为。因此，作为广告发布者的华商报社发布广告的行为当然也不构成侵害商标权的行为。

本案中，普拉达公司先后在《世界时装之苑》《时尚芭莎》《商业周刊》《中国纺织报》等报刊进行了广告宣传，并为此投入了巨额资金，通过长期的品牌维护和广告宣传投入，其商品已成为时尚文化品位的象征，为公众所认知、接受以及利用。“PRADA”商标及字号在中国享有极高的知名度，相关公众易将其与奢侈的服饰、手提包等商品相联系。因此，东方源公司未经商标权利人的许可，为推介东方国际中心房产项目和推销店铺的招租，在其相关广告中使用了“PRADA”“PRADA MILANO”文字和图案商标，其本质上属于利用他人享有极高知名度的注册商标和企业字号，为自己获取市场竞争优势以及更多的市场交易机会，违反了诚实信用和公平竞争的原则，损害了商标权人的合法权益，破坏了正常的市场竞争秩序。普拉达公司认为东方源公司的行为借用了普拉达品牌声誉，违反了诚实信用原则和公认的商业道德，扰乱了正常的竞争秩序，非法地攀附和利用了普拉达公司商标及字号的声誉，有损普拉达公司的品牌形象，构成不正当竞争行为，事实依据充分，依法予以支持。东方源公司虽辩称其已通过西安久龄商业地产管理有限公司、宁波特蚁服饰有限公司免费取得涉案商标使用权及字号的合法授权，因其并未提供充分的证据证明其主张，法院对其主张依法不予支持。

关于华商报社是否构成不正当竞争行为，也是本案争议的问题。法院注意到华商报社是受东方源公司的委托发布广告，作为广告发布者，其在发布广告时已经审查了西安久龄商业地产管理有限公司、宁波特蚁服饰有限公司的企业法人营业执照、合同书、商标使用授权委托书、工作联系单等与广告发布有关的证明文件，提供了广告主的真实姓名，尽到了合理注意义务，主观上没有侵权的故意或者过错；同时，华商报社发布广告的行为并非为了竞争目的，也不属于获取或者破坏他人竞争优势的行为，不应归类于市场竞争，故此普拉达公司认为华商报社构成不正当竞争行为，事实和法律依据不足，依法不予支持。

考虑到东方源公司的主观过错程度、侵权行为的性质、范围、期间、后果、经营状况等因素，法院综合确定包括普拉达公司为制止侵权行为的合理开支损失赔偿额为 3 万元。至于普拉达公司起诉称华商报社作为广告发布者，应对东方源公司的侵权行为承担连带责任。因华商报社在发布广告时，已经审查了与广告发布有关的证明文件，提供了广告主的真实姓名，尽到了合理的注意义务，主观上没有侵权的故意或者过错，故普达拉公司此项请求不符合《广告法》（1995 年）第三十八条第一款“违反本法规定，发布虚假广告，欺骗和误导消费者，使购买商品或者接受服务的消费者的合法权益受到损害的，由广告主依法承担民事责任；广告经营者、广告发布者明知或者应知广告虚假仍设计、制作、发布的，应当依法承担连带责任”之规定，依法不予支持。

东方源公司跟普拉达公司分属不同的行业，构成不正当竞争。

第三章 ▍关于商标的犯罪

第一节 商标犯罪的法律依据

一、法律

《商标法》

第六十七条 未经商标注册人许可，在同一种商品上使用与其注册商标相同的商标，构成犯罪的，除赔偿被侵权人的损失外，依法追究刑事责任。伪造、擅自制造他人注册商标标识或者销售伪造、擅自制造的注册商标标识，构成犯罪的，除赔偿被侵权人的损失外，依法追究刑事责任。销售明知是假冒注册商标的商品，构成犯罪的，除赔偿被侵权人的损失外，依法追究刑事责任。

二、司法解释

（一）《最高人民法院、最高人民检察院关于办理侵犯知识产权刑事案件具体应用法律若干问题的解释》

第一条 未经注册商标所有人许可，在同一种商品上使用与其注册商标相同的商标，具有下列情形之一的，属于刑法第二百一十三条规定的“情节严重”，应当以假冒注册商标罪判处三年以下有期徒刑或者拘役，并处或者单处罚金：

（一）非法经营数额在五万元以上或者违法所得数额在三万元以上的；

（二）假冒两种以上注册商标，非法经营数额在三万元以上或者违法所得数额在二万元以上的；

（三）其他情节严重的情形。

具有下列情形之一的，属于刑法第二百一十三条规定的“情节特别严重”，应当以假冒注册商标罪判处三年以上七年以下有期徒刑，并处罚金：

（一）非法经营数额在二十五万元以上或者违法所得数额在十五万元以上的；

（二）假冒两种以上注册商标，非法经营数额在十五万元以上或者违法所得数额在十万元以上的；

（三）其他情节特别严重的情形。

第二条 销售明知是假冒注册商标的商品，销售金额在五万元以上的，属于刑法第二百一十四条规定的“数额较大”，应当以销售假冒注册商标的商品罪判处三年以下有期徒刑或者拘役，并处或者单处罚金。

销售金额在二十五万元以上的，属于刑法第二百一十四条规定的“数额巨大”，应当以销售假冒注册商标的商品罪判处三年以上七年以下有期徒刑，并处罚金。

第三条 伪造、擅自制造他人注册商标标识或者销售伪造、擅自制造的注册商标标识，具有下列情形之一的，属于刑法第二百一十五条规定的“情节严重”，应当以非法制造、销售非法制造的注册商标标识罪判处三年以下有期徒刑、拘役或者管制，并处或者单处罚金：

（一）伪造、擅自制造或者销售伪造、擅自制造的注册商标标识数量在二万件以上，或者非法经营数额在五万元以上，或者违法所得数额在三万元以上的；

（二）伪造、擅自制造或者销售伪造、擅自制造两种以上注册商标标识数量在一万件以上，或者非法经营数额在三万元以上，或者违法所得数额在二万元以上的；

（三）其他情节严重的情形。

具有下列情形之一的，属于刑法第二百一十五条规定的“情节特别严重”，应当以非法制造、销售非法制造的注册商标标识罪判处三年以上七年以下有期徒刑，并处罚金：

（一）伪造、擅自制造或者销售伪造、擅自制造的注册商标标识数量在十万件以上，或者非法经营数额在二十五万元以上，或者违法所得数额在十五万元以上的；

（二）伪造、擅自制造或者销售伪造、擅自制造两种以上注册商标标识数量在五万件以上，或者非法经营数额在十五万元以上，或者违法所得数额在十万元以上的；

（三）其他情节特别严重的情形。

第八条 刑法第二百一十三条规定的“相同的商标”，是指与被假冒的注册商标完全相同，或者与被假冒的注册商标在视觉上基本无差别、足以对公众产生误导的商标。

刑法第二百一十三条规定的“使用”，是指将注册商标或者假冒的注册商标用于商品、商品包装或者容器以及产品说明书、商品交易文书，或者将注册商标或者假冒的注册商标用于广告宣传、展览以及其他商业活动等行为。

第九条 刑法第二百一十四条规定的“销售金额”，是指销售假冒注册商标的商品后所得和应得的全部违法收入。

具有下列情形之一的，应当认定为属于刑法第二百一十四条规定的“明知”：

（一）知道自己销售的商品上的注册商标被涂改、调换或者覆盖的；

（二）因销售假冒注册商标的商品受到过行政处罚或者承担过民事责任、又销售同一种假冒注册商标的商品的；

（三）伪造、涂改商标注册人授权文件或者知道该文件被伪造、涂改的；

（四）其他知道或者应当知道是假冒注册商标的商品的情形。

第十二条 本解释所称“非法经营数额”，是指行为人在实施侵犯知识产权行为过程中，制造、储存、运输、销售侵权产品的价值。已销售的侵权产品的价值，按照实际销售的价格计算。制造、储存、运输和未销售的侵权产品的价值，按照标价或者已经查清的侵权产品的实际销售平均价格计算。侵权产品没有标价或者无法查清其实际销售价格的，按照被侵权产品的市场中间价格计算。

多次实施侵犯知识产权行为，未经行政处理或者刑事处罚的，非法经营数额、违法所得数额或者销售金额累计计算。

本解释第三条所规定的“件”，是指标有完整商标图样的一份标识。

第十三条 实施刑法第二百一十三条规定的假冒注册商标犯罪，又销售该假冒注册商标的商品，构成犯罪的，应当依照刑法第二百一十三条的规定，以假冒注册商标罪定罪处罚。

实施刑法第二百一十三条规定的假冒注册商标犯罪，又销售明知是他人的假冒注册商标的商品，构成犯罪的，应当实行数罪并罚。

第十五条 单位实施刑法第二百一十三条至第二百一十九条规定的行为，按照本解释规定的相应个人犯罪的定罪量刑标准的三倍定罪量刑。

（二）《最高人民法院、最高人民检察院关于办理侵犯知识产权刑事案件具体应用法律若干问题的解释（二）》

第四条 对于侵犯知识产权犯罪的，人民法院应当综合考虑犯罪的违法所得、非法经营数额、给权利人造成的损失、社会危害性等情节，依法判处罚金。罚金数额一般在违法所得的一倍以上五倍以下，或者按照非法经营数额的50%以上一倍以下确定。

第六条 单位实施刑法第二百一十三条至第二百一十九条规定的行为，按照《最高人民法院、最高人民检察院关于办理侵犯知识产权刑事案件具体应用法律若干问题的解释》和本解释规定的相应个人犯罪的定罪量刑标准定罪处罚。

上述所说的《最高人民法院、最高人民检察院关于办理侵犯知识产权刑事案件具体应用法律若干问题的解释》施行时间是2004年12月22日起，而《最高人民法院、最高人民检察院关于办理侵犯知识产权刑事案件具体应用法律若干问题的解释（二）》自2007年4月5日起施行，关于单位犯罪的数额标准是个人标准的三倍修改为相同。

（三）《最高人民法院、最高人民检察院、公安部关于办理侵犯知识产权刑事案件适用法律若干问题的意见》

五、关于刑法第二百一十三条规定的“同一种商品”的认定问题名称相同的商品以及名称不同但指同一事物的商品，可以认定为“同一种商品”。“名称”是指国家工商行政管理总局商标局在商标注册工作中对商品使用的名称，通常即《商标注册用商品和服务国际分类》中规定的商品名称。“名称不同但指同一事物的商品”是指在功能、用途、主要原料、消费对象、销售渠道等方面相同或者基本相同，相关公众一般认为是同一种事物的商品。

认定“同一种商品”，应当在权利人注册商标核定使用的商品和行为人实际生产销售的商品之间进行比较。

六、关于刑法第二百一十三条规定的“与其注册商标相同的商标”的认定问题

具有下列情形之一，可以认定为“与其注册商标相同的商标”：

（一）改变注册商标的字体、字母大小写或者文字横竖排列，与注册商标之间仅有细微差别的；

（二）改变注册商标的文字、字母、数字等之间的间距，不影响体现注册商标显著特征的；

（三）改变注册商标颜色的；

（四）其他与注册商标在视觉上基本无差别、足以对公众产生误导的商标。

七、关于尚未附着或者尚未全部附着假冒注册商标标识的侵权产品价值是否计入非法经营数额的问题

在计算制造、储存、运输和未销售的假冒注册商标侵权产品价值时，对于已经制作完成但尚未附着（含加贴）或者尚未全部附着（含加贴）假冒注册商标标识的产品，如果有确实、充分证据证明该产品将假冒他人注册商标，其价值计入非法经营数额。

八、关于销售假冒注册商标的商品犯罪案件中尚未销售或者部分销售情形的定罪量刑问题

销售明知是假冒注册商标的商品，具有下列情形之一的，依照刑法第二百一十四条的规定，以销售假冒注册商标的商品罪（未遂）定罪处罚：

（一）假冒注册商标的商品尚未销售，货值金额在十五万元以上的；

（二）假冒注册商标的商品部分销售，已销售金额不满五万元，但与尚未销售的假冒注册商标的商品的货值金额合计在十五万元以上的。

假冒注册商标的商品尚未销售，货值金额分别达到十五万元以上不满二十五万元、二十五万元以上的，分别依照刑法第二百一十四条规定的各法定刑幅度定罪处罚。

销售金额和未销售货值金额分别达到不同的法定刑幅度或者均达到同一法定刑幅度的，在处罚较重的法定刑或者同一法定刑幅度内酌情从重处罚。

九、关于销售他人非法制造的注册商标标识犯罪案件中尚未销售或者部分销售情形的定罪问题

销售他人伪造、擅自制造的注册商标标识，具有下列情形之一的，依照刑法第二百一十五条的规定，以销售非法制造的注册商标标识罪（未遂）定罪处罚：

（一）尚未销售他人伪造、擅自制造的注册商标标识数量在六万件以上的；

（二）尚未销售他人伪造、擅自制造的两种以上注册商标标识数量在三万件以上的；

（三）部分销售他人伪造、擅自制造的注册商标标识，已销售标识数量不满二万件，但与尚未销售标识数量合计在六万件以上的；

（四）部分销售他人伪造、擅自制造的两种以上注册商标标识，已销售标识数量不满一万件，但与尚未销售标识数量合计在三万件以上的。

以上司法解释及司法文件对于商标犯罪已经规定得比较详细具体，律师在办理此类案件中注意对于“同一种商品”“与其注册商标相同的商标”“非法经营数额”“销售金额”“件”“名称”等术语的正确理解。

根据以上法律法规，构成商标犯罪的条件如下：

1. 商标犯罪的最低构成要素之一是商标本身即“在同一种商品上使用跟他人商标相同或基本相同的商标”。

2. 商标犯罪的最低构成要素之二分多种情形：

（1）非法经营数额在五万元以上；

（2）违法所得数额在三万元以上的；

（3）假冒两种以上注册商标，非法经营数额在三万元以上；

（4）假冒两种以上注册商标，违法所得数额在二万元以上的；

（5）销售明知是假冒注册商标的商品，销售金额在五万元以上的；

（6）伪造、擅自制造注册商标标识数量在二万件以上；

（7）销售伪造、擅自制造的注册商标标识数量在二万件以上；

（8）伪造、擅自制造注册商标标识非法经营数额在五万元以上；

（9）伪造、擅自制造注册商标标识违法所得数额在三万元以上的；

（10）伪造、擅自制造两种以上注册商标标识数量在一万件以上；

（11）伪造、擅自制造两种以上注册商标标识经营数额在三万元以上；

（12）伪造、擅自制造两种以上注册商标标识违法所得数额在二万元以上的；

（13）销售伪造、擅自制造两种以上注册商标标识数量在一万件以上；

（14）销售伪造、擅自制造两种以上注册商标标识非法经营数额在三万元以上；

（15）销售伪造、擅自制造两种以上注册商标标识违法所得数额在二万元以上的。

只要满足之一和之二中的十五种情形中的一种的，犯罪成立。

总结起来就是分为两种情况，一是根据销售侵权商品的非法经营数额、违法所得数额或者销售金额计算。二是根据注册商标标识数量以“件”为准，是指标有完整商标图样的一份标识。实际工作中，注意区分“非法经营数额”“违法所得数额”和“销售金额”的含义。

第二节　商标犯罪的量刑

商标相关犯罪的量刑一般分为两个档级，一档是三年以下有期徒刑或者拘役，并处或者单处罚金。另一档是三年以上有期徒刑并处罚金。

一、三年以下有期徒刑或者拘役，并处或者单处罚金

1. 属于《刑法》第二百一十三条规定的“情节严重”，《刑法》第二百一十四条规定的“数额较大”，应当以假冒注册商标罪判处三年以下有期徒刑或者拘役，并处或者单处罚金。

2. 属于《刑法》第二百一十四条规定的“数额较大”，应当以销售假冒注册商标的商品罪判处三年以下有期徒刑或者拘役，并处或者单处罚金。

3. 属于《刑法》第二百一十五条规定的“情节严重”，应当以非法制造、销售非法制造的注册商标标识罪判处三年以下有期徒刑、拘役或者管制，并处或者单处罚金。

二、三年以上有期徒刑并处罚金

1. 属于《刑法》第二百一十三条规定的“情节特别严重”，应当以假冒注册商标罪判处三年以上七年以下有期徒刑，并处罚金。

2. 销售金额在 25 万元以上的，属于《刑法》第二百一十四条规定的“数额巨大”，应当以销售假冒注册商标的商品罪判处三年以上七年以下有期徒刑，并处罚金。

3. 属于《刑法》第二百一十五条规定的“情节特别严重”，应当以非法制造、销售非法制造的注册商标标识罪判处三年以上七年以下有期徒刑，并处罚金。

从以上规定可以看出，商标犯罪根据情节分为“情节严重”“情节特别严重”两个档次，量刑一般分别为三年以下有期徒刑和三年以上七年以下有期徒刑。

另一种量刑方式是从“数额较大”和“数额巨大”两个方面进行量刑，一般分别为三年以下有期徒刑和三年以上七年以下有期徒刑。

第三节　商标犯罪案例评析

【案例3－1】销售假冒注册商标的商品刑事案件

被告人马某从2011年开始从事酒类批发生意。2015年10月，公安机关在马某租赁的仓库及店铺内，查获待销售的芝华士、马爹利、轩尼诗、皇家礼炮等品牌洋酒，案值128106元；同时查获待销售的瓶身上烙有青岛啤酒、TSINGTAO浮雕商标的啤酒3860箱（每箱24瓶），案值347400元。所有涉案啤酒除在瓶颈处烙有醒目的浮雕商标外，瓶身上还贴有纸质瓶贴。这些纸质瓶贴使用了与青岛啤酒高度相似的图案、形状和色彩，虽然在位于产品说明部分的一角标注了其他商标标识，但字体和图案均不清晰，瓶身整体外观与正品青岛啤酒高度近似。

法院经审理认为：被告人马某为牟取非法利益，销售明知是假冒注册商标的商品且金额巨大，其行为已构成销售假冒注册商标的商品罪。被告人马某已着手实施犯罪，因意志以外的原因未得逞，系犯罪未遂，依法可比照既遂犯减轻处罚。被告人马某在被司法机关取保候审期间能遵纪守法，可适用缓刑予以考验。法院依法判处马某有期徒刑一年，缓刑一年，并处罚金1万元。

一审宣判后，公诉机关认为本案缓刑、罚金刑等适用不当，提出抗诉，但未对一审认定的证据、事实及案件定性提出异议。二审法院经审理，驳回抗诉，维持原判。

【评析】本案为刑事司法实践中如何认定“假冒注册商标的商品”提供了借鉴和参考。作为上海首例因“旧瓶装新酒”入刑的商标侵权假冒案件，本案的审理对于规范旧瓶回收市场具有积极意义。

现实中部分不法经营者把杂牌啤酒灌入回收来的名牌啤酒瓶内，贴上混淆消费者认知的标贴，再装入假冒的名牌啤酒纸箱中，通过各种渠道进入销售链条。这种行为不仅侵犯他人的知识产权，也给消费者带来了严重的安全和健康隐患，需要行政执法及司法机关“双管齐下”，合力治理。工商和市场监管部门应加大查处力度，对那些隐藏在流通链条末端的旧瓶回收窝点加以严格监管；应加强与司法机关的衔接配合，一旦发现犯罪线索，及时移送，维护权利人的合法权益。

一、涉案瓶体上的浮雕文字属于商标性使用

根据《商标法》第四十八条的规定，商标使用是指将商标用于商品、商品包装或者容器以及商品交易文书上，或者将商标用于广告宣传、展览以及其他商业活动中，用于识别商品来源的行为。能否起到识别商品来源的作用，是认定特定标志是否构成商标性使用的关键。在本案中，涉案啤酒瓶上的青岛啤酒、TSINGTAO浮雕文字与被假冒的注册商标在视觉上基本无差异，纸质瓶贴上使用的其他商标并未覆盖上述浮雕商标，浮雕商标字号较大、更为醒目，因此青岛啤酒、TSINGTAO浮雕文字已具备商标意义上识别商品来源的作用。

二、涉案瓶体及浮雕商标足以对社会公众产生误导

被告人回收正品青岛啤酒的酒瓶后加以使用。青岛啤酒、TSINGTAO浮雕文字系回收酒瓶所固有，被告人在瓶贴上虽然使用了其他商标，但涉案啤酒纸质瓶贴的颜色、图形的搭配及整体风格等均与正品青岛啤酒外观风格近似，且消费者更容易观察、注意到辨识度较高的青岛啤酒、TSINGTAO浮雕文字。

据被告人供述，涉案啤酒主要销往酒吧、歌厅等场所。相关公众会误以为涉案啤酒与青岛啤酒的制造商存在特定联系，进而产生混淆、误认。根据《最高人民法院、最高人民检察院关于办理侵犯知识产权刑事案件具体应用法律若干问题的解释》第八条的规定，相同商标除了指与被假冒的注册商标完全相同的商标外，亦可指与被假冒的注册商标在视觉上基本无差别、足以对公众产生误导的商标，因此涉案啤酒的商标与青岛啤酒商标构成相同商标。

三、回收利用旧瓶应避免侵害他人注册商标专用权

国家鼓励回收利用旧瓶以利于保护环境、节约能源，但在生产、销售“旧瓶新用”的啤酒时，经营者亦应遵守相关法律法规。经营者未采取正当方式使用回收啤酒瓶，侵害他人知识产权及其他合法权益的，应当承担相应的法律责任。

在本案中，经营者如果将纸质瓶贴覆盖浮雕商标，或者以明显不同于正品青岛啤酒商标的标识、颜色、图案等加以区分，可实质降低消费者对商品来源产生混淆误认的可能性。如果消费者通过不同的瓶贴即可区分啤酒生产商，不会产生误认，则此种情形下旧瓶上固有的浮雕商标就属于正当使用，不构成侵权。

四、被告人具有销售假冒他人注册商标的商品的主观故意

本案中，被告人马某作为酒类批发销售商，大多通过商品流通渠道从供货商处采购啤酒并销售给娱乐场所等商户，不能要求其随时注意所售啤酒是否存在权利瑕疵，否则可能影响商品的正常流通。但基于其职业、社会经验、行业要求、经营状况等具体因素，仍应要求其尽到高于普通消费者的注意义务。被告人马某长期从事酒类销售，理应知悉青岛啤酒商标及正品酒类的价格和进货渠道。涉案瓶体显著位置有青岛啤酒、TSINGTAO浮雕文字，鉴于青岛啤酒商标具有很高的知名度，马某理应知悉涉案啤酒并非正品，且以明显不合理的低价（每瓶啤酒的采购价仅为0.8元左右，销售价为2.8元）售出，因此足以认定马某未尽到应有的注意义务，明知是假冒他人注册商标的商品仍予以销售，犯罪的主观故意明显。

【案例3-2】明知是伪造、擅自制造的注册商标标识而予以销售的犯罪（案例来源：《南方日报》2012年12月11日，作者：黄少宏，同案例1-11）

2011年7月至2012年8月14日期间，现年32岁的广东清新县男子陈某租用的东莞大岭山镇杨屋第二工业区一出租屋的一楼仓库及二楼一间房屋，作为销售假冒芝华士、黑牌等酒类品牌标识的窝点。

陈某从广州等地购买假冒的芝华士等品牌的瓶盖及全套标识后，通过在网上发布消息，与制作假洋酒的人取得联系后，将上述假冒品牌的瓶盖及全套标识通过某物流公司发货到北京、郑州等地进行销售，并通过物流公司代收货款。

2012年8月14日，公安机关在虎门镇将陈某抓获后，在上述窝点内查获芝华士牌洋酒戒指盖55170个、芝华士瓶盖24200个、黑牌瓶盖2400个、AGED12YEARS商标标识98340个、揭膜透印标志金属真品商品标识126860个以及德邦物流单据257张，并从陈某处缴获作案工具手机2部、银行卡若干张以及现金813元。

经英国国际洋酒协会有限公司广州代表处鉴定，上述缴获的芝华士、黑牌、红牌等瓶盖、标签均为假冒瓶盖、标签。

法院经审理认为，公诉机关当庭出示的证据，经控辩双方质证查实，证据来源合法，证据内容客观、真实，且上述证据互有关联，能相互印证，可以作为本案的定案根据。根据本案证据，可认定陈某非法制造芝华士、黑牌、红牌标识54万多个，销售金额超过26万元。

陈某明知是伪造、擅自制造的注册商标标识而予以销售，其行为已构成销售非法制造的注册商标标识罪。法院认定，陈某的行为属于销售非法制造的注册商标标识罪中情节特别严重的情形，应当依法被判处三年以上七年以下有期徒刑，并处罚金。考虑到陈某归案后认罪态度较好，可以从轻处罚。

【评析】笔者认为，此案例符合《商标法》第六十七条规定的构成犯罪的情形，也符合《最高人民法院、最高检察院、公安部关于办理侵犯知识产权刑事案件适用法律若干问题的意见》第九条所规定的情形。行为人属于明知是伪造的商标标识而出售牟利，构成犯罪，应追究其刑事责任。

2

CHAPTER

第二编

商标权利篇

第四章 ▍商标的相关行政程序

第一节 商标异议和复审

一、商标的异议

商标的异议属于在注册环节公众和相关权利人的监督程序，商标局在审核欲注册的商标过程中，主要是通过网络搜索看跟已经注册的商标从类别和标志本身是否存在类似和近似，但是不可能对著作权等其他权利及其他千差万别的情形全部考虑到，一定会有漏洞，公众及相关权利人的监督纠正很有必要，商标异议共有四种情况。

第一种情况是指相关权利人、利害关系人认为违反《商标法》第三十三条“对初步审定公告的商标，自公告之日起三个月内，在先权利人、利害关系人认为违反本法第十三条第二款和第三款、第十五条、第十六条第一款、第三十条、第三十一条、第三十二条规定的，……可以向商标局提出异议。公告期满无异议的，予以核准注册，发给商标注册证，并予公告”之规定。此种异议理由主要是对注册和未注册的驰名商标的跨类提前保护，对于他人商标的抢先注册的禁止，对于地理标志的特殊保护，对于他人的在先著作权等权利、对于他人已经使用并有一定影响的未注册商标的保护。此种提出异议权的人只能是相关权利人、利害关系人，其他人无权提出。

第二种情况是指认为违反《商标法》第四条、第十条、第十一条、第十二条、第十九条第四款规定的，任何人都可以提出异议。这种情况是指欲注册的商标标志本身不合法，不能注册或不能作为商标使用。

第三种情况是《商标法》第十五条第一款规定的“未经授权，代理人或者代表人以自己的名义将被代理人或者被代表人的商标进行注册，被代理人或者被代表人提出异议的，不予注册并禁止使用”。

第四种情况是《商标法》第十五条第二款规定的“就同一种商品或者类似商品申请注册的商标与他人在先使用的未注册商标相同或者近似，申请人与该他人具有前款规定以外的合同、业务往来关系或者其他关系而明知该他人商标存在，该他人提出异议的，不予注册”。

《商标法》对不能注册和不能作为商标使用两种情形没有作出区分，属于立法的较大失误。对于《商标法》第十条规定了不得作为商标使用的标志，但没有规定不可以注册，法无禁止即为合法，把《商标法》第十条作为商标异议的理由之一，是不妥当的，应该删除这一个异议理由。

《商标法》第十一条和第十二条是说不能注册为商标的标志，但是可以使用，如果经过使用具有了显著性，应该可以注册，需要提供证据予以证明，但这里法律并没有给出说明。

异议人提出异议后，商标局会通知被异议人，听取双方的意见和根据提供的证据，作出决定，对于商标局的决定，异议人不服的可以向商标评审委员会请求宣告该注册商标无效，不能再提出复审，这是新商标法的规定，目的是缩短注册时间。被异议人不服的，仍然可以进行异议复审、行政诉讼程序。

异议人当然要提供有效的证据来证明自己的主张。

【案例4－1】恶意抢注的商标行政纠纷案例——盖璞公司与新恒利公司“GAP”商标异议行政纠纷案

异议人：盖璞公司

被异议人：新恒利公司

被异议商标：第9类眼镜等商品上申请注册“GAP”商标

1992年7月，盖璞公司在第25类衬衫、T恤以及第18类背包等商品上申请的“GAP”商标（以下简称引证商标）获准注册。

1999年4月19日新恒利公司在第9类眼镜等商品上申请注册“GAP”商标（以下简称被异议商标），盖璞公司提出异议。国家工商行政管理总局商标局和商标评审委员会认为，被异议商标指定使用商品与引证商标核定使用商品、服务的功能、用途以及服务的方式和对象均不同，未构成类似商品和服务上的近似商标，故裁定被异议商标予以核准注册。

盖璞公司不服，向北京市第一中级人民法院起诉。北京市第一中级人民法院经过审理判决维持商标评审委员会的裁定。盖璞公司不服，向北京市高级人民法院提起上诉。北京市高级人民法院判决维持一审判决。

盖璞公司不服，向最高人民法院申请再审。最高人民法院经过审理后裁定提审本案，并于2012年3月31日作出终审判决。最高人民法院认为：盖璞公司提交的证据可证明其“GAP”系列商标在被异议商标申请日之前在中国已经使用并具有一定的知名度，而且从新恒利公司宣称自己来源于美国，并标榜自己与“GAP”服装相同的特点以及实际使用情况来看，新恒利公司知晓引证商标的知名度，并具有攀附“GAP”品牌的主观意图。被异议商标指定使用“太阳镜、眼镜框”等商品虽与引证商标主要指定使用的“服装”等商品在《类似商品和服务区分表》中划分为不同的大类，但是商品的功能用途、销售渠道、消费群体具有较大的关联性，尤其对于时尚类品牌而言，公司经营同一品牌的服装和眼镜等配饰是普遍现象。考虑到引证商标具有一定知名度，被异议商标申请人具有搭车的意图，被异议商标与引证商标基本相同，分别使用在眼镜和服装等商品上，客观上容易造成相关公众认为商品是同一主体提供的，或者其提供者之间存在特定联系。因此被异议商标与引证商标已经构成使用在类似商品上的近似商标，不应予以核准注册。据此，最高人民法院撤销商标评审委员会的裁定和一、二审判决，判令商标评审委员会重新作出裁定。

【评析】本案是较为典型的恶意抢注商标案件。商标评审委员会和一、二审法院均以被异议商标与引证商标使用的商品不类似为由核准被异议商标注册。最高人民法院考虑到被异议商标申请人明知引证商标的知名度，申请被异议商标搭车意图明显，同时服装和眼镜具有一定的关联性，最终判决不予被异议商标核准注册，表明了最高人民法院依法遏制恶意抢注商标的司法导向和态度。

要说明的是，此案发生在2013年《商标法》施行之前，异议人还是可以提出异议、异议复审、行政诉讼，2013年《商标法》施行后，异议人提出异议后，如果对商标局的决定不服，不能再提复审，而只能等被异议商标核准注册后，另行向商标复审委员会提出无效宣告申请。

二、商标的复审

商标的复审分为两种情况：

1. 第一种情况是相关人员对于商标局初审公告的商标提出异议，商标局作出异议裁定后，被异议人不服的，可以向商标评审委员会申请复审，属于行政复议程序范畴，被异议人对商标评审委员会申请复审决定不服的，还可以向法院起诉。

以上要注意的是：异议人提出异议时，要根据具体的法律规定并要提供有效的证据，被异议人同样要提供反驳的证据。工商总局邮寄材料时都是用挂号信，要防止收取信时出现障碍，挂号信的投递容易失误和延误，严重的还会退回去，因为挂号信投递员一般不会给接收者电话。还要注意行政诉讼的具体程序。

【案例4－2】第8526629号丰田丰商标异议复审案

第8526629号丰田丰商标（以下简称被异议商标）由徐某福（即本案被申请人）于2010年7月30日提出注册申请，指定使用在第44类水龙头、地漏等商品上。

2013年6月28日，丰田汽车公司（即本案申请人）不服商标局作出的（2013）商标异字第14840号裁定，向商标评审委员会申请复审。申请人复审的主要理由为：申请人是世界最著名的汽车公司之一，其使用在第12类汽车及其零配件商品上的丰田商标于2006年被商标局认定为驰名商标。被异议商标完整包含申请人丰田商标，其注册和申请极易误导公众，并损害申请人驰名商标利益。因此，请求依据2013年修改前的《商标法》第十三条第二款等规定，不予核准被异议商标的注册申请。对此，被申请人答辩称：申请人商标虽然在汽车行业曾被认定为中国驰名商标，但其跨类受保护应该是有限的，请求核准被异议商标的注册。

商标评审委员会经审核认为，申请人提供的相关宣传及使用证据可以证明，申请人丰田商标在被异议商标申请注册前在汽车及其零配件商品上经过申请人长期、广泛使用与宣传，已在中国大陆地区建立了较高知名度及广泛的影响力，为相关消费者普遍知晓，已达到驰名商标的知名程度，根据《商标法》第十四条的规定可以认定为驰名商标。被异议商标丰田丰完整包含引证商标丰田，两商标高度近似。虽然被异议商标初步审定的水龙头、洗涤槽等商品与申请人丰田商标赖以驰名的汽车及其零配件商品并非密切相关，但是被异议商标的使用在客观上易使消费者与申请人丰田商标产生联想，从而削弱丰田商标作为驰名商标所具有的显著性和良好商誉，致使驰名商标所有人的利益受到损害。因此，被异议商标的注册使用构成《商标法》第十三条第三款所指的情形，对被异议商标不予核准注册。

【评析】 目前，试图借助驰名商标的声誉打擦边球、傍名牌的行为较普通商标更为常见。由于相关公众已经在驰名商标与其使用的商品或服务之间建立了强烈的联系，若允许他人在其他类别的商品或服务上注册、使用与驰名商标相同或近似的商标，会淡化和稀释这种联系，即破坏该驰名商标的显著性，甚至会贬损驰名商标的声誉。在目前的评审和司法实践中，对于驰名商标的跨类保护已不限于混淆要求，而是有限引入了反淡化保护，该案就属于此情形。

2. 第二种情况是申请商标注册的申请人，对于商标局依据职权决定驳回注册申请不服而向商标评审委员会提出的复审请求。

【案例 4-3】第 11629459 号奇灸及图商标驳回复审案

第 11629459 号奇灸及图商标（以下简称申请商标）由广州金邦生物科技有限公司（即本案申请人）于 2012 年 10 月 19 日提出注册申请，指定使用在第 5 类人用药等商品上。后商标局以该商标用于指定商品上易使消费者对商品的治疗方法等产生误认，从而造成不良影响，违反了修改前的《商标法》第十条第一款第（八）项等为由驳回其注册申请。申请人不服上述驳回决定，于 2014 年 1 月 9 日向商标评审委员会提出复审。

商标评审委员会经审核认为：申请商标违反修改前的《商标法》第十条第一款第（八）项规定的内容，体现于现行《商标法》第十条第一款第（七）项规定之中。本案中，申请商标中“灸”为中医的一种治疗方法，该商标用于指定商品上，易使消费者对商品的治疗方法、功能用途等特点产生误认，已构成《商标法》第十条第一款第（七）项所指情形，故对申请商标在复审商品上的注册申请予以驳回。

【评析】本案涉及驳回复审案件中，修改前的《商标法》第十条第一款第（八）项中关于“申请商标的注册申请易使消费者对质量等特点产生误认，从而造成不良影响”的情形与现行《商标法》第十条第一款第（七）项条款的转换适用问题。现行《商标法》第十条第一款第（七）项规定的“带有欺骗性，容易使公众对商品的质量等特点或者产地产生误认”，是指商标使用在指定的商品上，可能使公众对商品的质量等特点或者产地产生错误的认识，造成欺骗性后果。显而易见，在2013年《商标法》施行后，上述情形的法律适用更加明确。

第二节　商标的撤销

商标的撤销是指商标核准注册后出现某些法定事由，予以撤销注册的情形，分为两种：一种是由国家工商总局商标局依自身职权主动对相关商标进行撤销；另一种是需要除商标局之外的任何单位和个人向商标局提出申请撤销某个商标的注册。

第一种是，《商标法》第四十九条第一款规定：商标注册人在使用注册商标的过程中，自行改变注册商标、注册人名义、地址或者其他注册事项的，由地方工商行政管理部门责令限期改正；期满不改正的，由商标局撤销其注册商标。这条规定主要针对在使用过程中的不规范不合法的行为的制裁措施。这种情况下是先由地方工商行政管理部门责令限期改正，否则上报给商标局撤销其注册商标。当然其他人可以向地方工商行政管理部门进行举报。这种由主管部门依职权主动撤销商标的情况实际并不多见。

第二种是，《商标法》第四十九条第二款规定：注册商标成为其核定使用的商品的通用名称或者没有正当理由连续三年不使用的，任何单位或者个人可以向商标局申请撤销该注册商标。这种情形是指任何单位和个人都可以向商标局提出申请撤销该注册商标，属于大众监督。此种情形在实际生活中还是较常见的。

《商标法实施条例》第六十五条规定："有商标法第四十九条规定的注册商标成为其核定使用的商品通用名称情形的，任何单位或者个人可以向商标局申请撤销该注册商标，提交申请时应当附送证据材料。商标局受理后应当通知商标注册人，限其自收到通知之日起2个月内答辩；期满未答辩的，不影响商标局作出决定。"第六十六条规定："有商标法第四十九条规定的注册商标无正当理由连续3年不使用情形的，任何单位或者个人可以向商标局申请撤销该注册商标，提交申请时应当说明有关情况。商标局受理后应当通知商标注册人，限其自收到通知之日起2个月内提交该商标在撤销申请提出前使用的证据材料或者说明不使用的正当理由；期满未提供使用的证据材料或者证据材料无效并没有正当理由的，由商标局撤销其注册商标。前款所称使用的证据材料，包括商标注册人使用注册商标的证据材料和商标注册人许可他人使用注册商标的证据材料。以无正当理由连续3年不使用为由申请撤销注册商标的，应当自该注册商标注册公告之日起满3年后提出申请。"注意是公告之日起算，跟注册之日是不同的。

【案例4－4】朗科公司注册在第9类计算机存储器等商品上的第1509704号"优盘"商标案

2002年10月23日，华旗公司针对朗科公司注册在第9类计算机存储器等商品上的第1509704号"优盘"商标（以下简称争议商标），向国家工商总局商标评审委员会（以下简称商标评审委员会）提出撤销申请。2003年，商标评审委员会依法予以受理。

经过调查发现，"优盘"已经成为普遍使用的产品名称。美国的波尔托拉克和勒纳两位知识产权学者曾在《知识产权法精要》一书中谈到"适当的商标使用"问题。"商品商标或服务商标是一个形容词，它应该和一个恰当的商品或服务的通称连在一起使用。为了防止商标专用权丧失，可以在商标之外再创造出一个通称，并且要引导和鼓励公众使用这一通称”。

在朗科公司提交的商品包装盒及促销宣传材料上，“朗科优盘”或“优盘”文字后面并没有其他连用的商品名称。朗科公司在有关宣传材料中称，“启动型优盘，第三届中国高新技术交易会明星产品，全球第一款可彻底取代软盘软驱的USB移动存储盘”“优盘，新一代存储盘”等。可见，朗科公司是将“优盘”作为商品名称来使用的。

朗科公司称“优盘”是其“特定产品的特定名称”，这种说法在内涵和外延上都不确定，不符合逻辑学上定义的规则。

商标评审委员会经过讨论与研究之后，于2004年10月13日作出裁定，认为从争议商标“优盘”汉字本身的含义来看，其对于指定使用的第9类计算机存储器等商品的质量、功能、用途等特点具有直接的叙述性，缺乏商标应有的显著特征。朗科公司自身也一直将“优盘”作为商品名称加以使用，客观上进一步起到了淡化乃至消灭“优盘”文字作为商标的显著特征的作用。

商标评审委员会裁定书进一步指出，朗科公司将本商品的通用名称注册为商标加以独占，妨碍了同行业其他经营者正当、合理地使用“优盘”这一商品通用名称，同时也容易使消费者在选购闪存类计算机移动存储设备时发生误认。一段时间以来，由于朗科公司以及同行业其他经营者的使用与宣传，普通消费者已经形成了“优盘是一种新型计算机移动存储设备”的观念，但在朗科公司将“优盘”文字作为注册商标加以独占的情况下，就使消费者在购买以“优盘”为名称的计算机存储器产品时，其注意力更容易被拦截于朗科公司一家所提供的优盘产品，从而排斥了同行业其他经营者公平参与竞争的机会，使朗科公司借以形成不合理的竞争优势。

本案中，争议商标已经成为通用名称，依法不得作为商标注册；同时，争议商标作为一种计算机外设移动存储设备的通用名称，指定使用在计算机、计算机周边设备等商品上，不具备商标应有的显著特征。因此，依据《商标法》第十一条第一款第（一）项及第（三）项规定，争议商标应予撤销。《关于第1509704号“优盘”商标争议裁定书》已经作为典型案例被收入2005年度《中国商标报告》。

商标评审委员会作出裁定后，朗科公司不服裁决结果，向北京市第一中级人民法院提起行政诉讼。2006年2月，法院判决由商标评审委员会就"优盘"商标争议一案进行重新审理。北京市第一中级人民法院认为，"华旗公司申请撤销争议商标所依据的具体理由在撤销申请书及补充意见中并不相同"。对于申请人改变具体理由的情形，应当比照针对评审申请进行答辩和举证的情形，参照《商标法实施条例》第三十二条的规定，给予被申请人更为充分的举证时间。被告仅指定原告在30日内一次性提交相反证据。据此，一审法院以"违反法定程序"为由判决撤销了商标评审委员会的裁定。华旗公司不服一审判决，向北京市高级人民法院提出上诉。在案件审理当中，华旗公司又向北京市高级人民法院申请撤回上诉。北京市高级人民法院于2007年8月23日作出裁定，准许了华旗公司的撤回上诉申请，一审判决遂发生法律效力。

直到2010年3月15日，商标评审委员会才再次作出裁决，继续认定"优盘"商标为商品通用名称，予以撤销注册。朗科已决定就此次公告的裁定向北京市第一中级人民法院提起行政诉讼。

【评析】 商品通用名称是指为国家或某一行业中所共用的，反映一类商品与另一类商品之间根本区别的规范化称谓。商品通用名称的确定，主要源于社会的约定俗成，既要得到社会或某一行业的广泛承认，又要规范化。这是商品通用名称概念本质的特征，也是判定商品通用名称的主要依据。

要说明的是，此案适用的是2001年《商标法》第四十一条的规定，其他单位和个人应该向商标评审委员会请求撤销已经成为商品通用名称的商标。而2013年《商标法》对于此类撤销须向商标局提出。

【案例4－5】深圳市华意空间实业有限公司申请撤销卡地亚国际有限公司的第765196号"卡地亚"商标，三年无正当理由不使用案件

2012年9月，卡地亚国际有限公司起诉深圳市卡地亚家具有限公司（后改名为深圳市华意空间实业有限公司）商标专用权及不正当竞争纠纷一案的案号为（2012）深中法知民初字第1036号，笔者作为被告的诉讼代理人，赴北京国家工商总局商标局对原告的注册在第20类商品上的“卡地亚”商标提起了三年不使用撤销申请，国家工商总局商标局受理并于2013年12月11日作出决定撤销第765196号“卡地亚”商标，其商标注册证作废。此撤销案中，申请人应按照《商标法实施条例》第六十六条第一款的规定，在撤销理由中说明被申请商标连续三年停止使用的有关情况，至于这个说明，没有什么具体标准，说明所要撤销的商标被申请人自己没有生产销售也没有许可其他人生产销售所述商标核准使用的相关商品的连续时间已经超过三年，请求予以撤销即可。对于被申请撤销商标者，接到商标局转来的撤销申请后，需要在两个月内提交在所述三年内曾使用过的证据，此使用证据要求还是很严格的，可以提交没有使用的正当理由的证据或是提交此时间段内曾使用过的证据，未使用的正当理由是指新《商标法实施条例》第六十七条，下列情形属于商标法第四十九条规定的正当理由：（一）不可抗力；（二）政府政策性限制；（三）破产清算；（四）其他不可归责于商标注册人的正当事由的规定。

【评析】

一、商标使用的具体表现形式

（一）将商标用于商品、商品包装或者容器以及商品交易文书上

1. 商标使用在商品外包装、容器、标签上，或者使用在商品附加标牌、产品说明书、介绍手册上等。

2. 商标使用在与商品销售有联系的交易文书上，包括：使用在商品销售协议、发票、票据、收据、单据、商品进出口检疫证明、报关单上。

3. 其他符合商标法规定的使用方式。

（二）服务商标使用的具体表现方式

1. 直接使用于服务：包括使用于服务介绍手册、服务场所装饰、招贴、菜单、登记证、价目表、入住表格、挂号卡、奖券、贸易标志、汇款单据、文具、信笺及其他配套用具用品等。

2. 使用于与服务有联系的文件资料，包括发票、发货单、纪念品、提供

服务协议等。

（三）商标用于广告宣传、展览上的具体表现方式

在广播、电视、杂志、报纸及广告牌、邮寄广告等媒体或广告方式中为实际使用商标的商品或服务进行的广告宣传（报纸和杂志应为新闻出版部门批准发行的）。

在展览会、展示会使用商标，包括在展览会、展示会上提供使用商标的印刷品以及其他资料、照片等（展览会、展示会应为各级政府有关管理部门批准举办的）。

在《商标公告》、法律文书、注册信息公布、新闻媒体报道中有关商标的使用不视为商业活动中的使用。

商标的变更、转让和续展注册以及其他不具有商业意义上的使用都不能视为实际意义上的商标使用。

二、商标注册人提供的使用证据应符合以下要求

1. 当事人向商标局提供书证的，应当是原件，提供原件确有困难的，可以提供经公证与原件一致的复印件；提供由有关部门保管的书证与原件一致的复印件、影印件或者抄录件的，应当注明出处，经该部门核对无异或加盖其印章。

2. 当时人向商标局提供物证的，应当提供原物。提供原物确有困难的，可以提供与原物核对无误的复印件或者证明该物证的照片、录像等其他证据；原物为数量较多的种类物的，提供其中的一部分。

并且这些证据必须包含如下特征：（1）能鉴别出有关商品或者服务的提供者；（2）能鉴别出所使用的商品或服务；（3）能鉴别出是否系许可、监控使用关系；（4）能鉴别出使用的确切时间；（5）真实、有效、合法。

3. 下列商标使用证据没有其他有效证据相互印证的，不能单独作为认定商标使用事实的依据：

（1）商标许可使用合同或协议；

（2）商品销售合同或提供服务的协议、合同；

（3）书面证言；

（4）难以识别是否经过修改的物证、视听资料等；

（5）无法与原件、原物核对的复制件或者复制品；

（6）其他不能单独作为认定案件事实依据的证据材料。

在商标局审理撤销连续三年停止使用商标案件的过程中，商标局不会将相关证据专递给对方申请人。如果当事人、代理人需要查阅与本案有关案件证明材料的，应当提出书面申请，经商标局同意后，才可以查阅。申请人认为被申请人提供的使用证据不实的，应当向商标局提出反证。如果双方当事人均对另一方提供的证明有疑义，应当就证明的真实性等问题向有管辖权的司法机关、行政机关或国家指定的有关部门请求确认。确认期间，商标局中止审理。

《商标法》第五十四条规定："对商标局撤销或者不予撤销注册商标的决定，当事人不服的，可以自收到通知之日起十五日内向商标评审委员会申请复审。商标评审委员会应当自收到申请之日起九个月内做出决定，并书面通知当事人。有特殊情况需要延长的，经国务院工商行政管理部门批准，可以延长三个月。当事人对商标评审委员会的决定不服的，可以自收到通知之日起三十日内向人民法院起诉。"

上述两种撤销方式收费都是1000元，两种撤销方式的救济方式相同，都是依据《商标法》第五十四条"对商标局撤销或者不予撤销注册商标的决定，当事人不服的，可以自收到通知之日起十五日内向商标评审委员会申请复审。商标评审委员会应当自收到申请之日起九个月内做出决定，并书面通知当事人"的规定进行。

第三节　商标的注销

商标的注销也有两种情况：一种是指《商标法》第四十条规定的期满未办理续展手续的，注销其注册商标。此种情形没有具体规定是由商标局主动予以注销还是由他人向商标局提出申请，属于立法的不完备，实际上他人也可以向商标局进行举报促使商标局动用职权对期满未续展的商标进行注销。

另一种是指《商标法实施条例》第七十三条规定的商标注册人申请注销其注册商标或者注销其商标在部分指定商品上的注册的，应当向商标局提交商标注销申请书，并交回原《商标注册证》。商标注册人申请注销其注册商标或者注销其商标在部分指定商品上的注册，经商标局核准注销的，该注册商标专用权或者该注册商标专用权在该部分指定商品上的效力自商标局收到其注销申请之日起终止。此情形是说商标持有人自己向商标局申请注销商标或注销其商标在部分指定商品上的注册，此情形下手续办理完毕后由商标局予以公告。

上述第一种注销的情况没有提到是否需要公告，实际与第二种情况相同，商标被注销后也是由商标局予以公告。遗憾的是，这两种注销商标的行为如果出现争议都没有规定是否可以有后续争议解决办法，那么只好依据《行政诉讼法》的相关规定进行处理了。

第四节　宣告商标无效

商标的无效宣告有三种情形：第一种是指《商标法》第四十四条规定的已经注册的商标，违反本法第十条、第十一条、第十二条规定的，或者是以欺骗手段或者其他不正当手段取得注册的，由商标局宣告该注册商标无效；其他单位或者个人可以请求商标评审委员会宣告该注册商标无效。

第二种是指《商标法》第三十五条规定的对初步审定公告的商标提出异议的，商标局应当听取异议人和被异议人陈述事实和理由，经调查核实后，自公告期满之日起十二个月内作出是否准予注册的决定，并书面通知异议人和被异议人。有特殊情况需要延长的，经国务院工商行政管理部门批准，可以延长六个月。商标局做出准予注册决定的，发给商标注册证，并予公告。异议人不服的，可以依照本法第四十四条、第四十五条的规定向商标评审委员会请求宣告该注册商标无效。这种方法属于新的规定，目的是缩短商标注册时间。

第三种是指《商标法》第四十五条第一款规定的已经注册的商标，违反本法第十三条第二款和第三款、第十六条第一款、第三十条、第三十一条、第三十二条规定的，自商标注册之日起五年内，在先权利人或者利害关系人可以请求商标评审委员会宣告该注册商标无效。对恶意注册的，驰名商标所有人不受五年的时间限制。

【案例4-6】深圳市宏亿邦电子有限公司与百利达（上海）商贸有限公司的商标无效宣告案

第1574606号商标系深圳市科恒佳电子有限公司于2000年2月23日提出注册申请，在第9类酒精测试仪商品上经初步审定并公告后被株式会社百利达提出异议，商标局裁定争议商标予以核准注册，株式会社百利达提出异议复审申请。2009年3月16日商标评审委员会作出商评字（2009）第04672号《异议复审裁定书》，核准争议商标注册。

经商标局核准，2011年6月16日，第1574606号商标由科恒佳公司转让给深圳市宏亿邦电子有限公司，此商标核准续展至2021年5月20日。

株式会社百利达于2012年8月13日又对所述商标提出争议申请，以科恒佳公司以不正当目的抢注商标为由要求撤销第1574606号商标，2014年4月14日商标评审委员会作出商评字（2014）第064251号《商标争议裁定书》，裁定争议商标予以维持。

深圳市宏亿邦电子有限公司申请宣告无效的商标用于的商品同第1574606号商标用于酒精测试仪商品属于类似商品，法律依据是《类似商品和服务区分表（2014版）》中关于第9类商标的“本类似群第一自然段商品与各部分商品均类似”，实验室用器具，电、磁测量仪器、水质测试仪、口臭测试仪、呼气中酒精含量用浓度计、空气质量检测仪、空气污染浓度检测仪、酒精比重计、计量仪表、计量仪器（工业厨房用秤、体重秤、计步器）、测量装置、测量仪器 、精密测量仪器等类群商品都属于类似商品。第1574606号第9类酒精测试仪商品跟申请宣告无效的被申请人株式会社百利达的第4096208号注册商标应用的商品皆属于类似商品，且申请人的商标“TANITA特需他”与商标“TANIA”属于近似商标，申请人的所述商标初步审定公告时间是2000年，初审公告期号是772号，核准注册时间是2009

年3月16日。而被申请人的第4096208号商标申请日是2004年6月1日，初审公告时间是2009年9月20日，核准注册时间是2009年12月21日。根据《商标法》第四十五条第一款、第三十条及《类似商品和服务区分表(2014版)》第9类的相关规定，被申请人的第4096208号商标应该被宣告无效。在深圳市科恒佳电子有限公司于2000年申请注册时，被申请人就提出异议被驳回，被申请人理应知道深圳市科恒佳电子有限公司的商标已经被商标局裁定核准注册，但是还是数次申请与申请人在类似商品上注册近似商标，2012年被申请人再次对申请人的商标提出争议申请，再次被商标评审委员会驳回，由此看出，被申请人无视事实和法律，缺乏诚实信用原则，缺乏守法意识，属于严重屡次恶意注册恶意屡次提出异议、争议的行为，请批准申请人对被申请人商标宣告无效的请求。

此案，最后株式会社百利达还向北京市第一中级人民法院起诉、向北京市高级人民法院上诉，一、二审法院均未支持株式会社百利达的诉讼请求，第1574606号商标最终得以维持。

第五节　商标撤销、注销和宣告商标无效的法律后果

一、商标撤销的法律后果

撤销生效之日起，商标专用权终止，这里所说的专用权终止，对于第一种撤销情形，是指注册商标核准使用的全部商品上的效力终止，就是说此种商标已经没有存在的意义，属于商标彻底消失了。

对于第二种撤销情形，可能是指注册商标核准使用的全部商品或部分商品上的效力终止，实践中部分商品上的效力终止较多，此时，商标存续，只是部分商品上的效力自公告注销之日起终止。

二、商标注销的法律后果

注销的第一种情况，自商标局公告注销之日起，是指注册商标核准使用

的全部商品上的效力终止，同时被注销的商标彻底不存在了。

注销的第二种情况适用于《商标法实施条例》第七十三条第二款的规定“商标注册人申请注销其注册商标或者注销其商标在部分指定商品上的注册，经商标局核准注销的，该注册商标专用权或者该注册商标专用权在该部分指定商品上的效力自商标局收到其注销申请之日起终止。”注销其商标在部分商品上的注册时，商标存续，只是公告注销之日起部分商品上的效力终止。

三、商标无效宣告的法律后果

注册商标无效宣告的法律后果是《商标法》第四十七条规定：“依照本法第四十四条、第四十五条的规定宣告无效的注册商标，由商标局予以公告，该注册商标专用权视为自始即不存在。宣告注册商标无效的决定或者裁定，对宣告无效前人民法院做出并已执行的商标侵权案件的判决、裁定、调解书和工商行政管理部门做出并已执行的商标侵权案件的处理决定以及已经履行的商标转让或者使用许可合同不具有追溯力。但是，因商标注册人的恶意给他人造成的损失，应当给予赔偿……”

商标无效宣告的法律后果与撤销和注销都不同，商标被无效宣告后，类似于合同的无效，该注册商标专用权视为自始即不存在，效力追溯至最初的注册之日。

在商标侵权诉讼过程中，如果被告提出对涉案商标的撤销或提出对涉案商标无效宣告请求，法院一般都不应该中止审理。

第五章 驰名商标的认定

第一节 什么是驰名商标

《商标法》并没有给出驰名商标的确切定义，仅仅是第十三条第一款规定“为相关公众所熟知的商标，持有人认为其权利受到侵害时，可以依照本法规定请求驰名商标保护。”仅仅提到“为相关公众所熟知的商标”，过于笼统含糊，什么情况叫熟知？知道到什么程度叫熟知？都没有明确。

驰名商标的法律保护于1925年写进了《保护工业产权巴黎公约》，在该公约第六条第二款之二，明确载明了“凡系被成员国认定为驰名商标的，不论在请求保护的成员国注册与否，他人抢先注册的应当禁止，已经注册的应撤销注册并停止使用”。驰名商标的产生不是其他原因，而是基于法律保护的需要。

驰名商标是相对于普通商标的一种称谓，是经过商标所有权人经过长期的市场培育、使用，在市场上形成了较高知名度和美誉度，为相关公众所熟知的商标。众所周知，商标的功能是区分商品和服务的来源，消费者在选择商品或服务时，是以标注在商品或者服务上的商标标识来进行识别的。以此判断商品或者服务的来源。由于商标具有区分商品和服务的功能，因此商标一旦达到驰名程度，则表明其指向的商品或者服务具有了优良的品质，达到相关公众普遍认知的社会效果，同时会对企业的经济效益产生巨大的影响。实际上，商标达到了驰名的程度，会有巨大品牌效应，即使销售价格很高，也会受到消费者的追捧，消费者会主动选择驰名商标的商品，还会有较高的忠诚度。驰名商标是对所附加的商品及商家的一种高度认可和表彰。

第二节　驰名商标的认定条件及准备的材料

一、驰名商标的认定条件

《商标法》第十四条第一款规定：“驰名商标应当根据当事人的请求，作为处理涉及商标案件需要认定的事实进行认定。认定驰名商标应当考虑下列因素：

（一）相关公众对该商标的知晓程度；

（二）该商标使用的持续时间；

（三）该商标的任何宣传工作的持续时间、程度和地理范围；

（四）该商标作为驰名商标受保护的记录；

（五）该商标驰名的其他因素。”

这是认定驰名商标的主要法律依据。

《驰名商标认定和保护规定》对驰名商标的认定和保护作出具体规定，此规定的第二条第二款对于“相关公众”进行了具体化“相关公众包括与使用商标所标示的某类商品或者服务有关的消费者，生产前述商品或者提供服务的其他经营者以及经销渠道中所涉及的销售者和相关人员等”。

《驰名商标认定和保护规定》第九条第一款规定：“以下材料可以作为证明符合商标法第十四条第一款规定的证据材料：

（一）证明相关公众对该商标知晓程度的材料。

（二）证明该商标使用持续时间的材料，如该商标使用、注册的历史和范围的材料。该商标为未注册商标的，应当提供证明其使用持续时间不少于五年的材料。该商标为注册商标的，应当提供证明其注册时间不少于三年或者持续使用时间不少于五年的材料。

（三）证明该商标的任何宣传工作的持续时间、程度和地理范围的材料，如近三年广告宣传和促销活动的方式、地域范围、宣传媒体的种类以及广告投放量等材料。

（四）证明该商标曾在中国或者其他国家和地区作为驰名商标受保护的材料。

（五）证明该商标驰名的其他证据材料，如使用该商标的主要商品在近三年的销售收入、市场占有率、净利润、纳税额、销售区域等材料。”

前款所称“三年”“五年”，是指被提出异议的商标注册申请日期、被提出无效宣告请求的商标注册申请日期之前的三年、五年，以及在查处商标违法案件中提出驰名商标保护请求日期之前的三年、五年。实际是对《商标法》第十四条第一款的具体化。

二、申请认定驰名商标的具体条件

（一）申报企业近三年主要经济指标（近三年的资产负债表、损益表、销售额、利税统计、纳税凭证）；

（二）近三年使用该商标产品的广告宣传费用及凭证；

（三）使用该商标产品近三年销售区域证明材料；

（四）商标的使用管理和保护制度；

（五）近三年对该产品的行业排名、得奖情况及有关证书；

（六）消费者及用户的评价或反映情况；

（七）产品质量方面的证明材料；

（八）有无假冒侵权事件的发生，并附相关材料；

（九）能证明该商标著名的其他有关材料；

（十）该商标最早使用及连续使用时间的证明材料；

（十一）其他证明材料。

三、申请认定驰名商标的证据要求

（一）提供证据的基本原则

1. 申请人应该熟悉自己的证明材料，确保材料真实、准确、规范。

2. 应避免过度包装粉饰材料，避免非关联性举证，达到举证效果即可，一般不超过两本材料。

（二）对各项基本证据材料的基本要求

1. 申请人的主体资格及申请认定的商标的权利和使用状况

（1）申请人应介绍企业发展历史、所有制性质、注册资本、资产总额、经营范围、实际经营状况、主导产品等基本情况，应提供经年审的营业执照复印件（现在已经取消年审）或提供提交给工商局的近三年的年度报告，年度报告须有法定代表人、总经理、监事及监事会主席等的亲笔签字及公章。

（2）申请人不是商标注册人的，提供转让或许可使用的证明，并注明许可类型，许可使用的还要提供商标注册人的许可申请认定驰名商标的授权书。

（3）申请认定的商标一般限于一件商标；申请认定的商品或服务项目应当结合实际使用商标的情况不超过三项，且必须都在商标核定使用的项目内。

（4）申请认定的商标的最早使用时间必须有证据证明与申请认定的商标基本相同或者说主体一致的商标的使用时间，证明商标使用持续时间的证据包括该商标使用、注册的历史和范围的有关材料，如将商标用于商品、商品包装或者容器以及商品交易文书上，或者将商标用于广告宣传、展览以及其他商业活动中的证据，所有证据必须能够清楚地证明确定的时间，关联企业和印刷公司提供的此类证明文件是无效的，如果有历史交易账册、合同、发票等可以作为证据。目前商标的使用状况要明确。

2. 申请认定的商标的宣传情况的证明材料

（1）申请认定的商标的宣传情况主要包括广告宣传方式、广告宣传的地域范围、广告宣传的媒体、广告宣传的投放量、广告宣传的持续时间等因素。广告宣传应当为申请人主动发布的广告，不包括媒体的新闻报道。

（2）广告宣传时间、程度和广告宣传投放量

①广告宣传投放量应提供具有相关资格的会计师事务所出具的广告费用专项审计报告原件或经公证的复印件。

②企业参加各种展会进行宣传的证据。

③在网络上及其他活动中进行宣传的证据。

④全国性销售商各种形式广告宣传的证据。

⑤申请人的广告制作、发布合作伙伴的情况及其提供的相关证据。

⑥有关商标报纸杂志及其他宣传的证明材料。

（3）广告宣传方式和广告宣传的媒体

广告宣传方式、广告宣传的媒体的证据应该有广告合同和发票等证据支持，合同和发票应该能相互印证；如果发票独自能够体现出宣传方式和媒体的，仅提供发票也可以；如果仅有合同没有发票，则证明力非常有限。

（4）广告宣传的地域范围

广告宣传的地域范围以能够表明覆盖有关省份的广告合同和发票为据，并结合宣传方式及宣传媒体的情况综合判断。

一般来说，中央电视台、中央人民广播电台、省级卫视、全国发行的报纸、行业内核心报纸杂志、全国性重大赛事的宣传范围为全国；省级地面电视频道、省级广播电台、大型展会、行业内普通报纸杂志、户外广告的宣传范围为该省地域。

3. 企业经济规模的证明材料（非常重要的指标）

（1）经济指标

①销售量、销售额、利润、税收等经济数据应当提供具有公信力的第三方出具的审计报告、证明或公证材料。

申请认定的使用该商标的商品的经济指标仅限为使用该商标的商品的专项审计报告原件或经公证的复印件，要求提供的近三年的数据指认定之前的近三年。

如果是一至三月提交的申请，可以先提交之前第四年、之前第三年、之前第二年的数据，待之前第一年数据统计出来后再补交。

申请认定的商标的经济数据涵盖多个商标使用人的，应当提供经商标局备案的商标许可使用的证据。

②证明地理标志的商标的商品的销售额，利润，可以提供统计局的证明原件，因为使用地理标志的商户可能比较分散比较小，可能无法统计销售

额，但是统计局会有此类数据的统计。

③证明税收数据应当提供税务部门或海关部门的纳税原件。享有税收减免政策的应注明并提供相关文件复印件。证明出口量和出口额可以提供海关或统计部门的证明原件或复印件。

（2）销售范围

发票、销售合同及门面店营业执照可以证明其覆盖的国内省份，原则上一个省（自治区、直辖市）内任何一个市（地、州）每年有一至两张销售发票即可。

海关报关单等单证和出口商品专用发票可以证明其出口的国家和地区。

（3）行业地位

①提供有效证明的机构应该是国家行业主管部门、在民政部登记的全国性行业协会以及其他能够证明全国行业排名的组织；官方机构公开的排名、权威评价机构的评价可以作为重要参考。

②专门出具的证明应当提供原件，还应当有具体明确的年份、在全国同行业的位次，仅仅证明企业经济指标“名列前茅”“名列前列”之类的模糊表述不予采信。进一步提供的同行业相关企业的详细排名证据会更好。

4. 其他证明商标驰名的材料

（1）荣誉

证明该商标驰名或申请人行业地位的荣誉应当提供省级以上政府部门或全国性行业协会近三年颁发的相关证书的复印件，重大的国家级奖项不受三年的限制。如“国家商标战略实施示范企业”“中华老字号”“农业产业化国家重点龙头企业”等。

（2）曾经作为驰名商标受保护的记录

曾作为驰名商标受保护的记录是指申请认定的商标（或与其基本相同的商标）被我国或其他有权认定驰名商标的机关作为驰名商标予以保护的记录。申请人所持有的其他商标作为驰名商标予以保护的记录可以另行注明。

（3）其他证据

申请人属于国家政策扶持的重点行业、重点地区所在的企业、重点领域，并在该行业、地区、领域中具有重要影响的情况；

作为农产品商标或地理标志商标促进农村劳动力就业、促进农民增收的情况；使用该商标的商品或服务对上下游行业具有重大影响的情况；

使用该商标的商品获得国家发明专利的情况及申请人自主创新的其他情况；

使用该商标的商品或服务的技术作为国家标准和行业标准起草、制订修订依据被采用的情况。

（三）基本证据之外的其他需要的证据材料

1. 申请人应当提供其所在地级以上市关于卫生、安全、环保、劳动等相关部门出具的情况证明原件。

2. 凡是涉及食品（含食用农产品）、食品添加剂、药品、医疗器械的驰名商标认定申请，应当提供对其产品质量安全情况的省级相关主管部门出具的证明材料原件（所在地市级相关单位出具的证明材料也可以，最好为省一级）。

3. 申请认定的商标具有重要许可事项的，应提供商标使用许可合同复印件和许可合同备案证明。

第三节　驰名商标的认定时机和途径

由于驰名商标所具有的特性，因此在对其认定上采取了严格的事实标准和程序标准。近年来，由于人们对驰名商标的重视程度越来越高，出现了个别商标所有权人采取不正当的手段，勾结商标行政机关的工作人员或者司法机关的工作人员，通过行政程序或者司法程序认定驰名商标的情形。

《驰名商标认定和保护规定》第四条规定了驰名商标认定的基本原则是“遵循个案认定、被动保护的原则”。也就是说政府和司法部门不会主动对某个商标进行驰名的认定，需要在相关案件中根据申请而启动认定程序。

《驰名商标认定和保护规定》第三条又规定了驰名商标认定的权力机关是国家工商总局商标局和国家工商总局商标评审委员会。

（一）司法认定

《商标法》第十四条第四款规定："在商标民事、行政案件审理过程中，当事人依照本法第十三条规定主张权利的，最高人民法院指定的人民法院根据审理案件的需要，可以对商标驰名情况作出认定。"

（1）认定机关

根据《最高人民法院关于涉及驰名商标认定的民事纠纷案件管辖问题的通知》的规定，省、自治区人民政府所在地市、计划单列市的中级人民法院，以及直辖市辖区内的中级人民法院及其他经过最高人民法院批准的中级人民法院。

（2）认定程序

在涉及驰名商标跨类别保护的商标民事纠纷案件中，根据商标持有者的申请且法院认为确有必要时而对商标是否驰名作出认定。法院对于是否启动认定程序是慎重的、保守的。

《最高人民法院关于审理涉及驰名商标保护的民事纠纷案件应用法律若干问题的解释》第二条规定："在下列民事纠纷案件中，当事人以商标驰名作为事实根据，人民法院根据案件具体情况，认为确有必要的，对所涉商标是否驰名作出认定：

（一）以违反商标法第十三条的规定为由，提起的侵犯商标权诉讼；

（二）以企业名称与其驰名商标相同或者近似为由，提起的侵犯商标权或者不正当竞争诉讼；

（三）符合本解释第六条规定的抗辩或者反诉的诉讼。"

《最高人民法院关于审理涉及驰名商标保护的民事纠纷案件应用法律若干问题的解释》第六条规定："原告以被诉商标的使用侵犯其注册商标专用权为由提起民事诉讼，被告以原告的注册商标复制、摹仿或者翻译其在先未注册驰名商标为由提出抗辩或者提起反诉的，应当对其在先未注册商标驰名的事实负举证责任。"

《最高人民法院关于审理涉及计算机网络域名民事纠纷案件适用法律若干问题的解释》第四条规定："人民法院审理域名纠纷案件，对符合以下各项条件的，应当认定被告注册、使用域名等行为构成侵权或者不正当竞争：

（一）原告请求保护的民事权益合法有效；

（二）被告域名或其主要部分构成对原告驰名商标的复制、模仿、翻译或音译；或者与原告的注册商标、域名等相同或近似，足以造成相关公众的误认；”当事人可根据以上规定主张自己的权利，可以依法向受理法院提出对自己的商标进行驰名认定，并提交证明其商标驰名的证据材料。

《最高人民法院关于审理涉及计算机网络域名民事纠纷案件适用法律若干问题的解释》第六条规定：“人民法院审理域名纠纷案件，根据当事人的请求以及案件的具体情况，可以对涉及的注册商标是否驰名依法作出认定。”

人民法院对于涉案商标驰名的认定，仅作为案件事实和判决理由，不写入判决主文；以调解方式审结的，在调解书中对于商标驰名的事实不予认定。

《最高人民法院关于建立驰名商标司法认定备案制度的通知》规定，各高级人民法院对于辖区内法律文书已生效的涉及认定驰名商标的案件，在文书生效之日起二十日内将一、二审法律文书及统计表报最高人民法院民三庭备案。

认定程序总结如下：

1. 在商标纠纷案件审理过程中由诉讼的一方提出认定请求并提交证据。

2. 法院审查是否有必要进行驰名商标的认定。

3. 法院依法对商标是否驰名作出认定。

4. 中级人民法院报省高级人民法院备案。

5. 高级人民法院汇总后再报最高人民法院备案。

（二）行政认定

《商标法》第十四条第二款、第三款规定：“在商标注册审查、工商行政管理部门查处商标违法案件过程中，当事人依照本法第十三条规定主张权利的，商标局根据审查、处理案件的需要，可以对商标驰名情况作出认定。在商标争议处理过程中，当事人依照本法第十三条规定主张权利的，商标评审委员会根据处理案件的需要，可以对商标驰名情况作出认定。”

行政认定分三种情况。

1. 在商标争议程序中认定驰名商标

（1）认定机关

国家工商行政管理总局商标评审委员会。

（2）认定程序

当事人认为他人已经注册的商标违反《商标法》第十三条规定，主张自己的权利，可以依法向商标评审委员会提出对此商标的无效宣告请求，同时向商标评审委员会请求认定自己的商标为驰名商标，并提交证明其商标驰名的证据材料。这里强调的是他人已经注册的商标，如果违反了商标法第十三条的情形。

2. 在商标异议程序中认定驰名商标

（1）认定机关

国家工商行政管理总局商标局（以下简称商标局）。

（2）认定程序

当事人认为他人的经初步审定并公告的商标违反商标法第十三条规定的，可以依法向商标局提出异议，请求不予注册，同时向商标局请求认定自己的商标为驰名商标，并提交证明其商标驰名的证据材料。这里强调的是他人的商标还没有注册，仅仅是在注册途中三个月的公告期间的商标，违反了商标法第十三条的情形。

3. 在商标案件管理程序中认定驰名商标

（1）认定机关

商标局。

（2）认定程序

工商行政管理机关在日常查处商标案件工作中，当事人认为他人使用的商标属于商标法第十三条规定的情形，希望保护其驰名商标的，可以向案件发生地的市（地、州）以上工商行政管理部门提出禁止使用所述商标的书面请求，并提交证明其商标驰名的证据材料，并抄报所在省级工商行政管理部门。

第四节　驰名商标的特殊保护

《商标法》第十三条规定："为相关公众所熟知的商标，持有人认为其权利受到侵害时，可以依照本法规定请求驰名商标保护。就相同或者类似商品申请注册的商标是复制、摹仿或者翻译他人未在中国注册的驰名商标，容易导致混淆的，不予注册并禁止使用。就不相同或者不相类似商品申请注册的商标是复制、摹仿或者翻译他人已经在中国注册的驰名商标，误导公众，致使该驰名商标注册人的利益可能受到损害的，不予注册并禁止使用。"

具体说来就是在商标侵权案件、商标相关不正当竞争案件、商标相关域名纠纷案件中，对于驰名商标要比普通商标享受跨商品类别的保护，对于普通商标，他人只能是不能在相同或相类似商品上使用，可以在不相类似的商品上使用；而对于驰名商标，他人不仅不能在相同或相类似商品上使用，且也不能在不相同和不相类似的商品上使用。

对于可能涉及其他商家使用的商标是否与某一驰名商标构成近似的认定上，所适用的标准要低于普通商标。也就是说，涉嫌侵权商标跟某一普通商标比对，可能不构成近似；但是如果跟某一驰名商标比对，在跟普通商标同等条件下，很可能就构成近似。同时，对于侵犯驰名商标的赔偿额明显要大于普通商标。

法律对驰名商标的保护力度明显大于普通商标。

第五节　驰名商标的限定

《商标法》第十四条第五款规定："生产、经营者不得将'驰名商标'字样用于商品、商品包装或者容器上，或者用于广告宣传、展览以及其他商业活动中。"

《商标法》第五十三条规定："违反本法第十四条第五款规定的，由地方工商行政管理部门责令改正，处十万元罚款。"

2013年《商标法》实施前，驰名商标被商家当作荣誉称号，并大力宣传，违背了驰名商标认定的初衷，实际上，驰名商标是广大消费者及经营者心里对某一商标某一商品及某一商家的认可，是由市场自发形成的对其赞誉，但是不属于政府和司法部门对其的表彰，驰名商标是动态的、变化的，一个商标某一阶段驰名，不一定永久驰名，为了防止在认定中腐败的发生，为了恢复驰名商标的本质，规定不能对外宣传驰名商标，如果违背，要予以10万元的重罚。

3

CHAPTER

第三编

注册、管理、使用篇

第六章 ▎企业如何正确注册商标

第一节　商标要及时注册

关于正确注册商标这一内容，典型的案例是深圳市腾讯计算机系统有限公司与创博亚太科技（山东）有限公司“微信”商标注册纠纷案。

创博亚太科技（山东）有限公司早在2010年11月12日就向商标局提出了注册“微信”商标的申请，2011年8月27日，所述商标经商标局初步审定公告，指定使用服务为第38类信息传送、电话业务、电话通信、移动电话通讯等。在法定异议期内，张某对被异议商标提出异议。2013年3月19日，商标局作出（2013）商标异字第7726号裁定，对被异议商标不予核准注册。创博亚太公司不服该裁定，于2013年4月7日向商标评审委员会申请复审。商标评审委员会于2014年10月22日作出的商评字（2014）第67139号关于第8840949号“微信”商标异议复审裁定，维持了商标局的第7726号裁定、商标评审委员会裁定被异议商标不予核准注册。

创博亚太公司对此向北京市第一中级人民法院起诉，法院判决维持国家工商行政管理总局商标评审委员会于2014年10月22日作出的商评字（2014）第67139号关于第8840949号“微信”商标异议复审裁定。

一审虽然支持了工商行政部门不予准许“微信”商标注册的裁定，创博亚太公司是否上诉及结果如何不得而知，但是此案反映了企业的商标意识薄弱，虽然腾讯公司在2011年1月21日对外发布名为“微信”的聊天软件，但是先前一定会有较长时间的立项、论证、研发、测试过程，应该预先关注是否有人已经注册或申请注册了“微信”商标，如果有人已经申请注册或已经注册，就要更换名字或跟权利人协商解决；如果他人没有申请注册，最好自己尽快提出注册申请或采用其他保护措施，如申请著作权登记保护。可是，腾讯公司无所作为，导致双方发生行政争议和诉讼，如果最后北京高级人民法院改判一审的判决，撤销商标评审委员会的裁定，那么对腾讯公司很不利，很可能被迫更换名字或在“微信”二字上加标注以跟创博亚太公司的“微信”商标相区别，必然大大增加企业的成本，教训深刻。

很多企业商标意识淡薄，企业商品进入市场被消费者关注后才申请注册商标，结果商标很可能已经被他人抢注，商标资源有限，好的适合的商标被抢注，会给企业造成很大的困扰，企业很可能花大价钱购买已经被他人注册的而企业又很需要的商标。

第二节　商标注册范围不能太小

注册号为 1574606 的商标是深圳市科恒佳电子有限公司早在 2000 年 2 月 23 日提出注册申请，经初步审定公告后被株式会社百利达提出异议，2001 年 5 月商标局裁定株式会社百利达的异议不成立，1574606 号商标予以核准注册。

接着株式会社百利达又提出异议复审申请，历经漫漫 9 年后直到 2009 年商标评审委员会才作出驳回其异议复审申请的裁定，核准争议商标 1574606 号注册。此商标标志为“TANITA 特需他”，显著性很强，“TANITA”属于臆造词，在英文中没有任何含义。

经公证并经商标局核准，2011 年 6 月 16 日所述商标转让给了深圳市宏亿邦电子有限公司，此商标经过续展，专用期限至 2021 年 5 月 20 日。

2012 年 8 月 13 日株式会社百利达又向商标评审委员会提出针对所述商标的争议申请，要求撤销所述商标，2013 年 7 月 1 日商标评审委员会受理了株式会社百利达针对所述商标提出的撤销申请。2014 年 4 月 14 日商标评审委员会作出商评字（2014）第 064251 号争议裁定书，裁定争议商标予以维持。

由此可见，深圳市科恒佳电子有限公司、深圳市宏亿邦电子有限公司跟株式会社百利达进行了长达 12 年争斗之久的第 1574606 号商标对双方都有较大意义，但是可惜第 1574606 号商标仅仅被核准使用在第 9 类的商品酒精测试仪上，属于注册的严重失误，注册商品数量太少，一类商标准许注册在10种商品上使用，收费都是相同的。如果当初深圳市科恒佳电子有限公司注册商品数目达到10种，对株式会社百利达会更不利。两家公司因为商标侵权至今还有多个案子在诉讼中，笔者是深圳市宏亿邦电子有限公司的代理人。

那么，究竟如何在更宽的范围内注册商标呢？

1. 注册核心商标

核心层，也就是在自己所从事行业的类别里进行商标注册，说简单一点，你是做什么行业的，就在这个行业进行商标申报。此层面不用多说是最基本的注册，也是一些企业和个体所认为的“我注册商标了”。

2. 注册储备商标

储备层，所谓储备，也就是现在用不上，但和自己的行业相辅相成，未来三到五年可能会涉及的领域，企业发展到一定程度，可以直接拿出来使用。比如经营方便面产品是第30类，那么火腿肠（第29类）就要作为储备商标进行注册。从企业长远多元素发展来看，此层面一定要注册，预防别人抢注，断了竞争者后路。

3. 注册防御性商标

防备层，也可以叫防御性商标，这些商标现在用不到，未来也用不到。看似和自己没任何关系，但是却和自己息息相关，最容易被企业忽略。比如，你做牛奶，他做农药，你做饮料，他做机油。商标名字一模一样，电视广告一前一后播出来会是什么效果。所以此层面看似不相关，却也能决定企业命脉，预防竞争者主动出击，把阵地全副武装，让竞争者无处下手，看来此层面是必须要注册了。一个品牌想要全面保护自己的商标，就必须先从这三个层面做起，才能在自己的领域内不受侵犯。当然了，若想要更好地绝对性保护，那么就要360度无死角，进行全类注册。企业每天都在成长，品牌知名度也会越来越大，就算你把前面几个层面都做到位了，由于你的名气大，还是会让有些人产生搭顺风车的心理。所以注册商标时我们要有忧患意识，切不可单单只考虑本类别注册，而留下后患之忧！

匹克公司是一家以体育运动专业装备器材为主的外向型企业，主要产品匹克牌专业运动鞋服，销往世界各个大洲。标志突出“PEAK”一词，意寓着不断攀越高峰的自我挑战精神，象征着奥林匹克精神。红色的搭配使得标志充满年轻和活力。商标注册起步早，自1990年至今，每年注册数保持持续稳定的增长，目前已拥有297个商标。

麦当劳公司是世界最知名的快餐连锁品牌。在遍布全世界的100多个国家中，有超过23000家连锁餐厅。麦当劳的“M”标志也被广泛认为是最著名的商标标识之一。红色与黄色交织的图案已然成为世界上最有名的品牌特性。麦当劳公司自1984年就开始申请商标注册，迄今为止已有商标310个。

第三节　商标标识要有显著性

白象食品股份有限公司（原名为河南省正龙食品有限公司，以下简称白象公司）欲凭借其“大骨”商标阻击“康福龙大骨面”的商标注册，却不想再次遭遇商标显著性之殇而未能如愿。

历经商标异议、异议复审、一审诉讼、二审诉讼程序，在主张均未获得支持后，白象公司向最高人民法院申请再审。最后最高人民法院裁定驳回了白象公司的再审申请。

2005年9月，河北省保定六合食品有限公司在方便面、面条等商品上提出第4924877号“康福龙大骨面”商标（以下简称被异议商标）的注册申请，并对被异议商标中的“大骨面”三字放弃商标专用权。

2008年7月，被异议商标在方便面、面条商品上通过初步审定并公告。在公告期内，白象公司引证其在先核准注册在方便面等食品上的“东北大骨”商标和面条等商品上的“大骨”商标提出异议。

在国家工商行政管理总局商标局、商标评审委员会均裁定被异议商标核准注册后，白象公司提起行政诉讼。

据一审法院和二审法院的判决书显示，法院认为被异议商标与白象公司引证的两件商标虽然均含有“大骨”二字，但在整体外观、呼叫、文字构成等方面存有较大的差异。同时，由于“大骨面”作为一种食品的名称已广为消费者知晓，“大骨面”使用在方便面、面条等食品上，相关公众一般会认为其系商品通用名称，而不是商标。被异议商标中，虽然“康福龙”字体较小，但其作为标示商品来源的作用较强，不会导致相关公众混淆误认。综上，法院认定被异议商标与两引证商标不构成使用的相同或者类似商品上的近似商标，对白象公司的主张不予支持。

此次，“大骨”商标再次被指缺乏商标的显著性，易被相关的公众理解为商品的通用名称，引发白象公司的强烈不满。在北京市高级人民法院终审判决驳回其诉讼请求后，白象公司向最高人民法院申请再审。

白象公司诉称：在白象公司宣传使用“大骨”商标之前，“大骨”与“面”并非固定组合。“大骨”商标在方便面食品上的使用系白象公司的首创，经过其持续、广泛的宣传，已经具有较高的知名度和美誉度，被异议商标的显著性主要集中在文字“大骨”上，与两引证商标完全相同或实质性近似，容易造成消费者的混淆和误认，构成近似商标，白象公司认为，被异议商标的核准注册将引起其他具有不正当竞争意图的企业效仿，不仅损害消费者的利益，降低“大骨”商标的辨识度和美誉度。而且破坏食品行业的竞争秩序，造成不良影响。

对于白象公司的“大骨”商标是否属于商品的通用名称，最高人民法院认为，二审法院关于“‘大骨面’使用在面条、方便面食品上，相关公众一般会认为是商品通用名称，而不是商标”的认定缺乏证据证明。

此外，最高人民法院认为“大骨面”三字结合使用在面条、方便面商品上，固有显著性较弱，因此在判断被异议商标主要识别部分时，既不宜将“大骨”和“面”拆分进行判断，也不能简单按照文字所占比例进行判断，据此法院对白象公司的再审理由未予支持。

这个案例说明，商标要有显著性，对于什么是显著性，本书第一章第二节三部分已经进行了详细的论述，再次解释一下，通俗地说，“显著性”中的“显著”跟“作出了显著成绩”中的“显著”含义近似但范围更宽，具有“突出”“与众不同”的含义，还有“陌生”“不常见”的味道，就是说你的商标对于大众而言，越生疏越少见越可以跟其他任何字眼相区别得越清楚越好，换句话说，大众看了你的商标，产生的联想越少越好，就是区分度很高。如同你看到一个人，其眼睛、嘴巴、脸型、鼻子、身高、胖瘦跟任何人都不同，这样就是比较好的商标，当然，商标资源有限，做到这些目前还是有一定难度的。此案例，白象公司的“大骨”商标，本身显著性就有限，如果使用在方便面上，即使“大骨”和“面”原本没有联系，但是还是容易使公众把两者联系在一起，大大降低了“大骨”的显著性，使人误以为“大骨面”是一种方便面的名称。如果“大骨”使用在诸如鞋、水杯、服装上面就好得多。

第四节　商标取名的原则

一、根据产品个性特点

莎士比亚说：“名字有什么关系？把玫瑰花叫作别的名字，它还是照样芳香。”但是商标却跟此完全不同，商标名称会改变人们对产品个性特点的看法。品牌命名必须根据产品差异化特点，告诉潜在消费者一个品牌定位，如海飞丝“去屑”洗发水、美的“抗菌”饮水机、樱雪“滋润”沐浴露。但根据产品的特点命名，产品的特点不应该是所有产品的共性。如“纯生”啤酒有青岛“纯生”啤酒、珠江“纯生”啤酒、百威“纯生”啤酒，“纯生”成了一个通用的名称。产品共性无法让你的品牌显现出来，有时，它们反而成为一种负担。

同时名称也要有自己的个性特点，才不至于被市场淹没。根据产品个性特点名称可以从功效性（如舒肤佳香皂）、情感性（如美的电器、富豪汽车）两方面考虑。

二、抓住机遇

商标取名就像开赛车一样，要想取胜，就得抓住机会。每个阶段，随着市场变化，人们的欣赏习惯也会发生变化。命名也要紧跟文化潮流的趋势，因为名称也会过时。计划经济时代很多企业命名都跟革命口号有关，如“解放”和“民族”，也有以地方行业命名的，如哈尔滨制药六厂、中国第一汽车集团公司。形象随时会落后，企业应该采取措施去改变自己的形象，使自己变得更精神。如美的集团以前叫“明珠”牌，后改为“美的”牌（Medeke），到1999年又把英文改为“Midea”。

三、短小、醒目、易记

众多企业为了显示出与其他品牌的差异，往往取一些很长的名字，结果却适得其反，这种命名方式，极容易让消费者产生混淆，也为企业本身带来困扰。例如，名字有七八个字，前台小姐在接电话报名时就会很烦琐，无疑造成了与人沟通的不便。因此，简短的命名可以达到短小精悍的良好效果，现已成为众多企业的追求和时代发展的趋势。今天，我们耳熟能详的一些品牌，莫不如此，如999、白沙、美的、格力、春兰，等等。

四、易说、上口、易传播

你小时候是先学会说话，后学会识字的。认字既慢又费力，因为要念出来才能把认识字与脑中发音连在一起，大脑是靠耳朵来运转的。品牌命名如果不好说、不好念、拗口，消费者就很难记住。反之，悦耳、朗朗上口的名字，就很容易被记住，“言简意赅、一目了然”，诸如“美的”“联想”“花世界”都是典型的范例。这些新潮、上口的命名，可以为企业省下大量的广告费用。春节期间，我收到厦门大学曾老师发给我的一条短信息：“愿你马年［百事可乐］、万事［七喜］、心情［雪碧］、工作［红牛］、爱情［鲜橙多］、天天［娃哈哈］、日日［喜之郎］、月月［乐百氏］、年年［步步高］、岁岁［美年达］、永远［美的］。”一个信息就有11个品牌名。

五、少用数字代码与英文缩写

偏爱自己发明的工程师和科学家们的确有很多可爱的地方，他们唯恐

“天下不乱”。有些产品名称用字母、数字来表示。这些行业内的专业代码，容易让消费者如坠云雾里一般。如美的微波炉型号，在前期推广时很多人都讲不清楚具体型号，后改为“营养星”微波炉，很快打开市场局面，成功地使美的微波炉挤进行业前两名。又例如，到目前为止我还不知道是什么意思的“高露洁100”。

对于英文缩写的命名方式，企业应该尽量不要运用英文缩写，因为仅有26个字母，全世界英文的命名数以万计。当今，中国企业要尽量避免，千万别想着去效仿IBM、RCA、GE、TCL的命名方式，他们在消费者的心目中已经成为一种固定的形象，即使有了英文缩写，还要准备大量的广告费用来耐心地告诉消费者“A”代表什么或“B”代表什么，这种沟通很复杂，也极易让人混淆不清。让人熟悉的英文缩写，在命名中已纷纷将着眼点放在创造新的字体上，极少使用英文缩写，以有别于其他品牌，如IBM。人们总是先熟悉全称，然后才能知道简称。

通常，五个用得最多的第一字母是S、C、P、A和T，五个用得最少的是X、Y、Z、Q和K。八个英语词里就有一个是以S开头，而以X开头的词3000个里面才有一个。

调查对象用“缩写”的公司平均知名度为49%，而用“全名”的公司平均知名度为68%，高出19%。

六、不要模仿，不要立足于过去

过去管用的东西，现在或将来未必管用。别人好的命名对你就未必管用。在目前市场秩序混乱状况，名称克隆成风。“飘柔”变为“飘丝”，“美的”变成“美得”“好的”。新的“龙的”，甚至出现“美丽的”中间的文字写得很小，几乎让人看不见，其他都一模一样。科学技术不断创新出新产品，也改进老产品。然而，这些产品往往在问世的时候就因为起了仿效别人的名字而美中不足。

不是说公司永不改名，恰恰相反，世上没有永远不变的东西。时代在变，产品会过时，市场起起落落，企业合并也是常事，到时，企业必须给自己改名。所以“立足于过去”的老办法，企业名称可能不伦不类。忘记过去，重新定位，一定会有崭新的公司形象。

七、不要自我标榜

往往我们的企业在命名中，都喜欢追求“高、大、强”，比如“巨龙”“巨人”“霸王”等，以致消费者对此都抱有十分反感的情绪。企业命名，应从潜伏消费者心里感动他，站在消费者角度想问题。切莫自我标榜，否则，最终结果容易得不偿失。消费者不会因为你的自我吹嘘而“认同”，现在大众消费都理性了，起“大名”，无“大利”，消费者当然会离你而去。你就得“名”不得“利”。

八、准备品牌延伸

企业命名时还要考虑的一点，就是为未来企业品牌延伸多做准备。假如企业将来做大了，想向外延伸，这个现用的名字是否还会适应呢？品牌延伸是企业拓展的重要途径。国内很多企业在这一规则上，做得不够“到位”，企业一旦扩展到新领域，消费者却为此不“买账”，比如“娃哈哈”和“999”及“太阳神”等都在这方面吃了大亏。品牌命名，就要考虑以后品牌延伸，不至于作茧自缚。如SONY是中性，不论放在什么电器上都较合适。

九、全球性的视野

由于世界各国、各地区消费者，其历史文化、风俗习惯、价值观念都存在很大的差异，他们对品牌看法也不同。品牌最终要走出国门，命名就必须考虑国际性，就不能把眼光放在区域化方面，企业才会减少限制和不利因素。例如，蝙蝠在我国，因“蝠”与“福”同音，表示美好的联想，而在英语“BAT”是吸血鬼的意思，蝙蝠风扇很难打入国际市场。今天全球各大跨国公司，均开始千方百计摆脱区域性色彩，品牌发展到一处，都会融入当地人的生活里，而不是一味抱着企业立足的根据地来定制品牌，否则，只能囿于画地为牢。

当然，国际化的命名，也要杜绝敏感性的国际和民族问题，以避免“入乡不能随俗”之弊端。

十、反映公司精神

企业营销最高境界就是社会营销，企业经营核心就是管理人们的观念，企业品牌名称也必须反映企业的文化精神。

一个文化含量高的品牌名，可以达到“借势”“造势”之目的，品牌可以借助文化含量以达到提升自我之目的；给消费者带来巨大的思想空间，对企业后期的发展创造先决条件。当然，做到这点很难，在“方寸之地”以小见大，但这种力量十分巨大，我们应该看到这种优势，并努力运用之。

十一、让人有正面联想

品牌联想，是决定产品是否畅销很重要的一个环节。比如提到“老干妈”“阿庆嫂”，便让人似乎看到一张慈祥的面孔，品牌极具亲和力。如此命名，大多给人一种正面的联想，它可以让消费者在购买决策中迅速抵达冲动或好感阶段，直到决定购买及认同的快速产生。

金字招牌金利来，原来取名“金狮”，在香港居民说来，便是“尽输”，香港居民非常讲究吉利，面对如此忌讳的名字自然无人光顾。后来，曾宪梓先生将 Goldlion 分成两部分，前部分 Gold 译为金，后部分 Lion 音译为利来，取名“金利来”之后，情形大为改观，吉祥如意的名字立即为金利来带来了好运，可以说，“金利来”能够取得今天的成就，其美好的名称功不可没。

十二、商标取名要考虑保护问题

命名也要考虑法律保护问题，这是品牌命名的首要前提。这就要看你的名称是否符合《商标法》上所说的登记必要条件，比如不允许使用地理方位、地名、第一等之类为名；此外，已经另有其他人登记了相同的名称，工商局都不会受理。因此，在命名时，不要总是用一些常见的思维模式来进行创意，一般来说，注册前不妨多创意 2—4 个名称，做到有备无患。为了保护自己已注册的品牌，也可以把同类设计名称注册来保护自己的品牌。美的集团就把相同英文全部注册。

十三、品牌命名的10种方法

1. 以姓氏人名命名。如（福特汽车、百威啤酒）。
2. 以地名命名。如青岛啤酒、长城电脑。
3. 以物名命名。如牡丹电视、熊猫香烟。
4. 以产品功能命名。如海飞丝洗发水。
5. 以情感命名。如美的电器。
6. 以音译文字命名。如奥林匹克 Olympus。
7. 以拼音命名。如海尔 haier。
8. 以数字命名。如555香烟、999药业。
9. 以外语命名。如科龙 Kelon、无限美洗发水 REAME。
10. 自创名词命名。如铁达时手表。

第五节　商标注册综合策略

企业为了最大化地保护自身商标，会选择不同的商标组合模式。其中一种模式就是主商标与副商标相互配合，即企业以主商标打开市场，顺势开发与主商标相关的副商标，副商标与主商标的信誉相连但不完全依附于主商标，有其特定的消费群体。根据对深圳创业板上市公司的商标调查，绝大多数企业均有主商标。采取主商标带动副商标策略的企业数是没有主商标企业数的49倍。可见，当面临是否选择主副商标这一模式时，大多数企业选择采用该模式，而只有极少数企业没有主商标。主商标的有无，各有利弊。如果以主副形式推出商标，有以下几点优势：

一方面，对于新产品而言，可以利用主商标已经取得的良好商业信誉和社会评价，获得比一般新产品而言更多的关注度和消费者的青睐度。如果是没有主商标支撑的新产品，它的性能、质量、材质、耐用性等方面对消费者是完全陌生的，对该产品的接纳可能需要一个长的周期，为了缩短这个周期，尽快打开销售市场，那么，该新产品就需要加大宣传力度，增加购买者对它的了解，这中间支出的广告费用也不容小觑。

另一方面，对于试图进入国际市场的企业而言，可以基于主商标的优秀销售业绩，更快地打入国际市场。具有国际化视角的企业，在进军全球的商业战略过程中，最先重视的是自己已有商标的管理和运营，其中，主商标就显得尤为重要。外国投资者在对企业评估价值的同时，也会考虑到其主商标的商业价值。如果企业的主商标在国内市场受到购买者的认可，有良好的口碑，对于企业的国际化进程有着积极的推进作用。

诚然，主商标有着明显的好处，但是，它也存在着一定的劣势。相比较而言，没有主商标的企业在管理商标的难度上就略低一点。既然副商标的商品价值是由主商标赋予的，那么对主商标的维护也是对副商标的保护。因此，企业需要投入较大的财力、物力和人力，对主商标进行管理，或是不断地设计出新的副商标以延续主商标的活力，管理费用大大增加。

是否使用主副商标各有利弊，不同的企业也作出了各自的选择。从主流趋势来看，大多采用了主商标模式。虽然从短期看，会因此加大管理费用，但是从企业长远的发展角度来看，能形成费用支出的边际递减效力。

一个企业如果要走向国际化，必须要运用此“三多”进行商标的战略保护。如果把“三多”做好，企业在全球就不会存在知识产权方面的风险，就能为未来的商业发展奠定一个好的基础。

一、多商标

可进行高端、中端、低端、防御性、多系列、多品牌商标。

二、多类别

可按多类别扩大保护、注册，因为未来行业的扩张，商标权越多，保护越多，就可以运用商标实施品牌战略。

三、多国家注册

可在全世界 190 多个国家和地区进行布局和注册，减少国际化风险。

知识产权战略实施，是在全社会进行的一项制度创新实践。作为建设创新型国家的政策支撑和制度保障，知识产权是挣脱“资源耗费型”与“技术依赖型”传统发展方式的战略布局，是实现“创新驱动发展”的战略安排，是保障国家经济安全、文化主权和科技发展主动权的战略举措。运用“三多”战略，在知识产权领域为企业的国际化战略保驾护航。

第七章 ▎企业如何正确使用商标

第一节　防止商标被淡化

商标淡化就其法律含义而言是指商标显著性及其商标的内在价值因他人的使用而弱化，影响了该商标在公众中的形象，对商标标记功能的侵害。主要是就著名商标和驰名商标而言。如果一个企业的有一定知名度的商标被他人模仿或复制而使用，不管是使用在相同还是不同商品上，都会导致消费者对于产品经营者的混淆和误认，时间久了，就会降低商标的显著性和区别性，使商标的指向功能和美誉度降低，也就是商标的淡化。

与商标混淆相比，商标淡化具有自己的显著特点。

一、淡化的对象为驰名商标的显著性

“在当今注意力经济时代，驰名商标已经成为不法企业觊觎的主要对象。”美国《1996 年联邦商标淡化法》规定，淡化的对象为驰名商标的出处和显著性；《2006 年商标淡化修正案》将淡化的对象限于驰名商标的显著性，排除了对出处的影响，以明显区别于混淆。美国有部分州对淡化对象的要求较为宽松，他们认为淡化的对象不一定非驰名或著名商标不可，显著性商标即可。笔者认为，商标淡化的范围不宜过分扩大，否则会造就限制自由竞争的不利局面。

二、淡化的范围是非竞争性商品或服务

第一，对于驰名商标的非商业使用，不属于淡化的范畴。第二，将类似商标用于竞争性商品或服务，其危害主要是混淆商品或服务出处，利用他人的商誉来扩大自己产品或服务的销售，比如都与内衣销售有关的“Victoria's Secrete”商标与“Victor's Secret”商号。

三、淡化的手段以相似标志为主，以相同标志为辅

淡化所使用的商标标志有时与原驰名商标完全相同、有时部分相同，但大多数情况下是与之相似。较之以往，侵权人在手段上更胜一筹，他们大多采用与原商标最接近的标识，以此暗示或激发受众联想或误以为其是驰名商标的方式来实施相关侵权行为。

四、淡化的证明相当困难

原因主要有三：第一，淡化是一个渐进过程，隐性且漫长，故要证明是否存在淡化、淡化的严重程度，相当棘手。第二，证明淡化需要求助于专家、消费者，但无法囊括所有的专家和消费者，因此相关证据往往证明力不够，欠缺说服力，证明的难度系数大。第三，判断淡化要借助于法官建立在自身社会经验、人生阅历基础之上的自由心证，判决结果不一致的可能性加大。这正是美国第六巡回法院在审理莫斯里上诉案时所担心的：要求证明经济上的实际损害将使得联邦淡化法赋予的有效权利主张遭遇不合理的障碍。

五、淡化的损失难以挽回

驰名商标权利人面对可能对其产生淡化侵害的行为即使此后获得经济赔偿，通常也无法挽回侵权行为对驰名商标“显著性”所造成的损害。

【案例 7 - 1】“海尔”是山东海尔集团注册的商标，主要用于电冰箱上，于 1995 年 7 月被认定为驰名商标；“海尔施晶”是沈阳双天保健品公司的商标，于 1995 年 1 月获得注册，用于非医用保健营养液上，该产品于 1997 年 4 月通过卫生部审批。原告的诉讼理由是：被告的商标与原告企业名称部分相同，会使消费者误认，其行为违反了我国《反不正当竞争法》的有关规定，属“擅自使用他人企业名称或姓名，引人误认为是他人的商品”，是侵权行为。并要求法院判令被告：

1. 停止使用“海尔施晶”的药品名称，并销毁其带有该名称的包装及说明；

2. 赔偿经济损失 90 万元；

3. 赔偿原告因处理该侵权案件所支出的调查及诉讼费用。

被告则提出：（1）“海尔施晶”产品属非医用保健品，与原告的商品不会产生混淆；（2）“海尔施晶”是英文 Health 的译音；（3）“海尔施晶”是经注册的商标，且其产品生产销售是经辽宁省卫生厅的许可，是合法行为。

法院判决：此案的一审是由山东省青岛市南区人民法院审理的，其审理结果认定：（1）海尔为驰名商标。依《反不正当竞争法》及有关国际惯例的规定，他人不得擅自使用驰名商标作为商品的名称、包装、装潢。被告使用海尔施晶可能使购买者误认为是知名商品海尔。因此，1994 年 10 月 10 日被告的经销商在《青岛广播电视报》上刊登“海尔施晶”广告构成不正当竞争行为。（2）各种证据显示，被告事实上是在销售药品（属国际分类中第 5 类），而不是非医用保健品（属国际分类中第 30 类），是规避法律的行为。其未按注册商标核定的使用范围进行宣传和销售，使公众误认为是宣传和销售药品。而原告“海尔”商标在药品商品上有注册，则被告的行为侵犯了原告的商标专用权，构成了不正当竞争行为。（3）判令被告在商标，商品名称、包装和装潢上停止使用“海尔”文字；并赔偿原告经济损失 10 万元。

被告不服一审判决，向青岛市中级人民法院提起上诉，请求撤销原判决。青岛市中级人民法院经过审理后于 1997 年 11 月 19 日作出终审判决：驳回上诉，维持原判。

这是典型的商标淡化案件，被告的海尔施晶显然在借用原告“海尔”的知名度，为其商品推广铺平道路，而这种使用则不可避免地分散了消费者将“海尔”商标集中于电冰箱上的注意力，是对海尔商标显著性和广告功能的削弱。

第二节　防止用非所注，不当使用

在使用和宣传中，要把握好商标、商品名称、包装、装潢的不同之处，不能随意改变商标的图案、文字及其组合。实践中，一些商家分不清楚商品名称和商标的不同，商标意识淡化，宣传中可能会主要对商品进行宣传，而忽视了对商标的宣传。

【案例 7 - 2】[①] 温州市玖玖旅馆管理有限公司系一家经营“玖玖”品牌的连锁加盟公司，其注册的商标是“玖玖”，可是，其在对外宣传中却大量使用“99 旅馆连锁”及图案，使自己的注册商标弱化。2012 年 9 月，玖玖公司提起两个诉讼，其一是以布丁公司和北京百度网讯科技有限公司、百度在线网络技术（北京）有限公司三者为被告，之二是以布丁公司和北京搜狗信息服务有限公司两者为被告，向法院提起两桩诉讼，理由是“99 旅馆连锁”作为自己的企业名称被大量广泛使用，投入了大量人力物力进行推广，已经具有一定的知名度，近日在百度网站和搜狗网站首页，输入“99 旅馆连锁”，结果竞价排名推广页面最上方出现的链接却是“99 旅馆连锁来布丁酒店，最适合大学生入住的酒店”，点击链接即进入布丁酒店的预订页面。认为布丁酒店的行为已经构成不正当竞争，要求停止侵权，赔偿损失 20 万元，北京百度网讯科技有限公司、百度在线网络技术（北京）、北京搜狗信息服务有限公司承担连带赔偿责任。一审法院判决玖玖公司败诉，双方都没有上诉。

此案说明，没有正确使用与注册商标一致的标志所导致的后果，当然，此案也存在诉讼策略不当的情形。

第三节 提高商标管理水平

一、企业领导商标意识薄弱，企业内部商标管理不当

没有对于商标的主管领导，实际对商标处于无人管理状态。没有意识到商标属于企业的无形财产、宝贵财富，没有把商标的管理纳入企业的管理机制中。

① 本案例引自《中国律师》杂志。

二、如何提高企业商标管理水平

企业要建立商标管理机构，微小企业可以请律师所或其他机构代为管理，制订好商标管理制度并坚决落实执行，努力做好品牌战略目标的制订和实施，积极创立驰名商标，可以考虑贯彻落实《企业知识产权管理规范》（国家标准 GB/T 29490—2013，以下简称《规范》），提高商标等知识产权的管理使用水平，提升企业核心竞争力。

（一）知识产权贯标的概念

“贯标”对于企业来说，就是贯彻《企业知识产权管理规范》国家标准。企业知识产权管理规范的国家标准由国家知识产权局制订，经由国家质量监督检验检疫总局、国家标准化管理委员会批准颁布，于 2013 年 3 月 1 日起实施，标准号是 GB/T29490—2013。

（二）知识产权贯标的目的

为建立企业知识产权工作的规范体系，认真贯彻落实《国家知识产权战略纲要》，加强对企业知识产权工作的引导，指导和帮助企业进一步强化知识产权创造、运用、管理和保护，增强自主创新能力，实现对知识产权的科学管理和战略运用，提高国际、国内市场竞争能力。

（三）知识产权贯标的作用

1. 规范企业知识产权管理的基础条件

企业应当有明确的知识产权管理方针和管理目标，并要知识产权管理“领导落实、机构落实、制度落实、人员落实、经费落实”。企业应当建立的知识产权管理制度、职责等。

2. 规范知识产权的资源管理

围绕企业的人力资源管理、财务资源管理、信息资源管理。对上述管理活动涉及的知识产权事项作出了相应的规范。

3. 规范企业生产经营各个环节的知识产权管理

明确规定了企业研究与开发活动、原辅材料采购、生产、销售、对外贸易等重要环节的知识产权管理规范要求。以确保企业生产经营各主要环节的知识产权管理活动处于受控状态，避免自主知识产权权利流失或侵犯他人知识产权。

4. 规范企业知识产权的运行控制

围绕企业的知识产权创造、管理、运用和保护四个重点环节。明确规定了企业在知识产权权利的创造和取得、权利管理、权利运用和权利保护四方面的规范性要求。

5. 规范企业生产经营活动中的文件管理和合同管理

企业在生产经营活动中涉及的有关知识产权的各类活动，应当有相应的记录并形成档案。特别是对企业对内、对外的合同管理作出明确要求。

6. 明确规定企业应建立知识产权动态管理机制

企业应当对自身知识产权管理工作进行定期检查、分析，并对照管理目标对管理工作中存在的问题，制定相应的改进措施，以确保管理目标的实现。

7. “企业知识产权管理规范”作为我国首部企业知识产权管理国家标准，实施贯标将作为企业知识产权工作的基础条件，是企业申报科技项目的前提。

8. 贯标有助于提升企业领导和广大职工知识产权意识，调动职工发明创造的积极性。

9. 推动企业产生具备高附加值的自主知识产权的新产品、新技术。通过自己生产销售或通过技术贸易许可转让他人，将给企业带来丰厚经济收益。

10. 提升企业无形资产价值，在企业融资上市、投资并购及企业出售等资产运作上获取更大的收益。

11. 巩固企业市场地位，通过贯彻《企业知识产权管理规范》使企业拥有的自主知识产权的产品在销售市场的地位明显增强。

12. 贯标验收合格后，可向科技主管部门申请认证资助以及其他项目资助。

（四）知识产权贯标周期

贯标辅导周期在3—4个月，认证周期2个月左右。出于企业的需要与工作安排，全程周期可适当压缩，高效率的贯标进程离不开企业领导的重视和各部门参与人员的高度配合。

（五）知识产权贯标认证机构

国内唯一的两家机构是中知（北京）认证有限公司、中规（北京）认证有限公司。

（六）知识产权管理体系认证费用

1. 咨询辅导费：市场价格；付款方式：签订合同支付50%，认证审核通过支付50%。

2. 认证机构所收取的费用

认证申请费、审核费、审定与注册费（含证书费）、年金（含标志使用费）2000元/年、加印/补发证书费100元。此费用由客户方自行承担。

（七）知识产权管理体系认证省、市、区级资助

针对贯标成功的企业，广东省补贴5万元奖励，深圳市补贴20万元奖励，深圳市区级的奖励视不同区域而定，如龙华新区、光明新区30万元，宝安、南山20万元，福田10万元，龙岗10万元的奖励。

（八）贯标流程大致可分为八个阶段

1. 贯标启动：成立企业贯标工作小组，制订企业贯标工作计划，召开企业贯标启动大会，对主要参与部门、人员进行贯标相关培训。

2. 调查诊断：调查企业基本信息、组织架构、相关制度，诊断企业知识产权管理现状。

3. 体系构建：制定企业知识产权方针、目标，策划企业知识产权职能架构，构建企业知识产权管理体系。

4. 手册编写：编写企业知识产权管理手册，编制企业知识产权管理制度、控制程序、记录表单。

5. 发文宣贯：颁布企业知识产权管理手册、制度、程序、表单，开展企业知识产权宣贯培训，指导各个部门、人员正确理解和执行。

6. 实施运行：运行企业知识产权管理体系，填写体系运行记录，定期进行体系运行监测。

7. 内部审核：企业对其自身的知识产权管理体系进行审核，并对审核中的不合格项采取纠正和改进措施。

8. 管理评审：企业最高管理者就企业知识产权管理体系的现状、适宜性、充分性和有效性以及方针和目标的贯彻落实情况进行评审。

第八章 ▌企业如何正确进行商标交易及利用商标进行融资

企业的商标交易包括许可使用商标和出售商标及商标质押三种情况。

第一节 许可使用

许可使用商标就是把自己的商标授权许可给另一个或几个商事主体使用，商标本身的所有权并不会变化，包括独占许可、排他许可和普通许可三种方式。独占许可就是仅仅由被许可人单独使用，其他任何人（包括许可人）都不能使用；排他许可是指许可人和被许可人双方可以使用，其他人不可以使用；普通许可是指许可被许可人使用外也可以许可其他人使用。

许可合同可以到工商总局商标局备案，也可以不备案，但是如果不备案，不得对抗善意第三人，意思就是说，如果 A 把自己的商标许可给了 B 使用，约定是独占许可，但是没有备案，那么，如果 A 不讲信用，又偷偷地许可给了 C 使用，则 B 不能以自己跟 A 的独占许可使用的约定而阻止 C 的使用，B 只能向 A 主张违约责任。

许可他人使用自己的商标，企业一般会收取一定的费用，并要监督被许可方的商品质量，被许可方一定要在产品上标明被许可人的名称和商品生产的地址，还要标明商标持有人的名称，也就是要标明商标的来源。

企业许可他人使用商标，要符合自身的经营战略，要能够使商标增色，扩大知名度，要对被许可企业有较全面的了解，做好风险防范，合同中对于使用费的支付方式、使用范围、使用时间等作出明确约定。法律依据是《商标法》第四十三条“商标注册人可以通过签订商标使用许可合同，许可他人使用其注册商标。许可人应当监督被许可人使用其注册商标的商品质量。被许可人应当保证使用该注册商标的商品质量。经许可使用他人注册商标的，必须在使用该注册商标的商品上标明被许可人的名称和商品产地。许可他人使用其注册商标的，许可人应当将其商标使用许可报商标局备案，由商标局公告。商标使用许可未经备案不得对抗善意第三人”之规定。

关于商标许可使用协议，商家最好找懂商标的律师拟写协议，防止出现考虑不周或者措辞不当的情况出现，把风险和矛盾消灭在开始。

第二节 转让商标

2003年，苹果在欧洲注册iPod商标时，因与唯冠iPad相似，双方于2004年至2006年在英国展开一场诉讼，苹果败诉。

2009年苹果公司在英国成立了一家名称为IP Application Development的公司，缩写刚好是IPAD。该公司与台北唯冠联系，说公司简称与iPad商标很相似，要求购买。最后中国台湾台北市唯冠同IP公司签署协议，转让协议的附件中包括iPad在中国大陆的商标注册证复印件，但台北唯冠只拥有iPad海外商标权，iPad大陆商标权在深圳唯冠手里。IP公司以3.5万英镑从唯冠购得iPad商标，转手以10万英镑的价格卖给苹果公司。苹果由此主张中国大陆的iPad商标属于其台北唯冠商标转让协议范围，于是有了苹果在深圳市中级人民法院的起诉。

在深圳市中级人民法院的所述诉讼苹果公司败诉，到了广东省高级人民法院，调解结案，苹果公司支付给深圳唯冠6000万美元作为获得商标权的代价。

此案教训极其深刻，当初如果苹果公司按照法律程序购买iPad商标，就会以非常小的支出获得商标权，因为当时深圳唯冠已经处于破产边缘。

商标的转让必须双方签订书面合同，还必须共同向商标局提出申请，经过核准后，予以公告，受让人自公告之日起享有商标专用权，此后商标的全部权利归属于受让人。法律依据是《商标法》第四十二条“转让注册商标的，转让人和受让人应当签订转让协议，并共同向商标局提出申请。受让人应当保证使用该注册商标的商品质量。转让注册商标的，商标注册人对其在同一种商品上注册的近似的商标，或者在类似商品上注册的相同或者近似的商标，应当一并转让。对容易导致混淆或者有其他不良影响的转让，商标局不予核准，书面通知申请人并说明理由。转让注册商标经核准后，予以公告。受让人自公告之日起享有商标专用权”的规定。

上例苹果公司的案例，初始的购买行为就不完全符合中国的法律，有着巨大的瑕疵，究竟什么原因导致如此著名公司出现这样的法律漏洞不得而知，如果签订转让合同并付款后，到国家商标局申请核准，经过核准公告后就彻底弥补了最初的漏洞，可是苹果公司一错再错，不仅没有采取弥补的措施，而首先考虑的是提起了确认之诉讼，导致“打草惊了蛇”，本来价值不大的商标，对于深圳唯冠其实是鸡肋之物，这样倒引起了唯冠的高度注意，唯冠利用法律赢得了官司。

第三节　商标质押融资

一、法律依据

《商标法》并没有规定注册商标专用权的质押事项，《商标法实施条例》第七十条规定了出质的要求：“以注册商标专用权出质的，出质人与质权人应当签订书面质权合同，并共同向商标局提出质权登记申请，由商标局公告。”

《物权法》第二百零八条规定：“为担保债务的履行，债务人或者第三人将其动产出质给债权人占有的，债务人不履行到期债务或者发生当事人约定的实现质权的情形，债权人有权就该动产优先受偿。前款规定的债务人或者第三人为出质人，债权人为质权人，交付的动产为质押财产。”

《物权法》第二百一十条规定：“设立质权，当事人应当采取书面形式订立质权合同。质权合同一般包括下列条款：（一）被担保债权的种类和数额；（二）债务人履行债务的期限；（三）质押财产的名称、数量、质量、状况；（四）担保的范围；（五）质押财产交付的时间。”

《物权法》第二百二十三条规定：“债务人或者第三人有权处分的下列权利可以出质：（一）汇票、支票、本票；（二）债券、存款单；（三）仓单、提单；（四）可以转让的基金份额、股权；（五）可以转让的注册商标专用权、专利权、著作权等知识产权中的财产权；（六）应收账款；（七）法律、行政法规规定可以出质的其他财产权利。”

《物权法》第二百二十七条规定：“以注册商标专用权、专利权、著作权等知识产权中的财产权出质的，当事人应当订立书面合同。质权自有关主管部门办理出质登记时设立。知识产权中的财产权出质后，出质人不得转让或者许可他人使用，但经出质人与质权人协商同意的除外。出质人转让或者许可他人使用出质的知识产权中的财产权所得的价款，应当向质权人提前清偿债务或者提存。”

根据以上所述《物权法》第二百零八条、第二百一十条、第二百二十三条、第二百二十七条的规定可以看出，注册商标专用权可以作为物权标的进行质押，作为债权的担保，质权自有关主管部门办理出质登记时设立，而不是公告之日。

国家工商总局于2009年9月10日公布于2009年11月1日起实施的工商标字〔2009〕182号《注册商标专用权质权登记程序规定》对商标专用权的质押登记程序进行了具体规定，质押登记机关为国家工商行政管理总局商标局。

二、注册商标权质押综述

商标专用权质押贷款是一种具有创新意义的信贷品种，是指具有品牌优势的企业用已经国家工商行政管理总局商标局依法核准的商标专用权作质押物，从银行取得借款，并按约定的利率和期限偿还借款本息的一种贷款方式。

商标权质押贷款是企业融资的一种手段，目前国内多省市地区都鼓励企业利用多年来积攒的无形资产来进行融资合作，各大商业性银行也对一些信誉度较高的企业发放质押贷款，主要体现在曾获得省著名商标和中国驰名商标的企业。

目前凡是以知识产权质押为中小企业融资的银行，对于贷款企业的授信额度都较低。

贷款对象为持有《商标注册证》并经依法登记的法人、其他经济组织和自然人，且已获得中国驰名商标或获得省著名商标的企业，有3年连续盈利记录，其商标专用权的价值经专门的商标评估机构确认，在商标专用权的有效期限内，原则上可向银行申请不超过其商标专用权价值50%的一年期以内短期流动资金贷款，中长期贷款不超过3年。

针对此类商标融资模式，首先商标专用权质押融资服务面向的对象多为拥有驰名商标或者著名商标的企业，而中小型企业只拥有普通的商标，这就使得中小企业很难在银行等金融机构的资格审核或者评估中占据优势。

开展范围很有限，虽然近些年发展势头有所好转，但是整体的发展前景却堪忧，特别是2019年新修订出台的《商标法》中明确表示，类似驰名商标、著名商标的宣传方面受到了较大限制，企业不能以驰名商标为噱头做误导性宣传，这无形中削弱了驰名商标的作用，加上商标专用权质押这块儿未有明确的法律规定，现在开展的服务多是以政府部门为主导，且在申请过程中面临流程多、手续烦琐、成本高等诸多因素，因此，未来还需要政府主管部门完善相关的法律法规，出台更多优惠措施，联合包括商标注册机构、知识产权机构、资产评估机构、银行、担保机构等在内的相关企业做好服务工作，做好商标专用权的质押融资服务，力争为更多中小型企业提供无形资产的质押融资贷款。

三、商标权质押申请材料的准备

（一）商标专用权质押登记申请书（可在一份申请书中载明需要质押的多个注册号）；

（二）出质人和质权人的营业执照副本（需经年检有效）的复印件；

（三）《商标注册证》复印件，如果注册人发生改变，还应附送相关证明的复印件；

（四）商标专用权质押合同和主合同原件或经公证的复印件（合同由法人代表授权的人签署的，还应附有关授权文件）；

（五）具有无形资产评估经验的评估机构出具的商标评估报告；

（六）提交双方出具的商标代理委托书。

商标权质押登记申请书的具体事项：

质权人名称：

法定代表人：　　　　　　　　　　电话（含地区号）：

地址：　　　　　　　　　　　　　邮政编码：

代理组织名称：

出质人名称：

法定代表人：　　　　　　　　　　电话（含地区号）：

地址：邮政编码：

代理组织名称：

出质商标注册号：

担保债权数额：

质押期限：　　　自　　　至　　　质权人章戳（签字）：

出质人章戳（签字）：

代理组织章戳：　　　　　　　　　代理人签字：

注：1. 未委托代理的，不需填写代理项目。

2. 国际注册商标申请出质的，填写时在注册号前加字母“G”以示区分，并标明类别。

3. 共有商标申请出质的，“出质人”一栏需填写代表人名称，其他共有人填写附页。“质权人”为多人的，可另填写附页。

4. 国内申请人不需要填写英文。

四、商标权评估所需资料清单

1. 企业法人营业执照、税务登记证

2. 企业简介（3—5 页）

3. 法定代表人简介、组织机构图、股权结构图

4. 企业质量体系认证证书

5. 企业内部报纸（近两年）

6. 主要新闻媒体对企业及产品的宣传报道材料

7. 企业主要获奖证书、商标产品获奖证书

8. 企业所在行业报纸、杂志

9. 企业前两年工作总结

10. 前五年各年产销量、销售额、利润总额、净利润统计表

11. 前五年市场占有率情况（市场调查统计情况）

12. 企业主要产品特点、工艺流程

13. 企业主要管理制度、技术产品研发制度、营销制度

14. 企业销售网络结构及分布图

15. 前五年在电视台、广播、报刊、户外等投入的广告宣传支出（复印大额原始发票）

16. 商标注册证及相关法律变更文书

17. 商标图案释义

18. 企业近四年财务报表（资产负债表、损益表）

19. 企业未来发展规划

20. 企业品牌发展规划

21. 企业未来五年商标产品收益预测及详细说明

22. 企业主要税收执行税率

23. 商标续展承诺书、委托方承诺书

五、申请商标专用权质押贷款流程

（一）商标注册人应持《商标注册证》和银行所需的其他相关材料向银行提出贷款申请；

（二）银行收到借款人的借款申请后，应对借款人的借款用途，资信状况、偿还能力资料的真实性，以及质押商标的基本情况进行调查核实，并及时对借款人给予答复；

（三）借款人与银行达成初步贷款意向的，由借款人委托银行认可的商

标评估机构出具商标价值评估报告，并持该报告与相关材料与银行签订借款合同；

（四）单方或双方寻找认可的担保机构；

（五）银行与商标注册人签订质押合同后和同担保人签订担保合同后，双方应在订立书面质押合同之日起 15 日内向国家工商总局商标局申请办理商标专用权质押登记手续；

（六）执行借款合同；

（七）借款人将商标专用权质押登记基本情况报工商局备案。

六、商标专用权质押贷款成功案例

浙江省宁波市东钱湖旅游度假区管委会下属国企宁波东钱湖投资开发有限公司以“东钱湖”商标作为质押，与浙江稠州商业银行宁波分行签约了 2 亿元贷款合同，资金将主要用于民生安居工程。据介绍，这是浙江省单个商标质押贷款金额最大的一个商标。

“东钱湖”商标是 2003 年 3 月注册的一个全类注册商标。经过 12 年的培育发展，该商标已取得了全部 45 类商标的注册证书，目前已有 29 家区内外企业在 32 类商品、1000 万个商品上使用，是浙江省著名商标。前不久，经权威性评估机构评估，“东钱湖”商标的价值达到 52. 3 亿元。

“没想到一个‘LOGO’这么值钱，也能贷到这么多钱!”在签约仪式会上，东钱湖投资开发公司负责人感慨万分，“这次商标成功贷款，是银行和市场监管部门大力支持的结果。”

据了解，东钱湖市场监管分局是这次商标贷款的“牵线人”，经过他们多次宣传有关政策，召开双方座谈协商，开展商标业务指导等工作，终于促成了贷款的成功。

在中国人民银行宁波市中心支行货币信贷处副处长田国良看来，对企业来说资金是血脉，商标是信誉。通过商标质押贷款让企业多了一个获得资金的渠道；同时也让企业意识到商标的价值，从而会更愿意创品牌，提升核心竞争力。

目前，宁波全市共拥有全国驰名商标 67 件，浙江省著名商标 560 件，宁波市知名商标 1187 件。至 2014 年底，宁波共完成商标质押贷款 4.2 亿元。今年，浙江省工商局、中国人民银行杭州中心支行联合下发文件，在浙江全省开展“商标质押贷款百亿融资行动”。这个行动的目标任务就是在全省尽早实现商标专用权质押百亿融资的目标。

“商标是知识产权，知识是值钱的特殊商品。”东钱湖市场监管分局局长邱振榜在接受记者采访时说。目前，东钱湖市场监管分局正在开展商标质押贷款行动，目的是帮助企业实现无形资产向有形资产转变，推动创新驱动发展和民生工程发展。

据了解，这次“东钱湖”商标质押贷款获得的资金主要是用于民生安居工程。在完成“东钱湖”商标质押贷款后，当地 2 家拥有省著名商标的企业也对此产生了很大兴趣。

七、深圳市的商标专用权质押现状

早在 2012 年 4 月 24 日深圳市政府办公厅就已经印发深府办〔2012〕35 号《深圳市促进知识产权质押融资若干措施》的文件和《深圳市促进知识产权质押融资指引》，后者类似于前者的实施细则。

《深圳市促进知识产权质押融资若干措施》的主要内容包括：

1. 建立知识产权质押融资协作机制和知识产权质押融资配套服务建设。

2. 鼓励担保机构为知识产权质押融资提供担保。

3. 依托再担保平台开展知识产权质押融资。

4. 建立公平可信的知识产权价值评估体系。

主要是建立知识产权质押融资担保制度，由融资性担保公司提供的担保，融资企业以知识产权质押担保向银行借款，银行为债权人，融资性担保公司为此借贷的担保人，同时，如果融资性担保公司针对提供的担保可以向深圳市中小企业信用再担保中心（以下简称再担保中心）提出再担保申请，也就是说为知识产权质押借款提供双重担保机制，再担保中心、融资性担保机构、商业银行原则上按照 5:4:1 的比例承担贷款风险。由市注册资产评估师协会等社会组织遴选若干家具有知识产权评估资质和专业能力、在业内享有较高声誉的资产评估机构，推荐给融资性担保机构和商业银行。市财政委和市场监管局（知识产权局）负责对遴选和推荐工作的监督管理和业务指导。

《深圳市促进知识产权质押融资若干措施》中的内容比较原则笼统，而《深圳市促进知识产权质押融资指引》中对知识产权融资进行了定义，其中第一条规定："知识产权质押融资，是企业将其合法拥有且目前仍有效的专利权、注册商标权、著作权等知识产权出质，从银行等金融机构取得资金，并按期偿还本息的一种融资方式。"此指引的第四条又规定了设立知识产权质押融资政府提供风险补偿金的制度，"在中小企业信用再担保体系内的融资性担保机构和银行在开展知识产权质押融资业务初期，政府按照再担保额2%的比例安排风险补偿金投入到再担保中心。"

此指引的第六条还规定了具体的申请条件："企业应当符合：1. 注册在本市，已经过本市工商管理部门年检；税收归本市税务部门征管；2. 财务制度和知识产权制度健全，拥有固定的生产经营场所和稳定的销售市场；3. 原则上有二个年度的经营业绩和最近一年的盈利记录；4. 恪守信誉，无任何不良信用记录，具备还本付息的能力；5. 企业业主以个人保证做反担保；6. 企业的法人代表、主要经营管理者、技术持有人、主要股东或者实际控制人等无不良信用记录。企业还应当是专利登记簿所记载的专利权人，或者注册商标的合法所有人，或者著作权的合法所有人。"

此指引规定，质押的注册商标专用权应当符合：

1. 合法有效的注册商标专用权；注册商标专用权的已使用年限不少于二年；注册商标专用权存在纠纷（包括民事纠纷、行政纠纷），以及其他不符合法律法规规定的，不得质押；

2. 使用质押注册商标专用权的产品符合国家产业政策，符合本市产业发展方向，具有良好的市场潜力和经济效益；

3. 以其在同一种或者类似商品上注册的相同或近似商标的专用权一并作为质押。

此指引第七条规定了申请企业需要递交的书面申请材料：

（1）中小企业知识产权质押融资需求申报书；

（2）企业营业执照副本、法人代码证、国税和地税登记证副本；

（3）企业章程、注册资本验资报告；

（4）上年度纳税情况说明；

（5）贷款卡及最近日期查询记录；

（6）上月银行对账单；

（7）上年度审计报告；

（8）近期财务报表及主要科目明细；

（9）法人代表身份证；

（10）知识产权证明；

（11）销售订单、合同等资料；

（12）企业业主信用资料。

此后深圳市福田区、南山区、宝安区等陆续出台配套规定，主要是对于中介机构的担保费、评估费等中介费进行补贴，对于其数额不超过实际贷款金额的4%，由区政府报销。

第九章 企业上市前及商标交易的商标尽职调查

第一节 企业上市前的商标尽职调查的重大意义

一、上市公司的商标的法律要求

1. 上市公司和准上市公司的商标权应当权属清晰。

2. 上市公司和准上市公司的商标权应当具有稳定性，不应对公司的持续盈利能力造成不良影响。

3. 上市公司及准上市公司的商标权应当具有独立性。部分上市公司及准上市公司的主商标均被关联公司持有，按照上市公司独立性以及持续营利性的要求，存在法律风险。

二、由于没有做调查而上市失败的案例

【案例9－1】迈克尔·乔丹状告乔丹体育股份公司的商标案

2011年11月25日，证监会发行审核委员会审核通过了乔丹体育股份有限公司（住所地中华人民共和国福建省晋江市陈埭溪边工业区）IPO申请，公司获准在上海证券交易所上市发行，预计发行股数为11250万股，预计募集资金10.6亿元。按照原定计划，乔丹体育股票预计于2012年3月底前挂牌上市交易，但是直到2015年4月20日，乔丹体育筹谋已久的IPO尚未如愿，原因在于在此期间，美国篮球明星迈克尔·乔丹向中国国家工商行政管理总局提出对乔丹体育股份有限公司的第1754512号商标的撤销申请及其后向法院提出诉讼及上诉，指控福建乔丹体育股份有限公司未经授权使用其姓名。事情经过简介如下：

第1754512号“乔丹 QIAODAN 及图”商标（以下简称争议商标）于2000年9月24日向中华人民共和国国家工商行政管理总局商标局（以下简

称商标局）申请注册，核定使用在第35类的推销（替他人）服务上，专用权期限自2012年4月21日至2022年4月20日。目前权利人为乔丹体育股份有限公司。

2012年10月31日，迈克尔·乔丹向商标评审委员会提出撤销争议商标的申请。2014年4月14日，商标评审委员会作出商评字〔2014〕第052219号《关于第1754512号“乔丹QIAODAN及图”商标争议裁定书》（以下简称第52219号裁定）。该裁定认定：

1. 争议商标图形部分为运球人物剪影，动作形象较为普通，并不具有特定指向性，难以认定该图形与迈克尔·乔丹存在一一对应关系，并被社会公众普遍认知指向迈克尔·乔丹，故对迈克尔·乔丹关于争议商标损害其肖像权的理由不予支持，在案证据可以证明迈克尔·乔丹在中国篮球运动领域具有较高知名度，但争议商标的文字与“Michael Jordan”及中文译名“迈克尔·乔丹”存在一定区别，并且“乔丹”为英美普通姓氏，难以认定其与迈克尔·乔丹存在当然的对应关系。迈克尔·乔丹在宣称使用其姓名及形象时，使用的是“Michael Jordan”“迈克尔·乔丹”的全名，以及具有一定标志性的飞身扣篮形象标识。尽管迈克尔·乔丹提交的证据中部分报道也以“乔丹”指代，但其数量有限且未就该指代形成统一、固定的使用形式，难以认定争议商标的注册损害迈克尔·乔丹的姓名权。因此，争议商标未构成2001年《商标法》① 第三十一条关于“损害他人现有的在先权利”规定的情形。

2. 迈克尔·乔丹援引《商标法》第十条第一款第（八）项理由主要指向其在先姓名权和肖像权，属于对特定民事权益的保护，在已经依据《商标法》第三十一条规定予以评述后，不宜再纳入《商标法》第十条第一款第（八）项调整。判断是否扰乱商标注册秩序不以注册商标数量的多寡为唯一依据，尽管乔丹公司拥有近200件商标，但大部分是围绕乔丹及图商标进行的防御性注册，不属于为谋取不正当利益大量抢注他人知名商标的行为。争

① 本案中《商标法》均指2001年《商标法》。

议商标经过大量使用，与乔丹公司形成密切联系，其积累的商誉及相关利益应归属于实际使用者。即使乔丹公司部分行为确有不当，亦难以将其作为撤销争议商标的充分依据。因此，争议商标的注册未违反《商标法》第四十一条第一款有关“以欺骗手段或者其他不正当手段取得注册”的规定。综上，裁定争议商标予以维持。

迈克尔·乔丹不服第52219号裁定，依法提起行政诉讼，请求撤销该裁定。迈克尔·乔丹在诉讼中提交了美国职业篮球画刊公证书等20份证据，并明确本案争议点仅限于争议商标是否违反《商标法》第三十一条关于“不得损害他人现有的在先权利”规定、第十条第一款第（八）项、第四十一条第一款的规定。乔丹公司提交了（2012）京中信内经字3344号公证书、国家商标网对“乔丹”检索结果等25份证据。

北京市第一中级人民法院认为：在案证据不足以证明争议商标的注册损害了迈克尔·乔丹的姓名权和肖像权，争议商标未违反《商标法》第三十一条关于“不得损害他人现有的在先权利”的规定。本案所涉情形不符合《商标法》第十条第一款第（八）项规定的适用条件，在案证据亦不足以证明争议商标违反了《商标法》第四十一条第一款的规定。商标评审委员会作出的第52219号裁定认定事实清楚，适用法律正确，依法应予维持。

综上，北京市第一中级人民法院依照《行政诉讼法》第五十四条第（一）项之规定，判决：维持第52219号裁定。

迈克尔·乔丹不服原审判决向北京市高级人民法院提出上诉，请求撤销原审判决和第52219号裁定。其主要上诉理由是：争议商标的注册损害了迈克尔·乔丹的姓名权和肖像权，违反了《商标法》第三十一条关于“不得损害他人现有的在先权利”的规定；争议商标的注册违反了《商标法》第十条第一款第（八）项的规定；争议商标的注册违反了《商标法》第四十一条第一款的规定。

商标评审委员会与乔丹公司服从原审判决。

法院经审核查明，原审法院查明的事实清楚，有争议商标的商标档案、第52219号裁定及当事人陈述等证据在案佐证，予以确认。

在审理期间，迈克尔·乔丹提交了以下证据材料：1. 2015 年 4 月 10 日北京零点市场调查有限公司所作的“乔丹”联想调查报告（北京）；2.（2015）京长内经字第 6291 号公证书，内容为 2012 年 2 月 24 日中华人民共和国中央电视台新闻专题节目；3. 新浪网关于 2014 年国家体育总局局长袁伟民会见迈克尔·乔丹的报道的网络打印件；4. 人民网、光明网等网站关于迈克尔·乔丹将于 2015 年访华的报道的网络打印件；5. “知产力”发布的“微信”案法官自述审理心路及相关判决书删节版；6. 中华人民共和国最高人民法院（2012）知行字第 11 号行政裁定书；7. 法院（2010）高行终字第 766 号行政判决书。以上证据材料用以证明迈克尔·乔丹在中国以“乔丹”为广大公众熟知并具有极高知名度，争议商标已经导致了公众混淆误认，已有裁判认定导致公众混淆误认可以适用《商标法》第十条第一款第（八）项的规定。

商标评审委员会、乔丹公司认可证据材料 1 的真实性，但认为其不是商标评审委员会作出裁定的依据，且不能证明迈克尔·乔丹的主张，故不应被采信。对此法院认为，鉴于各方当事人均认可证据材料 1 的真实性，法院经审查亦予以确认。但由于迈克尔·乔丹仅用证据材料 1 证明争议商标的实际使用已造成相关公众的混淆误认，而本案争议焦点并不涉及审查争议商标的实际使用是否造成相关公众的混淆误认，故证据材料 1 与本案争议焦点不具有关联性。此外，《行政诉讼法》第六条规定：“人民法院审理行政案件，对行政行为是否合法进行审查。”由于证据材料 1 不是商标评审委员会作出第 52219 号裁定的依据，故本案不宜使用证据材料 1 对第 52219 号裁定进行合法性审查，因此对证据材料 1 不予采信；证据材料 2 形成于 2012 年 2 月；证据材料 3、4 为网络打印件无法确认其真实性；证据材料 5、6、7 为相关法院判决，上述证据材料均不属新证据范畴，法院不予采信。

北京市高级人民法院认为：根据《立法法》（2001 年）第八十四条规定：“法律、行政法规、地方性法规、自治条例和单行条例、规章不溯及既往，但为了更好地保护公民、法人和其他组织的权利和利益而作的特别规定除外。”商标评审委员会在 2014 年 5 月 1 日前依据 2001 年 10 月修订的《商标法》作出第52219号裁定，而2013年8月修订的《商标法》自2014年5月1日起施行，因此本案应适用2001年10月修订的《商标法》进行审理。

根据《商标法》第三十一条的规定，申请商标注册不得损害他人现有的在先权利，也不得以不正当手段抢先注册他人已经使用并有一定影响的商标。审查判断诉争商标是否损害他人现有的在先权利，一般以诉争商标申请日为准。如果在先权利在诉争商标核准注册时已不存在的，则不影响诉争商标的注册。

审查判断诉争商标是否损害他人现有的在先权利时，对于《商标法》已有特别规定的在先权利，按照《商标法》的特别规定予以保护；《商标法》虽无特别规定，但根据《民法通则》和其他法律的规定属于应予保护的合法权益的，应当根据该概括性规定给予保护。

《民法通则》第一百二十条第一款规定："公民的姓名权、肖像权、名誉权、荣誉权受到侵害的，有权要求停止侵害，恢复名誉，消除影响，赔礼道歉，并可以要求赔偿损失。"依据上述法律规定，公民的姓名权、肖像权作为在先权利受《商标法》的保护。具体到本案，即便"Michael Jordan"中文翻译为"迈克尔·乔丹"，但争议商标中的"QIAODAN"仅系"乔丹"的汉语拼音，作为汉语拼音的"QIAODAN"并不唯一对应于"乔丹"，且"Jordan"为美国人的普通姓氏而不是姓名，现有证据不足以证明"乔丹"确定性指向迈克尔·乔丹，也不足以证明"QIAODAN"明确指向迈克尔·乔丹，故迈克尔·乔丹主张争议商标损害其姓名权的依据不足。

肖像权是自然人基于其肖像而享有的人格权益，肖像应清楚反映人物的主要特征，至少应清楚到社会公众能够普遍将该肖像识别为肖像权人。本案中，争议商标图形部分的人体形象为阴影设计，未能清楚反映人物的容貌特征，相关公众难以将争议商标中的形象认定为迈克尔·乔丹。因此，现有证据尚不足以证明争议商标的注册侵害了迈克尔·乔丹的肖像权。

综上，迈克尔·乔丹有关争议商标的注册损害了其姓名权和肖像权，违反《商标法》第三十一条关于"不得损害他人现有的在先权利"的规定，其上诉理由依据不足，法院不予支持。根据《商标法》第十条第一款第（八）

项的规定，有害于社会主义道德风尚或者有其他不良影响的标志不得作为商标使用。申请注册的商标是否属于“有害于社会主义道德风尚或者有其他不良影响的”标志，通常是指申请注册的商标标志本身是否“有害于社会主义道德风尚或者有其他不良影响”，一般不包括该标志作为商标使用时可能导致的混淆误认。在审查判断有关标志是否构成具有其他不良影响的情形时，应当考虑该标志或者其构成要素是否可能对我国政治、经济、文化、宗教、民族等社会公共利益和公共秩序产生消极、负面影响。如果有关标志的注册仅损害特定民事权益，由于《商标法》已经另行规定了救济方式和相应程序，不宜认定其属于具有其他不良影响的情形。本案中，争议商标标志本身并不具有“有害于社会主义道德风尚或者有其他不良影响”的因素，商标评审委员会认定争议商标不属于“有害于社会主义道德风尚或者有其他不良影响的标志”并无不当。争议商标的使用是否会造成相关公众的混淆误认，不属于该项法律规定调整的范围。因此，迈克尔·乔丹有关应依据《商标法》第十条第一款第（八）项的规定撤销争议商标注册的上诉理由依据不足，法院不予支持。

本案中，迈克尔·乔丹并未提供有效证据证明争议商标的注册违反《商标法》第十条、第十一条、第十二条的规定，也未提供有效证据证明争议商标系以欺骗手段或者其他不正当手段取得注册的商标。争议商标的使用是否会造成相关公众的混淆误认，亦不属于该项法律规定调整的范围。迈克尔·乔丹有关应依据《商标法》第四十一条第一款规定撤销争议商标注册的上诉理由依据不足，不予支持。

综上，迈克尔·乔丹的上诉理由缺乏事实及法律依据，对其上诉请求本院不予支持。原审判决认定事实清楚，适用法律正确，依法应予维持。依据《行政诉讼法》第六十一条第（一）项之规定，判决如下：

驳回上诉，维持原判。

北京市高级人民法院的判决时间是 2015 年 4 月 20 日，那么从乔丹体育股份有限公司准备上市的 2012 年起算至今度过了漫长的三年之久，对于公司造成了非常大的不利影响。作为一家土生土长的民族企业，商号及主要产品商标“乔丹”均与美国前职业篮球球星的中文译名相同，该品牌存在潜在的商标侵权风险。没有引起公司足够的重视，在公司筹划上市之初及被核准上市之后都没有进行商标的核查。最终造成了巨大的不可估量的损失。

迈克尔·乔丹与耐克公司曾先后提起 80 余起行政诉讼，北京市第一中级人民法院对其中的 34 起作出一审判决，均宣告耐克公司、迈克尔·乔丹败诉。2015 年 4 月 13 日，迈克尔·乔丹与“乔丹”系列商标之争在北京市高级人民法院二审，又被判决驳回上诉。迈克尔·乔丹不服，向最高人民法院申请再审。

最高人民法院于 2016 年 12 月 8 日对“乔丹”商标争议行政纠纷系列案件公开宣判：关于涉及“乔丹”商标三件案件，因争议商标的注册损害了迈克尔·杰弗里·乔丹对“乔丹”享有的在先姓名权，违反商标法规定，应予撤销，故判决撤销商标评审委员会作出的被诉裁定及一、二审判决，判令商标评审委员会针对争议商标重新作出裁定。

【案例 9－2】桑乐金股份有限公司的上市申请被否案

成立于 1995 年 4 月 21 日的安徽桑乐金股份有限公司（以下简称桑乐金），率先研发生产拥有自主专利的家用桑拿设备系列产品，以外销为主，国内的市场份额亦在 20% 以上，年复合增长率达到 38% 以上，位居行业第一，2008 年度的营业收入达 1.44 亿元，属于证监会精挑细选出来的行业“隐形冠军”，在盈利能力、前景、股权结构、申请材料均无问题的情况下，为何还被挡在上市的门外？

未通过审核的原因主要有两点：一是商标注册没有最终完成，桑乐金的桑拿产品采取组合式商标，由英文“Sauna King”和中文“桑乐金”组成，英文部分境内外均注册成功，中文部分的注册尚在国家商标局实质审查的公示期，证监会认为，这可能对国内市场的销售带来不确定性；二是租用的厂房产权手续不完善，位于广州市番禺区石镇永善村经济合作社的生产基地租赁方尚未取得合法的土地证和房产证，证监会担心如果政府强制动迁，对桑乐金的生产有影响，根据招股说明书，动迁将对公司造成将近 200 万元的损失。

【案例9-3】吉林永大有限公司的上市申请被否案

吉林永大有限公司（以下简称吉林永大）的前身为校办集体企业，后注销。1993年，吕永祥创办吉林永大，1998年，原吉林永大转变为集团公司，注册资本由原来的500万元增至6000万元。

2006年12月，吉林永大与伊顿电气（苏州）有限公司（以下简称伊顿公司）签署了《共用品牌许可协议》，伊顿公司授权吉林永大生产的"YWL"系列永磁高压真空断路器可以使用"EATON"品牌进行自主销售。在产品标识中，"EATON"品牌与"永大"品牌共同编排。之后，双方又在2009年续签，将协议有效期续延至2012年12月31日。吉林永大2007—2009年使用"EATON"品牌的产品占同期永磁开关产品销售总额的3.52%、23.77%和22.89%。表明产品使用该世界名牌后在销售里面大大提升了竞争力。

但是，将来伊顿公司是否会继续和吉林永大合作很难保证。这一点不符合证监会对IPO要求发行人应当具有完整的业务体系和直接面向市场独立经营的能力，因此其IPO申请被否决。只有吉林永大彻底购买"EATON"商标才有可能解决。

第二节　企业上市前的商标尽职调查方法步骤

一、商标调查概述

企业上市之前不能仅仅走以前的上市路径，还需要专门对商标权进行全面的核查，需要聘请真正懂得商标的律师进行。防止出现上文提到的隐患，坚决杜绝不该有的损失产生。商标调查不是孤立的，还要调查企业的基本情况及其主要股东的基本情况，并要调查企业的跟商标有密切关系的其他诸如著作权等的情况，原则是要全面细致没有疏漏，把各种可能的风险尽可能想得全面一些，对于不同类型不同行业的成立时间长和短的企业的商标调查策略也是有所不同的。

在上市辅导期，券商、证券律师通常都会对拟上市公司做尽职调查。但其重点往往不在知识产权，因此在该领域容易出现纰漏。一方面，这是由于企业、券商和证券律师往往对知识产权尽职调查的重要性认识不足所造成；另一方面，知识产权尽职调查是一项专业性很强的工作，缺乏必要的知识产权法律背景、技术背景的券商和证券律师，往往难以胜任知识产权的尽职调查。

二、商标调查的内容

第×××××××号商标注册于第××类××××××商品上的情况明细表，有几个商标，就要填充几个同样的表格。

项　目	内　容
商标描述	
申请时间	
注册日期	
商标权属	
是否是自己申请注册	
申请注册的中介名称	
商标是自己设计的吗	
商标是谁设计的	
是否保留设计底稿	
商标图样的著作权归属	
在注册过程中是否有人提出异议、复审、行政诉讼	
目前都使用在哪些商品上	
商标文字是否跟企业字号相同	
是否曾有人侵权商标权	
是否有被起诉商标侵权	
是否曾被认定为省著名商标	
是否曾被认定为驰名商标	
是否续展注册	

调查内容有：查证商标权的主体情况、商标权的法律状态、商标权的稳定状态、商标权的隐患等。

三、商标调查的方法步骤

1. 由证券律师与知识产权律师共同组建知识产权调查团队。一个成熟的知识产权尽职调查团队，至少应当包括精通商标法律制度的律师，可以准确评估商标市场价值的评估师参与。而整个尽职调查团队，一般由知识产权律师主导，统筹调查事项。

2. 了解企业的一些情况，如注册日期、经营范围、注册资金、关联关系等。

3. 签订商标调查事务合同，收取调查费用。

4. 由企业相关人员填充表格并提供商标注册证等材料进行核实并拍照或扫描存档。

5. 核实表格的填充是否准确。

6. 运用网络资源检索核实表格中没有填充的内容。

7. 全面核实企业的商标情况，进行全面检索，力图发现潜在的隐患点。

8. 根据调查情况，写出全面的企业商标情况核实意见，最终由证券律师与知识产权律师共同向当事人提交尽职调查报告，针对存在的隐患提出解决办法。

企业人员填充表格过程中难免会有错填和漏填，对于错填的要修改，对于漏填的要知道原因，想办法补充，最后对于企业的商标的注册策略、商标的显著性、商标的权属、商标的使用、管理等诸方面进行全面梳理，指出好的地方和不足的地方，对于可能影响上市的诸如稳定性和权属的独立性及其他潜在风险进行分析说理并提出切实可行的解决办法，把调查材料等全部材料装订成册，交给企业，可以成为企业的商标管理的文件。

第三节　企业商标交易的商标尽职调查

根据本书关于企业上市前商标的调查介绍，商标交易的调查除遵守其内容外，还有些特殊的地方。前者侧重欲上市企业现有和欲注册的全部商标的调查，商标交易的侧重点是转让的商标的调查。

律师在企业的委托下，对商标的权属等方面进行详细的核实，可以通过网络、公司合同、当面问询、到政府部门调取相关资料等方式进行，需要律师精通商标及其他法律，还需要律师有高度的责任心和敏锐的意识，善于发现问题并善于帮助企业解决问题，调查的目的是帮助企业解决存在的商标权属隐患，防止出现像苹果公司与深圳唯冠公司的商标交易的纠纷。

一、商标交易调查的内容

1. 调查欲购买的商标的权属是否存在隐患。

2. 调查欲购买的商标的过户是否存在障碍。

二、商标交易调查的步骤

1. 核查商标的注册经过，包括商标的来源、著作权、是否有中介机构参与等。

2. 核查商标的注册证书，包括续展交费情况。

3. 核查商标注册时间的长短。

4. 核查商标核定使用的商品种类。

5. 核查商标是否曾有诉讼情况，包括行政和民事诉讼。

6. 核查商标是否曾有许可使用情况。

7. 核查商标的广告宣传情况。

8. 评估商标的市场价值。

9. 撰写调查报告。

第十章 ▎律师对企业商标提供综合专业服务

第一节　律师对企业商标注册使用提供专业意见

商标就是一个标志，看起来很简单，其实越简单的东西越复杂，就像围棋。

随着经济发展和企业商标意识的不断增强，律师商标法律服务向专业化、系统化方向发展，并不断衍生出新的业务，每年商标申请大约在 100 万件，异议、复审案件不低于 5 万件等，估计每年商标服务费用在 100 亿左右，并有较快增长趋势，经济结构调整建设创新型国家的过程中，商标业务数量增长的同时，高端业务不断涌现。

律师商标服务大致分为三类：

一、商标申请类

包括商标的国际国内检索、注册申请、变更、续展、转让、补证、质权登记、许可合同备案、异议、复审、撤销、注销、无效宣告、马德里国际注册、提供优先权证明文件等 20 余种。

二、商标咨询类

包括商标法律顾问、商标侵权证据调查、商标侵权投诉、企业商标战略制订、商标权融资、商标监测、商标交易、著名、驰名商标申报等 10 余项。

三、商标诉讼类

包括民事侵权诉讼、确权诉讼及商标刑事辩护。

律师要综合利用各种商标法律法规，且对各种法规要充分理解把握，达到融会贯通，不能含糊其词。律师对于企业商标注册、使用等要根据企业现状特点，提出有针对性的和可操作性的意见使企业商标的各个环节都朝着合法合规合理的方向前进，保护企业的品牌策略稳步实施。

商标确权类纠纷会涉及行政复议、行政诉讼等程序，律师需要对此类法律法规充分了解理解透彻准确，不能似是而非，模棱两可。

商标刑事辩护类业务近年有所增加，《商标法》第六十七条规定：“未经商标注册人许可，在同一种商品上使用与其注册商标相同的商标，构成犯罪的，除赔偿被侵权人的损失外，依法追究刑事责任。伪造、擅自制造他人注册商标标识或者销售伪造、擅自制造的注册商标标识，构成犯罪的，除赔偿被侵权人的损失外，依法追究刑事责任。销售明知是假冒注册商标的商品，构成犯罪的，除赔偿被侵权人的损失外，依法追究刑事责任。”

第二节　律师如何高质量代理侵犯商标专用权诉讼

一、代理律师的总体思路

企业创立品牌难，保品牌更不容易，除市场风险外，商标侵权一直困扰着企业的正常经营，我国对于商标权的保护分为行政保护和司法保护并行的双轨制度，并以司法保护为最终救济。

当商标遭遇侵权时，可以立即向侵权人所在地或侵权行为地的县级以上工商行政管理机关投诉，向行政机关报告的优势就是查处速度快。

当选择司法途径时，可以采取证据保全、财产保全、请求停止侵权赔偿损失等请求。

律师应该根据侵权的具体情况和企业自身的需要，考虑维权的时间成本和经济成本，选择不同的路径。

不论怎么选择途径，都要做好侵权证据的收集和固定工作，可以采用公证购买侵权物品或律师见证购买物品，律师见证需要其他律师所的律师出面，程序上类似公证，律师见证程序一定要严密，甚至可以在网络购买货物后，采取自行摄像、拍照等方法也是可行的。

如果诉讼，要考虑好诉讼法院、诉讼请求，对于销售者的诉讼要慎重进行，因为如果销售者不知道所售货物侵权并有证据证明货物的合法来源并能提供供货者的，不承担赔偿责任，但应该承担合理维权费用，对于此项，不同的法院也有不同的处理，有的法院就连合理维权费用也不支持。

可以把生产者和销售者一同作为被告，如果有总经销，也可以把他单独列为被告或与销售者一同作为共同被告，一般情况下，总经销即使有合法货物来源，也难以摆脱"知道或应该知道"的责任。

另外，还要合理确定侵权赔偿数额，目前法院对于赔偿数额支持都不大，具体数额要看商标的名气、是否是著名驰名商标，还要看侵权者的销售量获利情况及被告的主观情况，法院一般会综合考量，差别较大，不同地区法院差别也很大。

知识产权诉讼风险较大，不确定性很大，要跟被代理的企业说明诉讼的风险。

律师事先要做充分的评估和准备，清楚属于商标相同还是近似，相同的可以考虑民事和刑事同时进行。对于近似侵权的情况，要根据本书介绍的方法进行充分论证，看到底是否构成近似，如果没有把握，可以仅仅诉请停止侵权，而不提出经济赔偿，待胜诉后再提经济赔偿。

诉讼法院要综合考虑地域成本及当地的法院态度。

另外要注意，一般被告会提出商标的争议等行政申请和诉讼，有一部分是想拖延时间，律师要据理力争，说服法院不要中止诉讼。

律师自身要把关于商标的法律法规学好学深学透，并要准确理解和应用，且不可一知半解、浅尝辄止，多多关注商标的行政程序，其行政程序要比专利的行政程序复杂得多。

二、律师代理商标侵权诉讼的程序

（一）前期阶段

1. 如何高效地跟客户谈判和接案

（1）首先打铁须要自身硬，律师一定要充分掌握有关商标的法律法规，并要深刻理解和领会实质，这样跟客户谈判时才会有把握，多数客户会有一定的商标知识，且一般都会比较多个律所，即使客户不太懂商标知识，他们也可能会通过律师的言谈进行比较，从而判断出哪个律师更专业更靠谱更值得托付，如果律师哪一个方面没有掌握好，万万不要随口就说，可以含糊回答。

（2）对于原告客户，了解客户的商标的权利情况，是自己申请注册的商标还是购买的商标，是否及时缴纳了商标续展费用，商标是自己设计的还是委托他人设计的，是否有设计底稿保留，是否把设计底稿进行了著作权登记，在申请注册过程中是否有人提出过商标异议、异议复审、一审行政诉讼和二审行政诉讼，商标注册时间是在五年之内还是五年之外，客户的商标是否有被宣告无效的可能性。

以上问题，需要在同客户交谈和查看实物及商标检索中进行了解，必要时还要作交谈笔录，并叫客户签字确认。

待对商标的权利状况了解全面后，进行其商标跟涉嫌侵权的商标的比较，初步评估侵权是否成立，是否具有被法院驳回的风险和被无效宣告等其他风险。最后，得出初步结论，律师考虑此案是否承接。

把商标情况跟客户做个总结，说明侵权成立还是不成立，如果律师认为侵权成立，告诉客户成立的基本理由，并要适当告诉客户其中的诉讼风险及其商标权自身的风险，注意措辞，视情况看客户的反应，如果客户问律师如何收费时，律师要具体告诉客户律师的工作程序和困难，然后告诉客户会有两种收费方式，一种是一次性收取一定律师费，另一种是预先收取一定费用，待案件结案后根据情况再收取一定比例的律师费，具体的谈判技巧需要律师审时度势，是对律师自身的一种考验，如果客户接受了其中的方案，还要说明其他诸如交通住宿和受理费、公证费等费用的分担，因为可能要去北京办案。

（3）对于被告客户，主要核实其商标是否跟原告的构成相同或近似，如果是一般的销售商，核实其是否具有购买合同及合同履行的证据，核实其发票或其他收据或收货凭据或发货凭据，票据上是否能够明确购买的是侵权商品，供货者的名字是否具体真实，还要核实其主观意图情况，是否属于知道或是应该知道的情况；看看能否通过商标无效宣告行政程序，宣告原告商标无效，如果被告有需要，即使没有把握，也要向商标评审委员会提出商标无效宣告请求，进而申请法院中止诉讼。对于被告的收费一般是直接收取律师费，不予风险代理收费。

2. 如何制作代理诉讼合同

如果谈判顺利成功，律师就可以拟定代理合同了，一般律师都会有现成的合同，根据双方的谈判情况做些修改即可。合同中甲方的信息要全面准确，如果是公司，更要名称全面准确，一丝不苟，并要注明法定代表人和实际联系人，甲方要盖公司公章或合同专用章，最好要法定代表人或公司经理亲自签字，合同中双方的权利和义务要明确具体，直接把风险告知内容列入合同正文，并把此内容的文字加大加黑处理，无须另行进行风险告知，合同中的费用情况是重点，一定要明确具体，不要出现歧义。合同中对于客户的情况要尽可能地详细具体，并要约定律师跟客户的通信方式和邮寄地址。

3. 如何制作诉讼代理授权委托书

合同签订后，再制作授权委托书，授权书注明具体授权期限和授权具体事项，还要注明属于一般代理还是特别代理，如果是风险代理，一定要注明被授权人具有强制执行代理权限并具有收取款项的权限，授权书须要授权人和被授权人同时签字并注明日期。

4. 代理合同签订后的前期准备工作

整理各种材料和相关证据，如果需要其他证据，律师要督促客户尽快提供，需要律师调查的证据，律师要尽最大努力进行收集。

对于原告的证据：

（1）商标权利证据

包括商标注册证、商标转让证明、商标续展证明等。

（2）被告实施侵权的证据

需要证明的事实有两点，一是侵权行为已经发生，二是该侵权行为是由被告实施的。一般要购买侵权商品，可以网络公证购买，可以网络律师见证购买，见证律师一般是与办理诉讼的律师在不同的律师所执业，见证律师一般要两名律师，还可以实体店公证或见证购买。

（3）被告获利情况的证据

除了被告注册资金状况、经营状况、生产规模，也可以翻阅各种报道或公司年报等信息，查找可以证明或间接证明被告实力或赚钱能力的证据。证明涉案产品的价值较大，包括自己和被告的涉案产品的销售价格、销售状况、市场价值等，比如从淘宝上调取涉案产品的销量记录。尽力证明被告侵权的恶意，可以通过侵权行为的性质、持续时间、重复侵权等来证明。尽力调取客观可靠的证明被告侵权规模的证据，尤其是侵权的持续时间、侵权产品销售数量、侵权地域范围、门店数量等。比如，申请调取海关关于涉案商品进出口的数据。可以在不同时间段、不同销售区域、不同销售渠道公证取证，“多点开花”，有利于证明被告的侵权规模。通过同业经营的上市公司年报等渠道，调查涉案产品的行业平均利润率，在有销量数量等证据支撑的情形下，可以为计算赔偿额提供重要支持。寻找被告自我宣传甚至是自吹自擂的证据。比如被告官网上宣传的涉案产品产量或销量、销售区域、销售门店数量等。

对于销售商被告的证据：主要是商品具有合法来源的证据，以上已经有所论述。

对于生产商如果构成侵权，则无法抗辩。

注意的是，对于被告的代理人，要熟悉商标的行政程序，看看是否能够对原告的商标提出商标的无效宣告请求等，避免出现像金某欢诉江苏卫视的“非诚勿扰”商标案的尴尬情形，此案原告起诉时，被告可以联合电影《非诚勿扰》的著作权人对此商标提出无效宣告请求，可是，从起诉至终审判决的三年时间里，诸被告均没有任何行动，最终超过了五年的期限。

5. 如何正确撰写起诉书或答辩书

合同和授权书签订后，就要着手准备撰写起诉书或答辩书，起诉书力求简洁，有些事情不能太明朗地写进去，要适当留有余地，如果是原告，请求赔偿数额要适当，单独列为一项请求，律师费、公证费、交通住宿费等维权费用单独列为一项请求，要求被告停止侵权单独列为一项请求，受理费属于法官职权事项，不可列为诉讼请求。

应该引起注意的是，在撰写起诉状时，关于案由的部分，要写上侵犯了原告的商标专用权并构成不正当竞争，写上不正当竞争的目的是更保险一些，防止法官认定商标不构成近似的情况下对原告不利，有了不正当竞争的理由就是留有后路，是一种诉讼策略。

对于答辩状的准备，要视情况是详写还是略写，时间允许的情况下，一般都要写出较详细的答辩意见，如果被告有证据提交，要结合证据情况展开论述。要有理有据，言之有物，不要含糊其词，不要强词夺理。如果已经提出无效宣告请求，在答辩状中要提及并要单独撰写中止诉讼申请书，以律师的名义签署中止诉讼申请书。

如果请求法院调取被告的财务账册，要单独提出申请。

（二）一审阶段

一审阶段，律师一定要充分了解案情，对于原告和被告的证据情况和权利情况，以及相关法律规定都要非常熟悉，提交证据要极其全面，证据要按序自然编号，编号要用阿拉伯数字，对于证据自身的序号要用汉字（证据一、证据二）表示在证据页面的适当位置，且最好标注位置一致。一审阶段，律师一定要预先写出高质量的代理词和答辩词，语言要尽力口语化，并要反复修改，仔细斟酌后打印，打印件要注入页码，还要表明案号、法官及助理或书记员的信息。

律师要时时跟踪案件的进展状况，万万不可错过开庭时间，开庭之前要明确法院的具体位置和交通状况，如果是外地法院，要事先买好车票、就近法院居住，天气恶劣时，慎重购买机票，最好乘高铁出行，还要再考虑案件办理是否还有什么漏洞，是否还有漏交的证据等。

出庭前准备好服装领带、皮鞋、笔、记录笔记、证据原件、律师执业证、代理词或答辩词等，像北京知识产权法院要求律师必须穿律师袍出庭，开庭前一天务必仔细检查，确保万无一失。庭上要审时度势，灵活应变，主要向法庭说明委托方的证据情况及待证事实，对于证据，事先要根据证据性质进行分组，并向法庭予以说明，阐述证据已经形成完整的证据链条，以此来支持代理方的观点，并对法律依据进行全面说明，尤其是可能引起争议的法律依据，要重点说明。对于对方的证据事先已经看到，指出其漏洞和不法之处，并要说明理由，这里需要注意的是，一般举证质证阶段，紧紧围绕证据展开说理，不过多进行评述，双方都要围绕证据展开反驳质疑和说理，要与法庭辩论阶段相区分。法庭辩论阶段，实际是对于自己观点的总结和对于对方观点的总体反驳意见，辩论阶段要抓住核心问题进行阐述，反驳对方也是抓住对方的核心漏洞进行，观点要鲜明具体，一针见血。

一审开庭之后，律师要视情况提交预先写好的书面代理词还是要撰写新的代理词，如果变动不大的话，可以直接提交准备好的代理词，如果代理意见有与庭审不一致的情况，要庭后补充提交代理词予以说明，说明以此代理意见为准。庭后需要跟法官和客户进行庭审情况的沟通。

（三）二审阶段

商标侵权案件一审判决后，原告和被告都要仔细考虑是否上诉，律师要全面衡量，给出建议，是否上诉要由当事人最后决定。

一般原告胜诉后也要准备上诉，上诉后，如果被告没有上诉，原告可以考虑撤销上诉，防止被告上诉而自己不上诉，那么，原告就失去了主张二审律师费等维权费用的机会。

上诉状要指出一审的错误或不合理之所在，突出重点，并说明理由。

如果二审期间有新证据，也要在提交上诉状的同时提交。

（四）再审阶段

再审一般向省高级人民法院申请，需要在二审判决生效后六个月内提出，广东省要求必须先有生效法院的判后答疑材料才可以进行再审申请，须要一审和二审判决书各 3 份，再审申请书的数量是被申请人的人数再加 4 份，其他的就是主体和委托材料等。最好附上刻有材料的光盘，这些材料整理好后直接交给生效判决的法院，由他们负责统一交到省高级人民法院，之后会收到省高级人民法院的受理通知书。

再审申请书的撰写很关键，因为再审审查阶段主要就是看书面材料，申请书的尾部要写明具体的法律依据。

后　记

商标，就是一个标志而已，看起来很简单，就如同围棋，黑白两色，规则也很简单，但下起来却非常不简单，世间之事往往就是这样，看起来简单的事务却不简单。

商标的诞生，凝聚着设计师的独特创意，显示着设计者的智慧和理念，体现着拥有者的思想和经营理念及企业文化，可以说是企业的最基本的名片。

一个好的商标经过长期使用不断宣传，加上好的产品，两者相得益彰，熠熠生辉，构成企业财富的一部分，其价值完全可以超过有形财产，会给企业带来无尽的财富。

一个商标，从设计到申请注册成功，也许会经过一番磨难，在使用过程中也会出现这样那样的问题，需要精心呵护。

一个商标从诞生到最后，就像人生一样，有喜有悲。伴随企业的成长而不断成长，会使企业名扬四海，也会使商标由一个标志变成一个响当当的金字招牌，闪闪发光。

中国改革开放40多年来，伴随着社会经济的进步，商标法规不断完善，商标数量巨大无比，商标业务量与日俱增，给商标从业者提供了无尽的机会，党的十八大、十九大之后，国家经济结构逐步调整到创新经济发展轨道上来，品牌战略已经成为国家经济战略之一，给我们这些从业者提供了良好的执业环境。

我作为全国专利代理师、知识产权律师，在此领域不断学习着、耕耘着，始终如一地热爱商标事业，热爱知识产权事业。在此过程中有了一些体会，积累了一些经验，从收集资料到构思大纲，从写作完成到不断打磨，经过几年艰苦的时间，终于写成此书。囿于自己从业时间有限，理论基础有限，本书主要是工作中的体会和总结归纳，以求实用为原则，如能对从业人员有所启发和帮助，本人不胜欣慰。

写毕，还是觉得意犹未尽，诚恳希望贵读者联系本人，以便改进，吾将不胜感激。

再次对指引帮助我的编辑说声谢谢！再次对读者说声谢谢！

2020 年 2 月 28 日于深圳特区

图书在版编目（CIP）数据

商标法律问题实务指引／赵国彬著．—北京：中国法制出版社，2020.4

ISBN 978-7-5216-0963-9

Ⅰ．①商…　Ⅱ．①赵…　Ⅲ．①商标法-研究-中国
Ⅳ．①D923.434

中国版本图书馆CIP数据核字（2020）第043931号

责任编辑　陈兴、孙静　　　　封面设计　杨泽江

商标法律问题实务指引

SHANGBIAO FALÜ WENTI SHIWU ZHIYIN

著者/赵国彬

经销/新华书店

印刷/三河市紫恒印装有限公司

开本/710毫米×1000毫米　16开　　　　印张/16.75　字数/247千

版次/2020年4月第1版　　　　2020年4月第1次印刷

中国法制出版社出版

书号 ISBN 978-7-5216-0963-9　　　　定价：69.00元

北京西单横二条2号

邮政编码 100031　　　　传真：010-66031119

网址：http：//www.zgfzs.com　　　　编辑部电话：010-66070046

市场营销部电话：010-66033393　　　　邮购部电话：010-66033288

（如有印装质量问题，请与本社印务部联系调换。电话：010-66032926）